E. AKNOUNI

LES

PLAIES DU CAUCASE

AVEC PRÉFACE DE

FRANCIS DE PRESSENSÉ

ET INTRODUCTION DE

PIERRE QUILLARD

PUBLIÉ PAR LA
FÉDÉRATION RÉV. ARMÉNIENNE

1905
GENÈVE

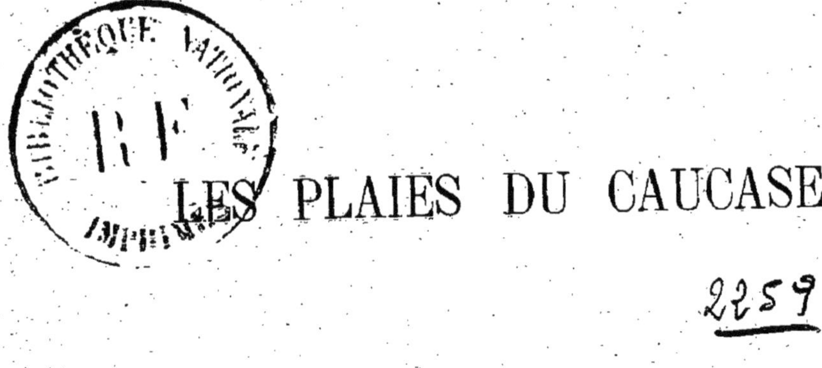

LES PLAIES DU CAUCASE

E. AKNOUNI

LES PLAIES DU CAUCASE

AVEC PRÉFACE DE

FRANCIS DE PRESSENSÉ

ET INTRODUCTION DE

PIERRE QUILLARD

Traduit de l'arménien par Mlle H. D.

PUBLIÉ PAR LA
FÉDÉRATION RÉV. ARMÉNIENNE

1905
GENÈVE

PRÉFACE

Fidèle à la tactique de la bureaucratie russe, le gouverneur général du Caucase vient de lancer un manifeste hypocrite pour inviter Arméniens et Musulmans à renoncer à leurs querelles et à coopérer amicalement au bien du Caucase. Il promet d'abroger aussitôt que possible la loi martiale dans la province et il fait appel au patriotisme de ses administrés. Ce document est un aveu. La Russie est forcée de reconnaître l'effroyable anarchie dans laquelle elle a plongé les pays du Caucase.

Parmi tous les désordres qui attestent sur toute l'immense étendue de l'empire la banqueroute de l'autocratie Tsarienne, il n'en est point qui accusent davantage l'autorité que ceux dont souffre cette infortunée région. Le Tsarisme a pris la suite des affaires du sultan. Abdul-Hamid avait tenté d'exterminer le peuple arménien ; Nicolas, après avoir refusé tout secours efficace aux victimes de ces massacres, a laissé recommencer contre ces malheureux l'œuvre scélérate. Ses agents ont lancé sur eux les Tartares, complices des Kourdes. L'Europe a retenti ce printemps du bruit de ces attentats. Elle ignore trop la vraie situation de ces contrées.

Un livre comme celui de M. E. Aknouni est une révélation. C'est un réquisitoire d'autant plus terrible qu'il est plus exclusivement un historique. Les faits parlent assez haut. Il faut que le monde civilisé apprenne que la Russie Tsarienne est aussi incapable que la Turquie Hamidienne d'assurer à ses sujets arméniens le minimum de sécurité et de liberté; seule, la Révolution fera là, comme dans toute la Russie, œuvre d'ordre, de paix et de civilisation. Je remercie M. Aknouni d'avoir apporté sa précieuse contribution à cette démonstration.

Nous amassons les considérants d'un décret de déchéance que le peuple russe — Arméniens, Polonais, Finlandais, tout comme Russes proprement dits — Zemstvos, doumas, armée, marine, tchin, *tout comme les organisations révolutionnaires — se charge d'exécuter. L'humanité ne sera satisfaite — et la raison d'état aussi — que le jour où ce despotisme imbécile et criminel aura roulé au fond de l'abîme qu'il a creusé de ses propres mains.*

4 Août, 1905
PARIS.

FRANCIS DE PRESSENSÉ.

INTRODUCTION

La plupart des lettres d'Aknouni sont antérieures à la guerre russo-japonaise et au mouvement révolutionnaire qui menace le tsarisme ; non seulement dans les pays de frontière où les nationalités opprimées, Finlandais, Polonais, Arméniens, Géorgiens, Israélites, usent contre la bureaucratie moscovite de justes représailles, mais aussi dans la Russie propre, à Moscou et à Pétersbourg. Ce volume n'en apparaît que plus instructif, au moment des massacres du Caucase qui ne sont point accidentels : ils résultent logiquement et nécessairement de la politique imbécile et sauvage suivie depuis bientôt un quart de siècle : de Dondoukoff-Korsakoff à Vorontzoff-Dachkoff, les gouverneurs ou vice-rois ont appliqué tantôt avec violence, tantôt de façon sournoise la méthode de russification contre les Arméniens et les Géorgiens ; crimes administratifs, exils, déportations, emprisonnement, guerre acharnée aux langues, aux écoles et aux églises nationales, spoliation des biens privés et publics, tracasseries de la censure et méfaits de la police avaient été impuissants contre la résistance obstinée, tantôt passive, tantôt active des Arméniens du Caucase, même l'entente du prince Lobanoff avec le Sultan, et, plus tard, la collaboration des troupes turques et et des troupes russes pour la destruction des bandes arméniennes n'avaient point suffi. C'est alors que de longue date, le gouvernement russe songea à utiliser les Tatars pour supprimer les Arméniens de Transcaucasie.

Sur les 5.700.000 habitants environ que compte la Transcaucasie, deux groupes chrétiens sont prépondérants à égalité de nombre, les Arméniens et les Géorgiens (1.400.000 chacun); les Mahométans sont au nombre de 2.500.000, les Tatars sont les plus nombreux ; puis viennent les Persans, les Turcs, les Kurdes et les Tcherkesses ; les Russes proprement dits ne dépassent pas 250.000, dont beaucoup sont fonctionnaires, et il faut en réalité défalquer de ce nombre les Doukhobors et les Molokhans, peu enclins à obéir aux suggestions du maître orthodoxe. Les Allemands, Juifs, Polonais forment un appoint de 150.000 âmes.

A plusieurs reprises les autorités russes tentèrent de susciter des conflits sanglants entre les races diverses et pendant de longues années les rivalités furent très vives entre Arméniens et Géorgiens; puis les deux nationalités réconciliées menèrent une lutte commune contre l'oppression administrative religieuse et politique : la solidarité absolue entre les nationalités, les musulmans compris, est, en effet, l'un des principes politiques des comités arméniens du Caucase.

Lors des grèves de Bakou en 1903, le chef de la police excita les ouvriers russes contre les Arméniens : la tentative n'eut pas grand succès. Dès 1887 une tentative analogue avait échoué à Erivan du côté des Tatars, et en 1903, à Shousha, lors de la spoliation des biens, les Tatars avaient refusé de s'associer aux Cosaques.

Mais depuis deux ans une propagande effrénée a été faite parmi eux, d'autant plus dangereuse qu'à Bakou, par exemple, et dans beaucoup de villes du Caucase, la police locale est recrutée presque exclusivement parmi les musulmans qui se trouvent ainsi armés d'avance au milieu de populations dénuées de moyens de défense. L'idée du meurtre collectif fut ainsi suggéré, avec l'approbation de la censure, par le groupe panislamiste de Bakou (Aghaïeff et Topchibacheff, journalistes tatars, et leurs amis); ceux-ci ont joué au Caucase le rôle de Krouschevan à Kischeneff, en même temps que l'on expédiait sur place Ostrougoff, l'un des organisateurs du programme de Kischeneff.

La pensée directrice maintes fois exprimée dans la presse tatare ou dans des propos publics est à peu près celle-ci : « Les Arméniens sont en Turquie les ennemis du Sultan, et nos frères turcs ont reçu l'autorisation de les tuer, parce qu'ils se sont révoltés contre l'autorité légitime ; nous devons imiter l'exemple de nos frères turcs et faire ici contre eux ce qu'eux-mêmes font en Turquie contre un maître musulman. » D'un autre côté, parallèlement à l'action tsarienne, le Sultan favorisait au Caucase l'agitation panislamique anti-arménienne.

Les premiers massacres de Bakou furent la conséquence naturelle de toute une campagne d'oppression administrative et d'excitation systématique de l'élément tatar ; on sait que les tueries durèrent trois jours avec la connivence et parfois l'aide de la police et de l'armée ; les Tatars armés de fusils et de revolvers d'ordonnance se mirent à poursuivre et à tuer tous les Arméniens qu'ils rencontraient, incendièrent plusieurs maisons et, à la Maternité, éventrèrent des femmes enceintes. La commission d'enquête des avocats de Bakou établit nettement la responsabilité des autorités, d'après des dépositions non suspectes de Français, de Russes et de Géorgiens. Il fut prouvé également que les troupes ne songèrent à rétablir l'ordre que lorsque les Arméniens eurent organisé leur défense, et que l'ordre fut rétabli plutôt contre eux que contre les Tatars.

Cependant ni les premiers massacres de Bakou, ni ceux de mai à Nakhitchevan, Erivan, Timboul, Charour, Zanguezour n'émurent beaucoup la presse européenne, malgré l'horreur des scènes relatées, et à Pétersbourg, on feignit de n'attribuer que peu d'importance à ces événements ; on laissait croire que la mission confiée au général Louis-Napoléon Bonaparte avait pleinement réussi et que désormais la tranquillité des Arméniens du Caucase était pleinement assurée. Même dans sa grande clémence et mansuétude, par un ukase du 14 août dernier, le tsar Nicolas II autorisait la réouverture des écoles fermées depuis 1885 et annulait le décret de juin 1903 qui avait ordonné la spoliation des biens de l'Eglise arménienne.

Concession tardive et vaine : deux semaines plus tard, les événements de Shousha et les nouveaux massacres de Bakou attestaient que la politique de Galitzine n'avait pas encore porté tous ses fruits. Et cette fois, le gouvernement russe est pris au piège qu'il avait tendu ; il est victime des forces qu'il a déchaînées ; et comme la destruction partielle de l'industrie du naphte à Bakou lèse des intérêts européens et menace toute la vie économique de la Russie, la presse même française s'émeut, en même temps qu'à Pétersbourg on comprend peut-être l'étendue de la faute commise. Le mouvement musulman anti-arménien est devenu un mouvement plus général : maintenant les Tatars travaillent pour leur propre compte, et de l'autre côté de la frontière turque et de la frontière persane, les Kurdes viennent prendre leur part de butin. La guerre de race et de religion qui n'avait dans l'idée de ses instigateurs d'autre objet que la destruction de l'élément arménien, dépasse le but et va atteindre ceux qui en pensaient profiter.

On essaiera probablement d'expliquer les faits par la haine quasi instinctive du Tatar pour l'Arménien ; il en fut de même en Turquie où la population arménienne fut représentée, après les massacres de 1894 à 1896, comme exclusivement composée d'usuriers et de manieurs d'argent peu délicats. En réalité, les neuf dixièmes de cette population, tant en Turquie qu'en Russie, sont constitués par des agriculteurs très paisibles, qui demandent à labourer leurs terres, sans être exposés chaque jour aux violences du fisc et de l'administration et aux massacres méthodiques. Le gouvernement russe ne le peut ignorer : telles terres des domaines de la

Mer Noire que les colons venus de Russie étaient incapables de cultiver, doivent leur prospérité actuelle aux quarante mille Arméniens qui s'y installèrent voilà une trentaine d'années. La déciatine de terre (environ un hectare) était louée avant leur venue environ 1 rouble et vendue de 20 à 30 roubles ; elle est louée aujourd'hui 25 roubles et vendue de 3 à 400 roubles, et, dans un rapport présenté à la *Société impériale d'agriculture du Caucase*, en mars de cette année, le prince Chervachitze pouvait écrire : « Notre pays désert s'anima bientôt, grâce au travail de ces émigrants. La culture du tabac s'est développée superbement ; elle est des plus productives et des mieux appropriées au climat de la Mer Noire ; elle enrichit non seulement les propriétaires mais les cultivateurs eux-mêmes, le fisc et tout le pays. » Les Arméniens tués dans le Karabagh ne diffèrent pas de ceux de Sokhoum et de Sotchi ; ils ont les mêmes mœurs et les mêmes aptitudes au travail agricole.

En les voulant supprimer parce qu'ils représentent dans un empire semi-asiatique aux marches de la Caspienne et de l'Ararat la civilisation occidentale, le gouvernement russe donne raison aux agitateurs tatars qui reconnaissaient dans les tchinovniks de Pétersbourg des frères de race et de pensée ; mais il éprouvera peut-être par la suite des regrets semblables à ceux des beys kurdes de Turquie qui, en 1897, s'accusaient de leur propre ruine pour avoir tué leurs Arméniens ; et dès aujourd'hui par une Némésis immédiate, les Tatars ont appris à leurs frères moscovites le danger de certaines alliances, tandis que les ouvriers et les paysans arméniens et géorgiens, sont devenus les ennemis irréconciliables d'un régime d'oppression, de pillage et d'assassinat.

Massacrés en masse en Turquie, massacrés en masse en Russie, les Arméniens ne se résigneront pas à une extermination sans gloire ; ils ont inauguré la résistance active. Partout où ils avaient des armes, où le gouvernement ne leur avait pas préalablement enlevé tous moyens de défense, à Erivan, à

Shosha, à Ouchi, et dans d'autres villages, ils ont fait face héroïquement aux Tatars, bien supérieurs en nombre. Ils continueront la lutte avec une indomptable énergie et par le seul fait qu'ils se défendent ils travaillent dans la mesure de leurs forces à l'écroulement du tsarisme qui pensait les anéantir.

Toutes les sympathies européennes sont acquises à la révolution d'un petit peuple qui ne veut pas mourir.

PIERRE QUILLARD.

1905, 10 septembre
PARIS.

LA RUSSIFICATION

(LETTRE PREMIÈRE)

Le conseil du Palais d'Hiver. — La politique de persécution et les petites nationalités. — Le vice-roi du Caucase. — Attitude du prince Dondoukov-Korsakov. — Les écoles arméniennes et le « danger » du recrutement. — Le gouverneur général Chérémétieff. Le pire des pires.

C'était après la révolte d'Andijan.

Dans l'assemblée tenue à cette occasion au Palais d'Hiver, un des princes appartenant à la Maison des Romanoff et qui, par exception, joignait à son titre royal quelques sentiments libéraux, s'écria : « Voilà vingt ans que j'entends parler de ces bienheureux essais de russification, et, au lieu des nombreux bienfaits qu'on nous promettait, je vois qu'en Pologne l'on hait les Russes, qu'en Finlande on nous méprise, qu'au Caucase une inimitié générale commence à remplacer la sympathie d'autrefois ; et que même à Andijan, où les traces sanglantes laissées par les armées russes n'ont pas encore disparu, on fait des préparatifs pour une insurrection. »

Vérité indiscutable, mais elle ne fut pas écoutée. Les protestations passèrent inaperçues. Et ce mot de « russification, » forgé dans les usines de la monarchie, devint la devise de cette politique qui a envahi aujourd'hui toute la Russie, jusqu'à son centre même. Car on trouve qu'il y a des Russes qui ont besoin aussi d'être russifiés ; on ne les considère pas comme suffisamment Russes, sous le régime actuel.

Ce n'est pas d'hier que date cette politique. Elle a son passé. C'est principalement après 1863, après l'insurrection si hardie mais si peu réussie de la Pologne — nouvel essai de libération tenté par la génération qui grandit après le mouvement de 1830 — que prit naissance en Russie la politique de russification des nations asservies.

Cependant, sous le règne d'Alexandre II (1855-1881), lorsque les faits inspirés par les événements de 1848, joints aux tristes suites de la guerre de Crimée, eurent provoqué toute une série de réformes libérales — l'abolition du servage en 1861, l'abolition des peines corporelles en 1863, les réformes judiciaires en 1864 — ces ténébreuses menées ne trouvèrent pas la voie aisée sur laquelle on comptait.

Les esprits étaient tournés vers des horizons d'espoir. Des années s'écoulèrent ainsi et l'assassinat du 1er mars eut lieu. En même temps qu'était livré à la terre le cadavre de l'Empereur, on exilait loin de Pétersbourg ses familiers. Le programme du comte Loris-Mélikoff, modeste projet de constitution sur lequel on fondait pourtant bien des espérances, fut enfermé au fond de tiroirs secrets ; et les conseillers intimes du nouvel empereur, le comte de Tolstoï et Pobédonostsèv, persuadèrent à Alexandre III (1881-1894) que l'attentat du 1er mars et les questions nationales n'étaient pas autre chose que le résultat des idées libérales de l'ancien règne ; et ils élaborèrent un nouveau programme, rétrograde et oppresseur, celui-là, et dont un des points principaux était la question de russification.

Le Caucase, ce pays des « races et des tribus, » qui avait accepté autrefois avec amour la domination de la Russie, ne fut pas épargné par le nouveau programme. L'esprit du gouvernement du Caucase changea en peu de temps d'une manière sensible ; le vice-roi, le grand-duc

Mikaël Nicolaïevitch, ne fut pas jugé l'homme de la situation. La vice-royauté du Caucase fut abolie. Le grand-duc fut rappelé à Pétersbourg ; et, à sa place, on envoya à Tiflis le prince Dondoukov-Korsakov, avec le titre de gouverneur général.

Le grand-duc, qui était resté attaché au pays sinon par l'importance de son programme, du moins par le souvenir de ses longues années de résidence, quitta, le cœur ulcéré, ce Caucase où ses fonctions avaient duré dix-neuf ans, de 1862 à 1881. Pour montrer combien étaient cordiales les relations du pays et du vice-roi, nous ne citerons qu'un fait. Au début de la guerre russo-turque, lorsque les Arméniens du Caucase présentèrent par l'entremise du vice-roi une supplique à l'Empereur, pour lui demander sa protection à l'égard du peuple opprimé par la domination ottomane, des journaux allemands annoncèrent que les Arméniens du Caucase avaient fait offrir par un éminent médiateur la couronne d'Arménie au grand-duc Mikaël Nicolaïevitch. Cette nouvelle était à vrai dire très éloignée de la vérité, puisque, jusqu'à présent, il n'existe en Turquie, au lieu d'une Arménie autonome, qu'un enfer arménien ; mais il paraît qu'en 1880 on ne négligea pas de se servir de cette légende pour hâter l'abolition de la vice-royauté et pour éloigner le vice-roi du Caucase.

On s'aperçut très vite au Caucase que ce changement de deux hauts fonctionnaires n'était pas simplement un changement de personnes, mais la transformation de tout un système. Dans quelques cercles de Tiflis, on espérait que le nouveau gouverneur serait à la hauteur de sa mission, car on savait qu'il avait largement contribué à l'élaboration d'une constitution pour la Bulgarie nouvellement délivrée. Cependant, ces espérances s'évanouirent bien vite, et l'on s'aperçut qu'il n'était resté que des débris incolores du « passé bulgare » du prince Dondoukov-Korsakov.

Une année s'était à peine écoulée, que le prince, répondant aux dispositions manifestées à Pétersbourg, envoyait à la capitale des informations déclarant que les Arméniens du Caucase montraient des tendances séparatistes, à l'égard desquelles des mesures s'imposaient. Le premier pas dans la voie indiquée fut qu'en 1885, aux yeux de la Russie et de l'Europe entière, on ferma les cinq cents écoles arméniennes du Caucase, en jetant ainsi à la rue les 20,000 enfants des deux sexes qui y recevaient l'instruction. Il en était de même pour leurs maîtres et maîtresses, au nombre de neuf cents. Les témoins de cette criante et incroyable iniquité racontent que toute la population du Caucase, non seulement les Arméniens, mais encore nombre de Géorgiens et de Mahométans, avaient eu peine à retenir leurs larmes en voyant les agents de police chasser hors des écoles, avec des cris et des bourrades, de pauvres enfants de dix à douze ans qui, leurs livres sous le bras, massés aux portes et aux fenêtres, criaient et pleuraient, en disant : « Ne nous chassez pas, nous voulons apprendre... Pourquoi nous chassez-vous ? » Tout le pays était en deuil.

Pendant ce temps, dans les somptueux salons du palais du vice-roi, à Tiflis, le gouverneur fêtait avec des cris d'allégresse cette victoire glorieuse — le premier coup sérieux porté à l'instruction, et par lequel allait commencer l'œuvre de russification.

Et, suivant son exemple, Yanovski, le représentant du ministère de l'instruction publique au Caucase, ce « mauvais esprit » qui, pendant les cinquante années de son mandat, n'a pas ouvert le tiers des écoles qu'il avait fait fermer en un mois, informait avec orgueil le ministre et le gouverneur que « tout marchait bien, » c'est-à-dire que les Arméniens laissaient fermer leurs écoles sans faire d'opposition. Ce fonctionnaire de l'instruction publique pouvait bien s'enorgueillir de la fermeture des écoles dans un pays qui, pour se développer paisiblement, ne demandait qu'une chose : la liberté de l'instruction ! Telle était la disposition des esprits à ce moment. Et Yanovski recevait, la conscience tranquille, les nouvelles décorations que sa conduite lui avait fait mériter !

L'année 1887 arriva, année inoubliable dans l'histoire des Arméniens du Caucase. On devait introduire le service militaire général, encore inconnu des Arméniens, depuis le jour où ils avaient perdu leur indépendance politique. Les fonctionnaires qui étaient à la tête du mouvement arménophobe, dirigés par le prince Dondoukov-Korsakov, s'empressèrent de profiter de l'occasion pour montrer que les Arméniens étaient opposés au service militaire, que le Caucase se préparait à la résistance de différents côtés et qu'il fallait par conséquent recourir à des mesures énergiques... Et l'on sait pertinemment que des ordres furent donnés par le gouverneur de Tiflis pour étouffer immédiatement toute tentative de résistance, même la plus légère.

Cependant la population du Caucase, menacée, sauf les Mahométans, par la nouvelle mesure, ne s'en irrita pas. Le gouvernement du Caucase ne s'attendait pas à ce calme, d'autant plus que les représentants du gouvernement étaient parfaitement au courant des bruits étranges qui circulaient dans le peuple au sujet du service militaire. On racontait, par exemple, que les conscrits arméniens seraient envoyés aux extrémités de la Russie et n'en reviendraient jamais ; on assurait qu'on les obligerait à changer de religion, qu'on leur ferait oublier leur langue, enfin qu'on les forcerait à épouser des jeunes filles russes, et, par ces moyens, à devenir Russes eux-mêmes...

Les représentants du pouvoir connaissaient tous ces bruits par leurs innombrables espions, mais le désir de créer un mouvement arménien était si vif, qu'ils ne prirent aucune peine pour dissiper ce malentendu et faire comprendre au peuple qu'il était dans l'erreur. Cette conduite était fort habile et tendait à créer une agitation quelconque. Aucun mouvement n'eut cependant lieu pendant l'enrôlement et le peuple montra une parfaite disposition à une « humble obéissance, » sauf dans un seul cas qu'il vaut la peine de citer, pour montrer jusqu'à quel degré de cruauté pouvait atteindre le gouvernement du Caucase.

Au sein des forêts reculées du Karabagh, en l'un de ces villages du district de Tathève qui sont encore plongés dans les brumes de la vie patriarcale, les vieilles femmes racontaient en se frappant la poitrine qu'après avoir emmené leurs fils comme soldats, on allait prendre aussi leurs filles et les donner comme femmes aux soldats russes. On peut s'imaginer combien une telle idée devait blesser le cœur et l'âme de ces pauvres villageois, élevés dans le respect sévère de la famille.

La police locale était au courant de ces bruits, que personne ne cherchait à dissiper ; au contraire, il fut ordonné à la police de Zanghézour de faire « tous les préparatifs nécessaires, » de se rendre au « lieu de résistance » et de couper à sa racine toute tentative d'insurrection. Des actes d'une tyrannie inconcevable se produisirent alors ; on mit en œuvre les menaces, le fouet, la bastonnade. Quand une villageoise de 50 ans et un vieux prêtre se permirent d'ouvrir la bouche pour dire « qu'ils étaient prêts, s'il le fallait, à se sacrifier à l'Empereur, mais qu'ils ne donneraient pas leurs filles aux soldats russes, » les agents s'en saisirent, les bâtonnèrent et les envoyèrent immédiatement, sous escorte, comme « rebelles au gouvernement, » à la prison centrale. Il ne se trouva pas un seul fonctionnaire pour dire à cette vieille femme : « Tu te trompes, vieille mère, la loi ne permet pas qu'on t'enlève ta fille ; elle punirait au contraire celui qui oserait le faire. » Au lieu de punir les barbares qui outrepassaient la loi, ce furent la pauvre paysanne et le vieux prêtre qu'on fit souffrir dans les lieux d'exil, parce qu'ils s'étaient permis de dire: « Nous ne donnerons pas nos filles aux soldats russes. »

La route dans laquelle l'on s'était engagé était dangereuse ; on l'abandonna heureusement, quoique pour un temps bien court. On finit par se rendre compte à Pétersbourg, dans les milieux gouvernementaux, qu'il était imprudent de jouer ainsi avec le feu. Dondoukov-Korsakov lui-même, fatigué, usé par l'abus des vins généreux du Caucase, devint incapable de diriger les affaires. Il donnait audience aux solliciteurs et aux subalternes à 7 heures du matin, car, dès ce moment et jusque fort avant dans la nuit, il était ivre... Lorsqu'il quitta son poste, on jugea « convenable » à Pétersbourg d'y placer le général Chérémétieff, connu déjà du temps où il était vice-gouverneur comme étant un homme paisible et partisan d'une politique de conciliation à l'égard des éléments indigènes. Chérémétieff n'était pas, il est vrai, un homme d'Etat de grande valeur, mais, comme adversaire de la politique de persécution, il contribua à apaiser un peu les esprits et fut plus utile au pays que tous ses prédécesseurs avec leurs programmes de haute politique.

Mais voici l'année 1897. Chérémétieff était mort. Pétersbourg, revenu à ses anciens sentiments, tourna de nouveau vers le Kasbek des regards menaçants. Ce fut le tour du prince Galitzine, sous le règne duquel commença une ère de russification telle qu'on n'en avait pas encore vu de pareille. Le nouveau gouverneur général fit oublier tous ceux qui l'avaient précédé à ce poste.

LE TYPE DU RUSSIFICATEUR

(LETTRE DEUXIÈME)

L'entrée du Gouverneur. — Le prince Galitzine. — Ses conseillers. — L'ère de persécution. — « Pas de fonctions aux indigènes! » — Les preuves. — Autour de la municipalité de Tiflis. — L'iniquité victorieuse.

Toute la population de Tiflis est sur pied. Les habitants, impatients mais pourtant respectueux, les yeux fixés vers la même direction, attendent... La police surveille la foule d'un œil inquisiteur. Les rues sont nettoyées, les maisons repeintes ; partout les drapeaux flottent au vent...

« Il arrive ! » Ces mots sortent de toutes les lèvres, mais personne ne sait si celui qu'on attend arrivera avant ou après midi, le soir ou seulement la nuit. Et comment pourrait-on le savoir? Les desseins des puissants sont insondables, ne permettent guère les suppositions. Le grand personnage est libre de s'arrêter à une station quelconque : il peut y manger, y porter des toasts, y dormir même... Qui oserait lui rappeler que « le peuple l'attend, » retenu là-bas par la police dans les rues principales ?

Le soleil est brûlant. Un vent fort vif gêne la respiration. Qu'importe ! Il faut attendre... Et tous sont là : les jeunes écoliers, les professeurs, le clergé, les artisans, les fonctionnaires, toute une foule ! Il leur faudra attendre jusqu'à ce qu'ils soient rendus, épuisés. Ne sont-ils pas des « sujets, » leur devoir n'est-il pas « d'attendre? » Enfin! voici pourtant le chef de police qui apparaît au loin ! La foule oscille, repoussée par les agents ; les fouets sifflent dans l'air, on entend des exclamations, la musique militaire attaque ses airs. Cette fois, le haut personnage tant attendu entre dans la ville... C'est ainsi que d'autres étaient déjà venus.

C'est ainsi que le prince Galitzine vint à son tour...

La population du Caucase est naïve et crédule. On ne sait ni comment ni pourquoi, mais les espérances étaient grandes, des légendes circulaient sur le compte du « cavalier blanc. » On le représentait comme un homme généreux, aimant le Caucase, où il avait autrefois servi dans l'armée ; on le disait plein de bonnes dispositions à l'égard des indigènes et ami de la justice. « C'est un homme instruit, représentant d'une grande famille, disait-on ; il est énergique et plein de volonté, sa venue sera le début d'une ère heureuse. » On croyait le temps de Vorontzov revenu... « Oui, le prince Galitzine peut être un petit Vorontzov, disait un Russe qui le connaissait bien, mais cela dépendra de ses conseillers ; avec de bons conseillers, il sera un petit Vorontzov ; avec de mauvais, un petit Pobédonostsèv. »

Cette dernière hypothèse devait malheureusement se réaliser.

Pourtant beaucoup savent, à Tiflis, quelles agréables nouvelles sortirent chaque jour, pendant les premiers mois, du palais du gouverneur. En recevant les représentants du corps gouvernemental, le prince Galitzine disait : « Pour moi, il n'y a pas de différences de nationalité et il doit en être de même pour vous. J'ai besoin de bons fonctionnaires et je les chercherai dans toutes les nationalités. » S'adressant au comité central de la censure, il avait déclaré : « Donnez à la presse la liberté de critiquer les fonctionnaires ; c'est ainsi qu'on connaîtra la vérité. » A ses anciens camarades, les militaires arméniens, le prince avait répété amicalement et à plusieurs reprises qu'il haïssait les persécutions contre une nationalité quelconque et qu'il s'opposerait à tout essai de ce genre. C'était, en un mot, une véritable guirlande de promesses fleuries qui furent bientôt traînées honteusement dans la boue. Et l'on allait déployer le drapeau des guerres de races, qu'une certaine catégorie de fonctionnaires, ayant à leur tête les conseillers intimes du prince Galitzine, se plut à faire flotter sur tout le Caucase!

Il est intéressant de savoir quels sont les personnages qui remplirent le rôle de conseillers et dont l'action, unie à celle du gouverneur général, eut une influence si grande. Voici leurs noms : tout d'abord le général Frézé, ancien gouverneur d'Erivan, qui, grâce à sa politique, imitatrice fidèle de celle de Pobédonostsèv, monta du poste de gouverneur au grade important de chef de la gendarmerie, et qui fut envoyé de Pétersbourg à Tiflis pour être le bras droit de Galitzine. Puis le chef de la chancellerie du gouverneur, Miskiévitch, Polonais converti à l'orthodoxie, c'est-à-dire plus Russe que les Russes eux-mêmes, poltron et soupçonneux, flatteur et intrigant; Bekof, ancien président du tribunal, qui fut appelé auprès de Galitzine avec le titre de préfet de Tiflis. Deux qualités le désignaient pour occuper ce haut poste: sa haine des Arméniens et la réputation de vénalité qu'il s'était faite pendant ses fonctions de président. Ensuite, le sous-préfet de Tiflis, Stéfanovitch, que le sort avait amené au Caucase « pour y chasser le bonheur et les honneurs, » ambition qu'il put réaliser avec aisance et rapidité, grâce à la façon dont il s'y prit. Ce fut ce groupe influent qui dirigea les affaires ; pour atteindre son but, non seulement il remplit les provinces de préfets tels que Kiréiev à Elisavetpol et Bogouslavski à Igdir, mais il confia la direction du seul journal officiel du Caucase à un misérable tel que Vélitchko, le rédacteur espion du *Kavkaz*.

Encouragé par les pleins pouvoirs qu'il avait reçus, appuyé sur son titre de sénateur et fort de ses instructions secrètes, Galitzine se mit à l'œuvre rapidement, sans délai et sans rien ménager. Il ne se donna pas la peine d'étudier ni d'examiner les choses, mais il voulut agir à sa guise. Ce qu'il désirait, il devait l'accomplir. « J'ai la permission de faire ce qui me plaît, » déclarait-il à tout venant, sans s'inquiéter si son interlocuteur était le préfet ou son jardinier, le président du comité de censure ou son cocher. En effet, on raconte qu'il répéta un jour cette même phrase au président du tribunal, qui venait protester contre une de ses mesures, et au jardinier-chef du palais, qui lui expliquait qu'il était impossible d'émonder pour le moment les arbres du jardin. Chacun d'entre eux eut probablement le même mot à la bouche en sortant du cabinet du gouverneur général : « Samodour ! »

Possédé de l'idée fixe qu'il faut avant tout délivrer l'organisme gouvernemental de la dangereuse participation des indigènes, qui, croyait-il, s'étaient emparés de tous les emplois, Galitzine consacra à cette œuvre toutes ses préoccupations et toute son énergie. « Ne pas donner d'emplois aux indigènes ! » tel fut le mot d'ordre de la nouvelle politique. Des bruits circulèrent à ce propos, puis vinrent bientôt des faits.

Au mois de juillet 1897, le bruit se répandit que le préfet de Tiflis, le prince Chervachitsé, donnait sa démission, ou plutôt qu'on l'obligeait à la donner. L'émotion fut grande. La démission de Chervachitsé était un avertissement. S'il était resté au pouvoir, on aurait pu conclure que les partisans de la politique pacifique étaient vainqueurs, tandis que sa retraite annonçait le triomphe définitif du parti Frézé-Miskiévitch. Un mois s'était à peine écoulé, que ces soupçons se justifièrent, malheureusement. Chervachitsé, ne pouvant supporter les attaques perfides dirigées contre sa personne et au mépris de ses longues années de service, donna sa démission, qui, disons-le en passant, fut acceptée avec joie par le gouverneur. Et elle fut suivie de beaucoup d'autres.

Alors que, grâce à cette « politique, » le prince Amilachvari, Géorgien de naissance et l'un des plus brillants représentants de l'armée, où il avait le grade de commandant, était mis de côté, on nommait le général Frézé au poste de vice-gouverneur. Et cependant Amilachvari avait rempli pendant plusieurs mois les fonctions de gouverneur général en attendant l'arrivée du prince Galitzine. Cette nomination causa un étonnement général, car le plus simple tact, pour ne pas dire plus, aurait voulu qu'on eût égard à un fonctionnaire indigène dont les cheveux avaient blanchi dans les guerres de la Russie.

Au lieu de cela, et comme pour aggraver l'offense, le prince Amilachvari fut nommé « fonctionnaire des missions particulières » de Galitzine, tandis que quelques années auparavant ce même Galitzine avait servi comme simple soldat sous les ordres d'Amilachvari, lorsque celui-ci commandait l'armée ! Le renvoi de Chervachitsé fut suivi immédiatement de celui d'un autre Géorgien, le gouverneur d'Elisavetpol, le prince Nakachitsé, et des Russes furent mis à leur place. Au poste de préfet de Tiflis, on nomma Bekov, qui, peu de temps après, tombait en complète disgrâce auprès de Galitzine, tandis que, pour remplacer Nakachitsé, on appelait de Moscou un certain général Kiréïeff, dont le seul mérite était ses relations d'amitié avec Galitzine. Mais

Kiréïef fit bien voir, au bout d'un mois déjà, qu'il ne suffit pas d'être un « habitué des cabarets de Moscou » pour devenir un bon gouverneur de province.

A ces changements en succédèrent d'autres de moindre importance, à commencer par les préfets pour finir par les chefs de police. Quant aux Arméniens, il est superflu d'en parler. On considérait déjà qu'il était inopportun de leur faire remplir des emplois supérieurs; bientôt on commença même à les éloigner des services secondaires comme indignes de confiance au point de vue politique. Par les ordres du prince Galitzine, aux Arméniens occupant des emplois, on offrit des places dans l'intérieur de la Russie ou dans des endroits non habités par des Arméniens ; et l'on refusait ouvertement d'accepter de nouveaux fonctionnaires arméniens. C'est probablement de cette manière que Galitzine mettait en pratique sa ronflante maxime : « Il n'y a pour moi aucune différence de race ni de religion ! »

Quelques mois s'étaient à peine écoulés, que déjà les tristes événements d'Elisavetpol venaient prouver qu'il était dangereux de donner des emplois à des personnes étrangères au pays et ne connaissant rien aux affaires, tandis qu'on éloignait des indigènes bien supérieurs en tout à tel ou tel général ou conseiller intime.

Le brigandage redoublait. Se fiant à l'inexpérience des fonctionnaires russes, les chefs de bandes turques commencèrent à assassiner plus que de pauvres sujets sans défense, des chefs de police entourés de cosaques. C'est ce que prouvent clairement les assassinats de Monastirski et d'Abachidzé. Les bandes de brigands commencèrent à se montrer et à piller non seulement dans les lieux écartés, mais tout près du chef-lieu, à la barbe du gouverneur, comme l'a montré l'attaque fameuse d'Hadjikend, où les brigands arrêtèrent le chef de police, un agent, un officier russe et de nombreuses personnes. Ils avaient même projeté de s'emparer du gouverneur, le général Kiréïev, pour montrer combien peu ils le craignaient !

Peu de temps après, celui-ci, découragé, proposa au prince Galitzine d'enrôler quelques Arméniens dans la police. « Les Russes que nous avons amenés sont tous des ivrognes, disait-il ; quant aux Mahométans, ils travaillent contre nous plus que pour nous ; la seule issue est d'engager de nouveau des indigènes. » Galitzine ne voulut rien entendre et répondit : « Non, mille fois non ! je ne veux pas entendre parler des Arméniens ! » Et tout le temps, sans vouloir se laisser convaincre par la réalité, il faisait appeler tel ou tel chef de chancellerie ou d'administration provinciale, et lui déclarait : « Vous avez sous vos ordres quelques Arméniens, il faut les envoyer dans l'intérieur ou leur enlever leur emploi. » Si l'on tentait d'expliquer que ces Arméniens étaient des employés capables, on essuyait aussitôt la colère du prince, qui tonnait : « Faites ce que j'ai ordonné !... » Citons parmi bien d'autres le cas du directeur du « palais de contrôle, » Vérétennikof, qui fut obligé de demander au ministre des finances, ou de l'envoyer en Russie, ou de bien vouloir accepter sa démission, car il lui était impossible de renvoyer ses employés arméniens, ainsi que l'exigeait Galitzine.

L'incident du conseil municipal de Tiflis vint compléter la guerre commencée contre les indigènes.

Le conseil municipal, étant fondé sur le droit de vote, devait naturellement être composé en majorité de représentants des races indigènes et non de Russes, ces derniers ne formant qu'une fraction infime de la population de

Transcaucasie. Oubliant cette loi formelle, le prince Galitzine et ses conseillers « diplomates » criaient sans cesse que ce conseil « n'était pas une assemblée russe, mais bien une assemblée arménienne. » Et, pour empêcher le libre fonctionnement de cette institution, Galitzine, usant audacieusement de ses prérogatives, se mêla à chaque instant des affaires du conseil municipal, annulant ses décisions, donnant lui-même des instructions. En voici une preuve : le conseil venait de prendre une décision bien simple, qui consistait à acquérir les tramways de la ville, alors exploités par une compagnie belge. Le conseil municipal ayant à diriger le département des finances, il était naturel qu'il cherchât à exploiter les tramways d'une manière plus productive et répondant mieux aux intérêts des habitants. Mais voici les « patriotes » russes qui se chuchotent à l'oreille que « le conseil municipal veut acquérir les tramways pour en distribuer les emplois aux Arméniens ! »

Le résultat fut que le gouverneur de Tiflis, Bekov, et le vice-gouverneur Stéfanovitch, se mirent l'un après l'autre à paralyser les droits du conseil, à annuler ses décisions, encourageant même la compagnie belge et intriguant de telle sorte qu'ils réussirent à forcer deux conseillers à résigner leurs fonctions et à étouffer la question des tramways. Et depuis lors le conseil municipal ne peut plus agir sérieusement. Ce n'est plus qu'un jouet entre les mains du gouverneur général et même entre celles du préfet!

Le récit ne s'arrête pas là. Cette affaire soulevait un autre incident. Le procureur général du palais de justice de Tiflis, Vassilief, télégraphia immédiatement au ministre de la Justice que le gouverneur du Caucase « n'avait pas le droit d'éloigner des membres du conseil municipal et que sa conduite était illégale. » Le coup fut rude, car Vassilief n'était pas Arménien et il n'était pas aussi facile de le faire taire. Le prince Galitzine se trouvait dans une position désagréable. Un jour, il fit appeler le premier président du palais de justice, Vraski, afin que celui-ci obligeât l'auteur de la plainte à la retirer. Et l'on raconte qu'à peine le premier président était entré dans le cabinet, que Galitzine se mit à crier et à faire des observations inconvenantes. Vraski répliqua très froidement : « Votre Excellence, je ne suis pas votre subordonné et je n'ai pas l'intention de supporter vos offenses. » Après avoir prononcé ces mots, il quitta le gouverneur, et, ainsi que l'assurent des témoins, il télégraphia immédiatement au ministre pour se plaindre de la conduite de Galitzine. Ce fut le lendemain seulement que le prince-gouverneur, s'apercevant que l'affaire prenait une mauvaise tournure, fit appeler de nouveau le premier président, lui fit des excuses et l'engagea à faire retirer, d'une manière ou d'une autre, la plainte du procureur général. « Notre œuvre est la même, dit-il, nous devons unir nos forces pour lutter contre l'ennemi commun, l'élément indigène, et c'est pourquoi je désirerais que vous ne marchiez pas contre moi. » Le président Vraski fit comprendre à Galitzine que le procureur général représentait une autorité indépendante, et que s'il formulait alors une protestation contre tel ou tel acte du gouverneur, il pouvait le lendemain en formuler une autre contre lui-même, premier président du tribunal, et que, par conséquent, il ne pouvait rien faire. L'issue de tout cela fut que la décision prise par le gouverneur à l'égard des deux membres du conseil municipal ne fut pas annulée et que ce fut ainsi encore lui qui triompha.

Des mois s'écoulèrent. La pression exercée par le prince Galitzine sur le gouvernement indigène atteignit son apogée. Tout lui fut sujet à soupçons, les serviteurs, les membres du gouvernement ; même les comptes de la ville furent suspectés par lui. Une vérification immédiate fut ordonnée. On proféra des menaces. Quelques membres du gouvernement furent contraints à se retirer. « C'est un nid d'Arméniens, il faut le détruire ! » clamait le despote « Samodour ». Les personnes soupçonnées, à bout de patience, et le conseil de ville lui-même, adressèrent une plainte au tribunal supérieur, au Sénat, qui, ayant examiné l'affaire, déclara les accusés innocents. Cela ne l'empêcha pas de se rendre coupable d'une injustice incroyable, en déclarant que « quoiqu'innocentes, les personnes accusées devaient résigner leurs fonctions, afin de ne pas porter atteinte à l'autorité du gouverneur, à son prestige et à sa haute position ! »

Et les innocents furent punis, persécutés, tandis que le gouverneur général, soutenu par le tribunal suprême, en devint plus audacieux, persuadé qu'on n'oserait l'atteindre ! Et il continua sa route sans crainte, cette fois, et sans rougir de sa conduite ! Il allait finir par toucher à l'instruction du peuple, aux malheureuses écoles arméniennes...

LA FERMETURE DES ÉCOLES ARMÉNIENNES

(LETTRE TROISIÈME)

La première fermeture. — Programme prémédité. — Agissements de la direction des écoles — Echiniadzin soupçonné. — La polémique entre le synode et le journal officiel. — Documents historiques. — Nouvelles rigueurs.

Les années 1885 et 1897 — années de larmes et de désespoir — constituent des dates inoubliables pour les Arméniens. C'est alors qu'on assista à des scènes inimaginables. Dans les villes et dans les bourgades, dans les villages et les hameaux, les agents de police en uniforme pénétraient, l'air menaçant, dans des lieux où jusqu'à ce moment leur autorité avait été inconnue, et l'on voyait sortir de pauvres enfants, les larmes aux yeux, tremblants et terrifiés.

C'était la fermeture des écoles arméniennes. Elle eut lieu une première fois en 1885, sous le règne d'Alexandre III, alors que le poste de gouverneur du Caucase était occupé par Dondoukov-Korsakov et que le président de la commission scolaire était Yanovski. Cette fermeture devait se renouveler en 1897, lorsque le trône était occupé par Nicolas II et que le prince Galitzine remplissait les fonctions de gouverneur. Yanoski occupait encore le même poste qu'en 1885.

Mais, tout d'abord, un court exposé historique. En 1836, déjà, la ronflante « Polojénié, » proclamée à l'intention de l'Eglise arménienne, avait officiellement accordé au clergé arménien, et en général à la communauté arménienne établie en Russie, le droit d'avoir des écoles primaires ecclésiastiques. En 1830 et en 1840, alors que le Caucase n'était pas encore parvenu à effacer les traces sanglantes laissées par les guerres russo-turque et russo-perse, il était naturellement difficile de songer sérieusement à l'œuvre scolaire. Mais dès 1850, lorsque la paix fut définitivement établie, et que, grâce à l'impulsion donnée par l'Europe et la Russie, une sorte de renaissance intellectuelle se manifesta au sein du peuple arménien, de faibles lueurs se montrèrent dans le sombre horizon du Caucase, et les écoles populaires ecclésiastiques firent leur apparition. Le catholicos Mathéos, qui, à côté de ses nombreux défauts, possédait une grande qualité — un immense amour de l'instruction — fonda les écoles populaires en mettant à profit les droits accordés par la loi au chef du clergé arménien.

Dans l'espace de quinze à vingt années, surtout depuis l'année 1870, alors qu'une active propagande était faite dans la presse en faveur de l'instruction populaire, le nombre et la force des écoles augmentèrent, et celles-ci obtinrent une place et une influence respectables. Puis, lorsque, en 1882, à Tiflis, avec l'approbation du catholicos Ghévork, se tint le premier congrès des instituteurs, — cette grande manifestation du mouvement scolaire arménien — beaucoup comprirent alors seulement le pas gigantesque que l'œuvre de l'instruction avait fait dans cette petite nation asiatique, qui déployait une énergie admirable pour devenir le champion de la civilisation dans son pays.

Le congrès montra que le Caucase entier était couvert d'un réseau d'écoles arméniennes, ayant à leur tête des maîtresses et des maîtres suffisamment instruits et qui s'efforçaient de répandre l'instruction dans des contrées où avaient régné durant de longues années autant d'ignorance abrutissante que de brutale tyrannie. Malheureusement, ce premier congrès scolaire de 1882, où il avait été décidé qu'une autre réunion aurait lieu à Etchmiadzin, fut la dernière manifestation du mouvement scolaire arménien. Trois années plus tard, en 1885, Dondoukov-Korsakov et Yanovski devaient porter un coup mortel à l'œuvre de développement, en faisant fermer les écoles arméniennes et en transformant leur bienfaisante activité en un champ de nouvelles intrigues politiques. C'est à ce moment que fut ouvertement posée la grosse « question des écoles arméniennes. »

La première fermeture des écoles, en 1885, eut lieu d'une manière doublement arbitraire, alors qu'il n'y avait pas de catholicos. Ghévork était mort, la nomination de Nersès Varjapétian n'avait pas été ratifiée par le gouvernement et l'élection de 1885, où Makar fut nommé catholicos, n'avait pas encore eu lieu. Le synode arménien d'Etchmiadzin, que Dondoukov-Korsakov, sur le conseil de Yanovski, avait mis au pied du mur, ne demandait qu'une chose : attendre l'élection du catholicos. La loi mettait le synode lui-même dans l'impossibilité de se prononcer sur une question aussi importante que celle de la fermeture ou de la remise des écoles.

Cette demande, si logique pourtant, fut écartée. Et, non seulement on la laissa de côté, mais le gouvernement s'imagina voir dans l'attitude du synode des signes de résistance à sa volonté, plus que cela, un dangereux plan politique. Des instructions sévères furent envoyées de Tiflis au procureur d'Etchmiadzin. Elles jetèrent la terreur au sein du peuple. On savait fort bien d'où elles venaient. L'impression produite fut si grande, que le synode d'Etchmiadzin, malgré la position délicate et dangereuse où il se trouvait, jugea nécessaire de répondre pour repousser les accusations dirigées contre lui. Cette réponse, écrite dans un esprit absolument conciliant, parut dans l'organe officiel du clergé arménien, *Ararat*, en mars 1885. En voici un résumé :

Réponse à l'article du journal officiel.

Les membres du synode arménien-grégorien d'Etchmiadzin ont lu avec chagrin, dans le journal *Kavkaz*, le blâme infligé au clergé, qu'on accuse d'avoir voulu résister au désir de l'Empereur pour ce qui concerne les écoles arméniennes. Les membres du synode repoussent cette accusation, et ils ont pour devoir de déclarer qu'ils ont toujours respecté les privilèges conférés au catholicos arménien à l'égard des écoles primaires ecclésiastiques, privilèges reconnus par le ministère de l'intérieur, ainsi que l'écrit le journal *Kavkaz* lui-même. Comme institution ecclésiastique, le synode ne s'est pas permis de toucher à ces privilèges. Afin de montrer à qui appartient le droit d'ouvrir et de diriger les écoles arméniennes — au synode ou au catholicos — nous citons ci-après en entier et textuellement le communiqué n° 4423 du 19 novembre 1876, adressé par le gouvernement russe au catholicos :

« Votre Sainteté,

« Le 19 juillet de l'année 1874, de par le haut commandement de l'Empereur-Roi, il fut décrété que les écoles primaires ecclésiastiques arméniennes du Caucase et de la Transcaucasie seraient soumises à la surveillance des inspecteurs des écoles populaires et à celle des directeurs.

« Prenant en considération l'incertitude dans laquelle l'on s'est trouvé au moment de mettre à exécution cette mesure, le secrétaire d'Etat, le prince Bagratian Moukranski, sur l'ordre de Son Altesse royale le grand-duc vice-roi du Caucase, s'est adressé le 16 décembre 1875 au ministre de l'Intérieur pour obtenir des éclaircissements sur les points suivants : 1° Le clergé arménien a-t-il le droit d'ouvrir seulement des écoles primaires avec un programme d'études élémentaires, ou peut-il fonder des écoles secondaires avec un programme plus étendu comprenant l'étude de diverses sciences ? 2° Le clergé est-il tenu d'informer les inspecteurs locaux de l'ouverture de nouvelles écoles et de leur communiquer des renseignements sur le personnel enseignant des dites écoles? 3° Certaines écoles arméniennes n'étant pas sous la surveillance des inspecteurs russes des écoles populaires, les directeurs et inspecteurs des écoles populaires ne doivent-ils pas de temps à autre visiter ces écoles?

« Ainsi qu'on le voit dans le communiqué n° 1481 à moi adressé par le substitut du ministre de l'intérieur, le 29 avril de la même année, on répondit à ces questions de la manière suivante: 1° Votre Sainteté a le droit, sans avoir pour cela à obtenir l'autorisation de la commission des écoles du Caucase, d'ouvrir des écoles avec un programme d'études complet correspondant à celui des écoles primaires, à la condition que l'étude de la langue russe, de l'histoire et de la géographie de la Russie soient soumises à la surveillance des inspecteurs russes des écoles populaires; 2° Le clergé arménien est tenu d'informer les inspecteurs scolaires de l'ouverture des nouvelles écoles et de leur donner les renseignements nécessaires au sujet du personnel enseignant qui y est employé; 3° Le droit et même le devoir qu'ont les inspecteurs des écoles populaires de visiter les écoles arméniennes ecclésiastiques et de surveiller l'enseignement qui y est donné ne peuvent faire aucun doute. Ce droit et ce devoir ont été spécifiés par le conseil gouvernemental du 22 novembre 1873, ainsi que par l'ordonnance du 19 juillet 1874.

« En vous communiquant les explications fournies au vice-roi par le ministère de l'intérieur au sujet des questions précitées, Son Altesse impériale ordonne de les considérer comme des instructions venant de la commission des écoles du Caucase, et il a bien voulu me charger d'en donner avis à Votre Sainteté.

« En exécutant les ordres de Son Altesse impériale, avec un profond respect, j'ai l'honneur d'être le très humble serviteur de Votre Sainteté.

P. Klouchine.

D'après la communication précitée, ainsi que d'après le règlement du 16 février 1884, il s'en suit que le synode de l'Eglise arménienne n'a pas d'autre droit que celui de surveiller l'enseignement de la religion. Le haut clergé est tenu de consacrer toutes les sommes qu'il a en sa possession à l'ouverture ou à la fermeture d'écoles soi-disant ecclésiastiques, mais il n'a pas le droit d'en ouvrir et d'en fermer sans aviser les directeurs et inspecteurs russes des écoles populaires. Alors, quels sont les droits que, d'après le journal *Кавказ*, le nouveau règlement accorde au clergé arménien ?

Il faut dire cependant que, se fondant sur cette communication n° 1481, ainsi que sur le haut commandement du vice-roi, le catholicos fit ouvrir dans diverses villes du Caucase de nombreuses écoles comprenant un programme d'études plus étendu que les écoles primaires, écoles qui furent malheureusement fermées sur l'ordre du gouvernement.

Pour en venir à l'accusation d'après laquelle « le clergé arménien a refusé avec obstination pendant dix ans de se conformer à la loi du 19 juillet 1874, » c'est une allégation mensongère, et nous déclarons que jamais le clergé arménien ni le haut synode n'ont essayé de se soustraire à la loi susdite. Au contraire, ils ont toujours agi conformément aux bulles du catholicos ordonnant de donner chaque année toutes informations à la commission scolaire du Caucase au sujet des écoles arméniennes, afin de permettre aux inspecteurs russes de visiter les dites écoles, ainsi que le prescrivait la loi. Les programmes des écoles arméniennes ont été présentés régulièrement à la commission scolaire du Caucase de 1873 à 1884.

Quant à l'insinuation du journal *Кавказ*, qui prétend que « la fermeture des écoles arméniennes n'a pas été soudaine, mais qu'elle était préparée par le clergé arménien lui-même depuis 1874, » les faits et preuves cités plus haut la démentent suffisamment et montrent clairement que le clergé arménien n'a pas recherché la fermeture des écoles et qu'il n'y a jamais songé.

La vérité est autre. Les membres du synode, traitant la question au point de vue juridique et voulant se mettre en garde contre les empiètements possibles du chef de l'Eglise, tâchèrent de délimiter leurs propres droits, ainsi que le montre le document suivant (n° 2451, du 15 septembre 1884), qui est la seconde réponse au communiqué n° 1062 du gouverneur du Caucase, du 31 juillet de la même année :

« A Son Excellence le Gouverneur général du Caucase,

« La communication n° 1062 adressée le 31 juillet par Votre Excellence demande l'exécution de l'ordonnance du ministre de l'intérieur concernant les écoles diocésaines arméniennes se trouvant sous la surveillance immédiate du synode d'Etchmiadzin. Cette communication a mis le dit synode dans une position très embarrassante.

Le synode, par sa communication n° 1243, du 24 mai de cette même année, a eu l'honneur d'informer Votre Excellence que la direction de nos affaires scolaires appartenait à Sa Sainteté le catholicos, qui l'exerçait suivant l'exemple laissé par ses prédécesseurs. D'après les lois et traditions de l'Eglise arménienne, lois confirmées par le gouvernement russe, l'éducation de la nation et des enfants arméniens appartient au chef suprême de l'Eglise. En 1874, lorsqu'il fut question de mettre à exécution la décision prise par le haut synode, le 25 novembre 1873, et par laquelle les écoles primaires ecclésiastiques étaient mises sous la surveillance d'inspecteurs nommés par le gouvernement russe, le gouverneur du Caucase entra en correspondance à ce sujet avec le synode. Mais lorsque le synode eut déclaré que le gouvernement n'avait pas ce droit de surveillance, le gouverneur cessa sa correspondance avec le synode et la reprit avec le défunt catholicos Ghévork IV.

« La mise en vigueur du nouveau règlement ministériel change l'organisation actuelle des écoles, organisation instituée par le catholicos. Les membres du synode, étant subordonnés à ce chef suprême de l'Eglise, n'ont pas le droit de l'accepter et ne peuvent prendre cette lourde responsabilité devant l'Eglise et devant leur conscience. Aussi, le synode vous prie-t-il de bien vouloir prendre en considération sa demande et de le décharger de cette responsabilité.

Le président du synode :
Archevêque Mkrtich.

Les membres du synode :

Evêque Mesrop, Evêque Hohannès, Evêque Yérémia,
Evêque Nersès, Archimandrite Mambré.

15 sept. 1884.
n° 2451.

En outre, les membres du synode informèrent par télégramme le gouverneur du Caucase qu'ils ne se reconnaissaient pas le droit de restreindre l'autorité du catholicos. Voici le texte de cette dépêche :

« A Son Excellence le Gouverneur civil du Caucase,

« Le synode a l'honneur d'informer Votre Excellence, ainsi qu'il l'a fait plusieurs fois déjà, qu'il ne se reconnaît pas le droit d'empiéter sur les prérogatives du catholicos, prérogatives qui sont sacrées aux yeux de l'Eglise arménienne. Il laisse donc la disposition du règlement du 16 février 1884 au bienveillant examen du gouvernement.

Le président du synode :

Archevêque Mkrtitch.

On a dit aussi que « le clergé arménien et ses représentants avaient méprisé les intérêts du peuple et avaient autorisé la résistance aux autorités constituées, parce qu'ils avaient le désir de s'emparer du pouvoir temporel et de diriger les affaires politiques de la nation arménienne en se servant, pour atteindre ce but, de l'œuvre sainte entre toutes qu'est l'éducation de l'enfance. » Cela est une pure calomnie, contre laquelle nous protestons hautement, et nous déclarons que le clergé arménien s'est efforcé de tous temps, dès le Vme siècle déjà, d'enseigner à ses fidèles la vraie doctrine chrétienne, de former des sujets dévoués aux nations dominantes. C'est au prix des plus grands efforts qu'il est parvenu à arracher l'Eglise et la nation arménienne aux griffes des conquérants infidèles et à les mettre sous la protection de la Russie. La nation et le clergé arméniens se sont toujours efforcés de montrer leur reconnaissance envers ce pays en se mettant à son service, ainsi que de nombreux manifestes impériaux lui en donnent le témoignage. Le journal *Kavkaz* ne se contente pas de rendre le clergé arménien suspect aux yeux du gouvernement russe, mais il essaie en outre de le décrier vis-à-vis du peuple. Quel intérêt aurait ce clergé à agir contre le gouvernement et contre le peuple en même temps ? Ainsi que l'insinue le journal précité, serait-ce qu' « il cherche à s'emparer du pouvoir temporel et de la conduite des affaires politiques ? » Ce n'est pas notre but. Si nous bénéficions, en sujets reconnaissants, des faveurs du pays auquel nous appartenons, cela nous suffit amplement. Le clergé n'a jamais été nuisible en aucune façon aux intérêts du peuple et n'a toujours cherché, ainsi qu'il en avait le devoir, qu'à conserver au peuple « la pureté de ses croyances. »

Mais les espérances que pouvaient encore nourrir le clergé devaient rester vaines. Ni les affirmations faites officiellement, ni même les assurances de fidélité au gouvernement n'eurent d'effet : on ordonna quand même la fermeture des écoles ! Et tandis que la police apposait avec entrain les scellés sur les bâtiments scolaires, au sein du haut synode, à Etchmiadzin, on éprouvait des inquiétudes nouvelles. En effet, le bruit courait qu'on attendait de Pétersbourg l'ordre d'envoyer en exil les évêques qui avaient manifesté des velléités de résistance et refusé de remettre les écoles au gouvernement.

Cependant, la nouvelle élection du catholicos allait changer un peu le cours des événements. Dans les milieux gouvernementaux, s'élaborait un nouveau programme qui menaçait plus que les écoles : en favorisant la candidature d'un évêque jugé par le gouvernement comme « apte » à remplir les hautes fonctions de catholicos, ce projet comportait la main-mise sur la direction des affaires d'Etchmiadzin.

On va voir ce qu'il en advint.

En 1885, l'évêque Makar avait l'appui du gouvernement, et c'est pourquoi l'évêque Melchissédek Mouradian, qui avait obtenu pourtant la majorité des voix, avait été écarté, tandis que Makar était nommé catholicos. Le gouvernement, pour rendre le nouveau candidat sympathique au peuple, l'avait préalablement autorisé à rouvrir les écoles fermées, à la condition que celles-ci seraient privées du caractère populaire qu'elles avaient auparavant ; elles devaient être placées sous la direction immédiate et, par conséquent, sous l'influence du seul clergé. L'élection de Makar n'était pas encore invalidée officiellement, qu'on savait déjà, dans les milieux bien informés, que le premier acte de son ministère serait la réouverture des écoles. C'est ce qui eut lieu en 1886.

Il y avait encore une autre question importante : celle des droits à l'enseignement des maîtres et maîtresses. A ce sujet, le nouveau catholicos avait demandé un délai de six années, en s'engageant à remplacer pendant cette période le corps enseignant arménien par des instituteurs « censitaires. » Il est possible que le vieillard comptait alors ne pas vivre plus de cinq à six ans, et se disait : « Après moi le déluge ! » Ce fut précisément ce qui arriva. Moins de six ans plus tard, en 1891, Makar mourut. Et quand, en 1892, eut lieu l'élection de Khrimian, élection ratifiée par le gouvernement russe en 1893, et que se fit son entrée triomphale au Caucase, le peuple arménien tout entier était persuadé que le nouveau catholicos, grâce à son immense popularité et à sa grande renommée, allait régler à la satisfaction générale la question des écoles et en finir avec cette plaie.

En 1893, alors que le nouveau catholicos n'avait pas encore fait son entrée au Caucase, presque tous les instituteurs arméniens travaillaient énergiquement à se préparer aux examens officiels pour obtenir leurs diplômes et être en règle avec l'Etat, afin de pouvoir enseigner dans les écoles primaires. A cette époque déjà, on pouvait remarquer que le curateur Yanovski nourrissait des projets secrets. Il donnait confidentiellement des instructions destinées à faire échouer les maîtres et les maîtresses dans leurs examens pour l'obtention du diplôme. Les élèves sortis de l'école supérieure Nersessian, à Tiflis, ou de l'académie d'Etchmiadzin, ainsi que les pédagogues venus des universités étrangères, furent ainsi déclarés indignes du diplôme d'Etat. Le résultat de ces machinations fut que ceux qui se préparaient à subir leurs examens, voyant clairement qu'on leur dressait des embûches, se retirèrent et abandonnèrent la carrière pédagogique.

Les écoles nouvellement rouvertes n'eurent plus, hélas, leur ancienne valeur. Les hommes de mérite en avaient été éloignés. L'esprit populaire qui animait auparavant ces établissements fut remplacé par un esprit ecclésiastique et policier. Le peuple, qui, depuis des années, était accoutumé à pourvoir aux frais d'instruction de l'enfance et qui avait remplacé les huttes délabrées d'autrefois par d'agréables constructions dont il était fier, fut contraint de se retirer et d'abandonner l'œuvre qui l'intéressait. Ensuite, il fallut de sévères formalités pour ouvrir des écoles ou nommer des instituteurs. Sous le nom de « surveillance, » les employés du gouvernement commencèrent des persécutions, réservées, mais systématiques.

On peut ainsi s'expliquer pourquoi une faible partie seulement des anciennes écoles put continuer à fonctionner. Ainsi, en 1889, le nombre des écoles dans le diocèse de Tiflis s'élevait à 44 ; dans le diocèse d'Erivan il y en avait 30, 17 dans celui de Karabagh, 14 dans le diocèse de Chamagh et 18 à Astrakan. Ces écoles possédaient 11.359 écoliers et écolières avec 482 maîtres et maîtresses. Le budget annuel de ces établissements d'instruction s'élevait à 212.554 roubles. Il y avait une énorme différence avec les chiffres qu'on avait fourni avant la fermeture.

Nous voici à l'année 1894. Le gouvernement informa le prélat d'Etchmiadzin que le délai de six ans accordé au catholicos Makar était expiré, qu'il fallait par conséquent s'occuper à nouveau de la question des écoles. Le catholicos Khrimian n'avait pas grand espoir de réussite; et, ne voyant aucune issue, il s'adressa au gouvernement pour solliciter un nouveau délai d'une année. Des correspondances s'échangèrent entre Pétersbourg et Etchmiadzin, ou plutôt entre Pétersbourg et Yanovski. Ces correspondances se poursuivirent jusqu'en 1896. Le clergé arménien se montra disposé à de nouvelles concessions ; il s'engagea à ne nommer que des maîtres ayant leurs diplômes, mais ce fut inutile. La fermeture était décidée en principe, soit à Pétersbourg, soit au palais du gouverneur. La principale cause de cette décision n'était pas la question des diplômes et de la surveillance, mais bien la fausse idée, basée sur des suppositions et de viles délations, que les écoles arméniennes étaient des foyers de propagande anti-gouvernementale très dangereux pour la paix du Caucase.

Le caractère aigu qu'avait pris la question arménienne à ce moment contribua à affermir ces allégations et ces prétextes.

Stupéfaits de la position prise par le gouvernement russe vis-à-vis de la question des Arméniens de Turquie, les Arméniens du Caucase manifestèrent le désappointement que leur causait la Russie, tandis qu'ils tournaient leurs espérances vers l'Europe et spécialement vers l'Angleterre, celle-ci se montrant favorablement disposée à l'égard des Arméniens turcs et de leur autonomie. A Pétersbourg et à Tiflis, on en éprouva une colère vive. Et ce furent les écoles arméniennes qui supportèrent le contre-coup de ces dispositions. « Nous fermerons vos écoles, déclara le ministre de l'intérieur au représentant du catholicos à Saint-Pétersbourg, cela comme punition de la sympathie excessive dont les Arméniens font preuve envers l'Angleterre. » Et ils tinrent parole. Cela se passait en 1897.

Les conditions proposées par le gouvernement étaient injustes et illogiques. Les voici : 1° La communauté arménienne pourvoira à toutes les dépenses de ses écoles sans avoir sur elles aucun droit de direction ; 2° Les maîtres et maîtresses seront désignés par le gouvernement ; 3° L'enseignement aura lieu en langue russe, à l'exception des leçons de religion et de langue arménienne (cette dernière aura un moins grand nombre d'heures d'enseignement que la langue russe) ; 4° La surveillance directe et unique des écoles appartient aux directeurs désignés par l'Etat. (Ces directeurs auront en outre le droit de nommer dans les écoles arméniennes des instituteurs non Arméniens et d'y recevoir des enfants d'autres nationalités aussi souvent et en aussi grand nombre qu'il leur plaira).

Dans de telles conditions, pourquoi ces écoles devaient-elles porter le nom d'*écoles arméniennes* et pourquoi leurs frais devaient-ils être à la charge de la seule communauté arménienne ? C'est une question insoluble ; pour y répondre, il faudrait avoir recours à la logique monarchique, seule infaillible. Et l'on voit ce qu'elle vaut !

Et cette injustice ne devait pas rester isolée. Une autre question, non moins grave se présenta alors : c'est la question des biens scolaires.

CONFISCATION DES BIENS SCOLAIRES

(LETTRE QUATRIÈME)

La question des biens scolaires. — Rapports secrets. — Le rêve du gouvernement. — Confiscation réalisée. — Les procès.

Si un historien russe écrit dans quelque cinquante ans l'histoire du mouvement intellectuel au Caucase, ou plutôt l'histoire des tyrannies de la bureaucratie russe, il éprouvera, en constatant la fermeture des écoles arméniennes, une surprise profonde ; et il se demandera pourquoi le gouvernement s'était emparé des biens de ces écoles. Il lui sera difficile de résoudre cette question, et cela moins au point de vue juridique qu'au point de vue politique ; car il est impossible de fournir une justification de cette mesure arbitraire et révoltante.

Pourquoi le prince Galitzine et le curateur Yanovski ont-ils soulevé et posé, et de pareille façon, la question de la confiscation des biens des écoles, en laissant à la future génération la tâche de baptiser d'un nom convenable cet « acte politique » de ses devanciers ?

Après avoir décidé en principe la suppression des écoles arméniennes, le gouverneur général du Caucase — on le sait de source sûre — avait demandé si le Trésor possédait les ressources nécessaires pour ouvrir des écoles gouvernementales aux lieu et place de celles qu'on se préparait à fermer. Il était en effet de toute nécessité que l'œuvre de russification ne subît aucun arrêt dans ces contrées habitées par les Arméniens. Mais à cette demande Yanovski répondit négativement : il savait trop bien combien il était difficile d'obtenir du ministère de l'instruction publique la moindre somme destinée à ouvrir des établissements d'enseignement au Caucase. — Et comment en faire un crime à ce ministère, quand on sait que les millions que fournit le peuple sont absorbés par la bureaucratie et l'armée, sans que rien soit abandonné à l'instruction publique ? Cette institution n'est-elle pas un luxe ?

En même temps qu'il répondait négativement, le curateur Yanovski présentait un rapport, ou, selon l'expression russe, un « doklad. » Et voici sur quoi reposait ce rapport fameux : il recommandait de confisquer les biens des écoles arméniennes, car, ajoutait l'habile auteur de ce document, « les écoles arméniennes possèdent des richesses telles, qu'elles suffiront à entretenir toutes les écoles qu'on fondera en remplacement des établissements fermés ; et le gouvernement sera ainsi délivré pour toujours d'un lourd fardeau pécuniaire. » Le dernier des secrétaires de la chancellerie du gouverneur savait très bien que ce rapport engageait à un acte illégal, qu'il contenait un programme artificieux conseillant une action méprisable ; mais, pour servir les intérêts de l'Etat, chacun considéra comme un devoir de patriotisme de garder le silence. Et ainsi personne n'éleva la voix, ni parmi les personnages officiels, ni parmi les gouverneurs de district appelés en consultation à ce sujet ! C'est de cette manière que fut admis le rapport de Yanovski. Il fut envoyé à Pétersbourg, soumis aux formalités légales nécessaires ; et, quelques mois plus tard, on ordonna de fermer les écoles arméniennes et de confisquer leurs biens.

C'est à ce moment que Galitzine, alors qu'il recevait un fonctionnaire arménien, lui cria du ton courroucé qui lui était familier : « Que les Arméniens essaient de montrer la moindre résistance, et vous verrez ce que je ferai ! » Puis l'on sut qu'ordre avait été donné de tenir des troupes prêtes pour étouffer immédiatement la moindre tentative de rébellion. Mais il ne se produisit aucune résistance. Les Arméniens remirent sans protester et leurs écoles et les biens afférents à celles-ci. Ils s'inclinaient sans mot dire devant une mesure arbitraire telle qu'on n'en avait pas vu de semblable depuis un siècle de domination russe au Caucase.

Malheureusement ou heureusement, les immenses richesses annoncées par Yanovski n'existaient que dans son imagination surexcitée. Ses suppositions hardies étaient formées d'abord de cette erreur fréquente aux tchinovniks, — les bureaucrates — que toutes les institutions arméniennes et en particulier les églises et les écoles qui en dépendaient, possédaient des fortunes fabuleuses, richesses que, selon les mêmes tchinovniks, les Arméniens réservaient pour l'époque où il leur serait donné de reconstituer la Grande-Arménie. Ensuite, ces hypothèses étaient basées sur des renseignements reçus par les autorités de l'instruction publique au Caucase, renseignements qui dataient de l'époque du catholicossat de Makar, et que nous allons rappeler. En 1886 déjà, Yanovski, voulant s'opposer à l'augmentation des écoles arméniennes, avait informé officiellement les autorités d'Etchmiadzin qu'à l'avenir ne serait plus autorisée que l'ouverture des écoles qui posséderaient des ressources suffisantes à leur entretien. On avait répondu d'Etchmiadzin que toutes les écoles arméniennes étaient à l'abri du besoin pécuniaire et qu'ainsi on ne pouvait mettre aucun empêchement à leur existence. On le voit donc : d'un côté l'on supposait que les institutions ecclésiastiques arméniennes possédaient de grandes richesses, tandis que la réponse d'Etchmiadzin fortifiait chez les gouvernants l'idée que les écoles arméniennes disposaient de réservoirs pleins d'or.

C'est de cette fortune que le gouvernement avait résolu de s'emparer... Il s'en empara. Mais que trouva-t-on? Exception faite de dix à quinze écoles qui possédaient des sommes et des revenus bien définis, garantis par des legs spéciaux, on ne découvrit que des ressources dérisoires. Et l'un des inspecteurs des écoles gouvernementales du district de Tiflis, monarchiste invétéré, s'écriait avec fureur après avoir reçu les biens des écoles de son rayon : « C'est une trahison ! Nous savons pertinemment que l'école Gayané possède 250.000 roubles d'argent liquide et on ne nous en donne que 25.000 ! L'école Honanian, qui a des millions, ne nous livre qu'un caravansérail... Il en est de même pour les autres écoles. Oui, les Arméniens ont bien caché leur argent ! » Les auteurs des nombreux rapports concernant les écoles arméniennes avaient complètement méconnu cette réalité : c'est que la plupart de ces écoles n'étaient pas entretenues au moyen de sommes ou revenus fixes, mais par des dons volontaires et irréguliers. Leurs administrateurs n'allaient pas chaque mois à la caisse de l'Etat recevoir l'argent nécessaire aux frais des écoles ; c'était la communauté arménienne qui complétait les sommes nécessaires, soit par des dons, soit au moyen de représentations, soit même quelquefois à l'aide d'emprunts. Si les écoles arméniennes étaient pécuniairement assurées, elles ne l'étaient que grâce aux contributions incessantes du peuple, à ces dons qui se répétaient chaque année, et non par les sommes déposées au Trésor. On ignorait aussi que les instituteurs arméniens, sacrifiant sans cesse leur tranquillité, organisaient les représentations dont nous venons de parler, faisaient des collectes dans le public, frappaient à des centaines de portes » pour arriver à parfaire leur traitement. Cette situation, le dernier des villageois la connaissait. Yanovski seul l'ignorait, quand, pour composer ses « doklad, » il s'abandonnait à une imagination que dominait la haine des Arméniens.

Supposons un instant que le gouvernement, poussé par des nécessités politiques, aveuglé par le désir de la russification ou stupidement effrayé par la croyance qu'il se faisait dans les écoles arméniennes une propagande anti-gouvernementale, supposons, disons-nous, que le gouvernement eût, à ses yeux, le droit de fermer ces écoles. Toutefois, la suppression des écoles lui conférait-elle le droit, de façon politique ou de façon gouvernementale, de s'emparer de la propriété des dites écoles ? Car à Pétersbourg, de même qu'au siège du gouvernement du Caucase, on savait parfaitement que les biens des écoles arméniennes étaient la propriété des églises ou qu'ils leur avaient été attribués par des legs spéciaux. Ainsi, par exemple, les écoles de Tiflis, d'Alexandropol, d'Akhaltskha, de Bakou et de plusieurs autres villes possédaient de vastes propriétés qui leur avaient été léguées. Les donateurs avaient laissé leur fortune aux écoles ecclésiastiques arméniennes et non à des écoles quelconques ; ils avaient désigné comme exécuteurs de leurs volontés les autorités ecclésiastiques arméniennes et non une autorité temporelle quelconque. La majorité des écoles possédaient des biens qui leur avaient été attribués par des testaments légaux avec des stipulations qui, légalement, ne permettaient à personne de se les approprier selon son bon plaisir. Et les nombreux donateurs, en exprimant leurs dernières volontés, avaient la conviction que leurs désirs seraient toujours protégés impartialement par la loi.

Ils ne s'imaginaient guère qu'un jour, poussés par des buts politiques, les mêmes hommes, désignés pour faire respecter et exécuter la loi, la fouleraient aux pieds et qu'ils violeraient des testaments réputés inviolables.

Afin de prouver que les biens confisqués appartenaient aux églises ou que les sommes que le gouvernement s'était appropriées avaient été données par testament et étaient par conséquent insaisissables, des rapports furent adressés au gouvernement après la fermeture des écoles. Ils furent envoyés de nombreuses localités du Caucase et émanaient de fondés de pouvoir, de particuliers ou de représentants des autorités ecclésiastiques. Même, les donateurs encore vivants des biens saisis déclarèrent que, puisque les écoles étaient fermées, ils attribuaient leurs dons à telle ou telle église, ou ils manifestèrent la volonté de les attribuer à leurs héritiers.

Ce fut inutile. Tous reçurent la même réponse : « Nous prendrons tout ce que nous voudrons, et si vous avez des réclamations à faire, faites-les ; ceux qui se permettront de résister seront punis sévèrement ! » Et c'est ce qui se passa. D'après des ordres formels donnés par le gouverneur général, toutes les ressources, bâtiments et biens désignés par un inspecteur ou un sous-préfet comme appartenant aux écoles, furent confisqués. On apposa les scellés sur une partie des immeubles ; les autres furent loués ou mis en fermage ; l'argent fut versé au Trésor et l'on se borna à répéter : « Allez vous plaindre, la loi vous y autorise. » Mais, immédiatement après ces paroles, on donnait à entendre que les plaignants seraient considérés comme des personnages suspects et hostiles au gouvernement. C'est là une menace sérieuse en Russie. Et cette menace explique pourquoi, malgré l'autorisation accordée de formuler des plaintes, il n'y eut, à quelques rares exceptions près, pas de plaignants : ceux qui avaient qualité pour présenter des réclamations avaient peur.

« Avoir peur ! » Savez-vous ce que cela signifie au Caucase?...

L'ENQUÊTE

(LETTRE CINQUIÈME)

Quelques espoirs. — Le voyage des enquêteurs spéciaux. — Massalov et le prince Oukhtomsky. — Le spectre de l'intrigue anglaise. — Résultats de l'enquête. — Conclusions du ministre.

« Allez et examinez ! »

On entend souvent cette phrase en Russie.

Quand de menaçantes nouvelles commencent à circuler, lorsque des bruits inquiétants arrivent des extrémités de l'Empire, la capitale, inquiète, tourne ses regards vers l'inconnu lointain d'où apparaissent des signes de fièvre politique... Le ministre prépare un ordre que Sa Majesté signe de sa main ; les coffres-forts du Trésor sont ouverts et les inspecteurs gouvernementaux ou délégués spéciaux, munis d'instructions secrètes, mystérieux et importants, se mettent en route : ils partent pour examiner... Et leurs voyages sont innombrables, les rapports qui en résultent remplissent d'innombrables armoires dans les chancelleries d'Etat... Que d'espérances sont ensevelies dans ces armoires ! De quels projets ne sont-elles pas le tombeau ?...

Au mois de mai 1896, dans les cercles politiques de Pétersbourg, le bruit se répandit qu'on envoyait au Caucase deux personnages officiels chargés d'examiner l'état d'esprit des Arméniens. A ce moment, c'était la question du jour dans la capitale. La nouvelle de l'arrivée des inspecteurs se confirma et eut bientôt un caractère officiel. L'un d'eux, nommé spécialement par l'Empereur, était le prince Espère

Oukhtomsky, un ami personnel du monarque et qui l'avait accompagné lors du voyage que celui-ci avait fait en Orient; l'autre inspecteur était Massalov, employé au ministère de l'intérieur et délégué par ce ministère. Le prince Oukhtomsky était en outre un « publiciste sympathique » et le rédacteur des *Péterbourgskia Vedomosti*, journal semi-officiel. Cette mission avait un caractère important, du fait que l'Empereur avait désigné lui-même un envoyé spécial.

La question arménienne, d'une part, celle de la fermeture des écoles, de l'autre, occasionnaient dans la capitale des discussions brûlantes sur l'état d'esprit des Arméniens. Il se trouva même dans les cercles du palais des hommes assez indépendants et courageux pour oser condamner ouvertement la décision prise par le ministère de l'intérieur à l'égard des écoles arméniennes. Le ministre Gorémikine, personnage inflexible qui avait pour spécialité d'imaginer des complots, d'exiler des gens, d'interdire la publication des journaux et d'entraver toute initiative, était contraint d'imaginer toutes sortes de dangers pour justifier ses mesures iniques.

Ainsi, pour raison principale de la fermeture des écoles, on accusa les Arméniens d'y faire une propagande antigouvernementale et de lier intimément cette propagande à la sympathie qu'ils éprouvaient pour les Anglais et pour la politique anglaise. « L'Angleterre et la politique anglaise ! » Ces mots suffisaient pour provoquer à Pétersbourg une inquiétude générale ; car, on le sait sans doute, le fonctionnaire le plus intelligent perd la faculté de raisonner dès qu'il s'agit de la politique anglaise. La Russie contemporaine craint la politique anglaise, et l'ancienne Russie ne pouvait pas redouter plus l'invasion mongole. Aux yeux du Russe, l'Anglais est invincible et terrible. L'opinion du tchinovnik est que l'Anglais est si rusé et ingénieux, qu'il possède de telles ressources, que lutter contre lui serait aller infailliblement à une défaite. « Où l'Anglais a mis le pied, il n'y a pas de place pour le Russe! » Voilà pourquoi le nom anglais, accouplé tout à coup à celui des Arméniens du Caucase, et cela juste au moment où la question de l'existence politique des Arméniens de Turquie était à l'ordre du jour, voilà pourquoi ce nom effraya tant les politiciens russes. Il ne se trouva à ce moment personne d'assez clairvoyant pour découvrir que cette nouvelle manœuvre politique avait la même origine que d'autres odieuses accusations lancées contre les pacifiques sujets du « Royaume de l'Ararat. »

Au reste, la rivalité anglo-russe est bien connue. Elle est historique. Du jour où la Grande-Bretagne, en s'emparant des Indes, se donna comme tâche politique de couper aux Russes le chemin du Sud, du jour où les intérêts russes et les intérêts anglais entrèrent en conflit sur le Bosphore, de ce jour les deux puissances devinrent des rivales irréconciliables et toujours exposées à une rupture. En outre, chacun sait qu'en 1878, lors de la guerre russo-turque, l'Angleterre se prononça formellement en faveur de la Turquie. Elle montra sa sympathie non seulement en fournissant aux Turcs de l'argent, des armes et des officiers instructeurs, mais encore, après l'armistice, le gouvernement de Beaconsfield repoussa la Russie d'Erzeroum, dont celle-ci s'était déjà emparé par les armes ; par cela, l'Angleterre voulait éloigner le plus possible la domination russe de cette ligne qui mène au Golfe Persique, point de première importance pour les Anglais. Mais les Anglais ne s'en tinrent pas là. Selon les diplomates russes, leur but serait d'élever contre l'invasion russe une barrière infranchissable dont les principaux points de défense seraient Constantinople, la Mer Noire, la chaîne des Monts Caucase, la Perse, l'Afghanistan, la Chine, jusqu'au Japon, l'ennemi de la Russie. Au moyen de cette barrière, l'Angleterre fermerait à jamais le chemin aux Russes et mettrait ainsi à l'abri pour toujours sa domination sur l'Océan Indien et ses possessions du Sud. C'est là le plan anglais, tel que l'expliquent les diplomates russes; et ils ajoutent que pour son exécution la Grande-Bretagne n'épargne ni l'argent, ni les interventions parfois secrètes ou les intrigues politiques. Et ce sont ces intrigues qu'on met en ce moment en œuvre au Caucase, spécialement parmi les Arméniens. En ces dernières années, assurent les politiciens russes anglophobes, l'Angleterre a modifié sa politique en Asie Mineure; elle veut y élever une nouvelle barrière contre les Russes, en se servant des Arméniens et même en y fondant un royaume indépendant d'Arménie. Pour fortifier leurs desseins, les Anglais veulent soulever le Caucase, le troubler au moyen de mouvements politiques, afin d'en faire chasser les Russes et de pouvoir limiter leur domination à la chaîne des Monts Caucase, cette frontière naturelle et sûre.

Sans doute, beaucoup de lecteurs souriront à la lecture de telles allégations, mais elles sont prises très au sérieux par les diplomates russes. Au moment de la guerre russo-turque elles eurent même un caractère officiel. Lorsque l'armée turque eût remporté quelques succès à Alachkerte, et que le bruit se répandit qu'elle pourrait bien forcer la frontière et passer par Igdir pour entrer dans la province d'Erivan, on discutait, à Tiflis, dans les hauts cercles militaires, les moyens de défendre les autres points du Caucase. Et pendant l'examen des divers projets, l'éventualité d'une révolte du Caucase, causée par les menées anglaises, fut envisagée. Grave hypothèse ! Le gouvernement russe aurait alors deux ennemis à combattre à la fois : l'armée turque et ses propres sujets ! Et ces discussions avaient lieu au moment où toute la population chrétienne du Caucase — en particulier les Arméniens et les Géorgiens — combattait dans les rangs de l'armée russe, où cette population accueillait avec la plus grande allégresse chaque nouvelle d'une victoire des armes russes ! C'était au moment où les généraux arméniens — Lazareff, Loris-Mélikoff, Ter-Ghougassof, Chelkovnikof — faisaient valoir l'armée russe à Kars, Alachkerte, Erzeroum ; où, d'autre part, les Arméniens turcs venaient processionnellement au-devant des troupes russes, ce qui est dans l'Orient chrétien la plus significative démonstration d'enthousiasme. La suspicion était donc impardonnable. Toutefois, le gouvernement reconnut bientôt qu'il s'était trompé et que ses soupçons étaient injustifiés et sans fondement.

Mais c'est cependant grâce à ces doutes que tout Anglais venant au Caucase, fût-il un simple commerçant, est soumis immédiatement à la surveillance de la police. On l'épie à l'hôtel, dans ses voyages, au cours de ses visites ; chacun de ses mouvements est surveillé. Ainsi, vers 1890, le correspondant bien connu du *Daily News*, Fitz-Gerald, se rendit à plusieurs reprises au Caucase. Il avait une sympathie particulière pour la cause arménienne, et c'est en victime de cette sympathie qu'il devait tomber, tué secrètement en Turquie par des agents du gouvernement. Grâce aux lettres de recommandation dont il était porteur, Fitz-Gerald avait été accueilli de façon amicale par le gouverneur du Caucase et avait reçu de lui carte blanche pour voyager dans tout le pays. Mais, en même temps, la police recevait des instructions secrètes lui enjoignant de surveiller étroitement ce voyageur et de savoir où il se rendait, de connaître ses propos et les personnes qu'il visiterait, en un mot, de l'épier constamment. En 1895, un autre Anglais, correspondant de journaux et publiciste connu, lui aussi, Emile Dillon, se rendit à Erzeroum en traversant le Caucase. C'est lui dont les lettres à propos des massacres d'Arménie firent un tel bruit dans toute l'Europe. Dillon fut également très bien reçu par le gouverneur, qui lui accorda la même faculté de voyager à travers le Caucase. En arrivant à Erzeroum, il trouva le plus bienveillant accueil de la part du consul russe Maximoff ; ce dernier lui offrit son concours, ce qui n'empêcha pas la police de surveiller de près tous les faits et gestes du publiciste anglais. Un an plus tard, lorsque Dillon était déjà de retour en Angleterre, la direction de la gendarmerie du Caucase commença à Tiflis une enquête sérieuse afin de découvrir les Arméniens qui avaient pu avoir des entrevues avec le journaliste anglais, les personnes avec lesquelles il avait entretenu une correspondance, etc. Ici encore, nous aurions bien d'autres exemples à citer.

Les capitalistes anglais, qui devraient pourtant être à l'abri des soupçons politiques, n'échappent eux-mêmes pas davantage à cette surveillance. L'anecdote qui suit est caractéristique. Il y a quelques années, alors qu'on parlait beaucoup de l'apparition à Bakou de capitalistes anglais venus pour y fonder des sociétés destinées à l'exploitation du pétrole, et que le ministère exigeait mille formalités pour autoriser leur entrée au Caucase, un Polonais connaissant fort bien la contrée disait à un fonctionnaire russe : « Je ne crois pas que le ministre autorise les Anglais à s'établir au Caucase, car, sous le prétexte de l'exploitation du pétrole, les rusés Anglais peuvent cacher des projets politiques.

Vous savez bien quelles intrigues se complotent au Caucase !... » — « Oui, oui, avait répondu le fonctionnaire russe, si cela dépendait de moi, je ne permettrais pas à un seul Anglais de passer la frontière de la Russie ? » — « Et les Anglais viendront pourtant à Bakou, répliquait le facétieux Polonais ; et, avant d'y venir, ils passeront à Pétersbourg, avec leurs sacs bien remplis, pour y voir les personnages influents... » — « C'est vrai, avait dit le fonctionnaire, de quoi l'argent n'est-il pas capable !... »

Et comment expliquer de telles opinions ? Cela vient-il de ce que l'Angleterre et la Russie sont des adversaires acharnés en Orient ? Ou est-ce parce que les enfants de la Grande-Bretagne portent avec eux, en même temps qu'une cupidité bien connue, les meilleurs produits de leur histoire, c'est-à-dire l'amour de la liberté, la protestation contre l'immobilité si chère aux Slaves ? Ou bien est-ce encore parce que tout l'Occident, y compris l'Angleterre, représente aux yeux de la monarchie russe une contrée d'où soufflent des vents capables d'éveiller à la fin le pays du sommeil ? En tout cas, on voulut mettre à jour ces menées dangereuses. A cet effet, on envoya au Caucase le prince Oukhtomsky et Massalov, en leur donnant comme mission d'étudier deux questions essentielles : 1° s'il était exact qu'on fît dans les écoles arméniennes une propagande anti-russe ; 2° si les Arméniens du Caucase nourrissaient vraiment une sympathie particulière envers les Anglais et la politique anglaise.

Fidèles à cette mission, les deux envoyés arrivèrent à Tiflis, virent les personnes qui leur étaient désignées, lurent ce qu'on leur avait ordonné de lire, se rendirent à Erivan pour y avoir une entrevue avec le gouverneur, allèrent à Etchmiadzin où ils furent pendant quelques jours les hôtes du catholicos ; puis ils revinrent à Tiflis, y faire leurs observations, et enfin ils rentrèrent à Pétersbourg porteurs d'une réponse précise aux questions posées. Dans cette réponse, qui fut présentée au ministre de l'intérieur sous forme de rapport, le prince Oukhtomsky et Massalov démentirent formellement, et avec des preuves à l'appui, les accusations dirigées contre les Arméniens du Caucase.

« Je regrette de ne pouvoir prendre votre rapport en considération, leur dit le ministre, mais le ministère a déjà présenté à Sa Majesté une étude qui arrive à des conclusions tout à fait opposées. Le ministère ne peut changer son opinion. Il ne vous reste qu'à modifier votre rapport. » Et l'on sut ensuite que pendant que les deux délégués recueillaient sur place des renseignements destinés à éclairer le sujet, Pobédonostsèv et Gorémikine, fidèles à leur système, avaient su vaincre ce petit parti qui était parvenu à décider l'Empereur à envoyer des délégués au Caucase pour y étudier la question. La conséquence de cette victoire fut que le rapport arménophobe fut présenté immédiatement et qu'il reçut un caractère officiel ! Et c'est après ce rapport qu'on entreprit de nouvelles persécutions contre les Arméniens !

« Allez et examinez !... » Ce ne sont que des mots destinés à tromper, car, on l'a vu, pour écrire un rapport gouvernemental de première importance, rapport d'où peut dépendre la tranquillité de toute une nation, il n'est point nécessaire de le baser sur des faits véridiques et des preuves décisives. Les « intrigues étrangères » et la « sécurité de l'Etat » peuvent remplacer les preuves et la vérité. C'est grâce à ces rapports que des représentants « patriotes » de la presse russe ainsi que les fonctionnaires esclaves du gouvernement, se disant les défenseurs des intérêts de l'Etat, s'en vont répétant à tort et à travers : « Les Arméniens ont des tendances anti-gouvernementales, les Arméniens sont les instruments des intrigues anglaises ! » D'après ces profonds observateurs, si les Arméniens du Caucase aident pécuniairement leurs malheureux frères de Turquie, ou s'ils protestent contre l'oppression du Sultan, c'est non poussés par des sentiments d'humanité et de fraternité, mais bien parce qu'ils sont les instruments aveugles des « intrigues anglaises. » Et si les Arméniens réfugiés en Europe élèvent la voix en faveur de leurs frères opprimés, ce n'est pas le résultat du devoir le plus élémentaire d'humanité, mais bien encore des « intrigues anglaises ! » Voir autant de mal et de machiavélisme chez de pauvres « sujets » inoffensifs, c'est le propre des « faiseurs de rapports » russes de cette époque et de leurs partisans ; c'est le point de vue où ils se placent toutes les fois qu'ils ont affaire à une petite nation ou qu'ils trouvent en face d'eux une question politique quelconque. C'est un état maladif, un cauchemar politique dont souffrent ces gens-là, car, même après les massacres d'Arménie, ils s'en allaient dire et crier que les Arméniens voulaient reconstituer la Grande-Arménie jusqu'à Rostow-sur-le-Don. — Et savez-vous pourquoi on parlait de Rostow-sur-le-Don ? C'est qu'on voulait prouver que le projet de reconstitution du royaume d'Arménie était en relation directe avec cette politique anglaise qui désirait élever une barrière contre la Russie sur les montagnes du Caucase !

Nous ne savons vraiment s'il est plus facile aux Arméniens de créer la Grande-Arménie, qu'aux Russes de se délivrer de leurs grands insensés !

LES RAPPORTS SECRETS

(LETTRE SIXIÈME)

Vers Saint-Pétersbourg. — Une audience impériale. — Le contenu des rapports secrets. — Tendances arméniennes. — Observations du Czar. — « Eloignons les Arméniens! » — Les fêtes ne valent rien.

Au printemps de 1898, le prince Galitzine, confiant dans la forme nouvelle que prenaient les rapports, animé toujours par les sentiments de haine dont s'inspirait sa politique, quitta Tiflis pour se rendre à Pétersbourg. Il devait présenter un rapport... Un jour, devant être reçu en audience par l'Empereur, il entra au Palais d'hiver la poitrine chamarrée de décorations : il était dans tout l'éclat de sa gloire... Des rapports secrets, des audiences secrètes, des décisions secrètes ? Qui pouvait savoir de quoi il s'agissait !...

Mais un an s'était à peine écoulé, que le document secret, sortant de l'armoire où il était enfermé, apparut à la lumière. Comment cela se produisit-il ? Personne ne le sait exactement. Des versions diverses circulent à ce sujet. Un employé du ministère — c'est ainsi du moins que l'expliquent des témoins — mécontent de ses maigres appointements ou peut-être animé de sentiments hostiles au gouvernement, copia le document officiel et le vendit à un Arménien. Celui-ci, heureux de son aubaine, rechercha un correspondant de journaux anglais et lui remit le trésor. Une semaine s'était à peine écoulée, que le document était publié à Londres. Une bombe n'aurait pas jeté autant de trouble. L'ambassadeur télégraphia à Pétersbourg, le ministère s'agita... « Nous avons donc des ennemis jusque dans notre propre maison! » répétait le ministre, épouvanté. Et les enquêtes, les interrogatoires commencèrent... On chassa un fonctionnaire, on emprisonna un Caucasien résidant à Pétersbourg, on en menaça plusieurs autres. Et, tandis que les innocents étaient punis avec les coupables, le document secret continuait son voyage vers les lieux où se trouvaient des Arméniens et des personnes s'intéressant aux affaires arméniennes.

Le rapport secret du prince Galitzine mérite d'attirer l'attention sur les dispositions politiques du moment et il vaut la peine d'être cité. Il est divisé en deux parties :

Première partie. — *Les Arméniens et la Russie.* — 1° Tendances arméniennes. 2° Le catholicos et le synode d'Etchmiadzin. 3° Les écoles primaires arméniennes. 4° La presse arménienne du Caucase. 5° Les sociétés de bienfaisance. 6° Les administrations communales. 7° Les conseils municipaux.

Deuxième partie. — 1° *La loi sur les terres : a*) les émigrés russes ; *b*) les étrangers propriétaires de terre ; *c*) les capitaux étrangers. 2° *Les sectes religieuses : a*) les membres des sectes religieuses et Tolstoï ; *b*) les doukhobors. 3° *Le brigandage : a*) les causes ; *b*) la police des villages ; *c*) les exilés en Sibérie.

La plus grande partie du rapport est consacrée aux Arméniens ; elle a un caractère politique et forme par conséquent une division importante des communications secrètes. En voici des extraits :

Les tendances arméniennes. — Le mouvement arménien a pour but de reconstituer l'ancienne indépendance de l'Arménie. Ce mouvement est limité à la partie instruite de la population des villes et au clergé. Les villageois n'en sont pas encore atteints. Les promoteurs de l'agitation furent d'abord : le clergé, la presse arménienne et les comités révolutionnaires de l'étranger. Cet état de choses donne comme tâche au gouvernement de créer une situation plus régulière, afin de protéger l'autre partie de la population contre les dispositions et tendances dangereuses des Arméniens. Le nombre des Arméniens de la Transcaucasie est si restreint, comparativement à celui des autres nationalités, qu'il ne peut présenter un grand danger pour la paix du pays. Le gouvernement local a, du reste, suffisamment de forces pour pouvoir étouffer immédiatement toute tentative de résistance.

Le catholicos et le synode d'Etchmiadzin. — « En septembre dernier — ainsi s'exprime le prince Galitzine — je me rendis à Etchmiadzin pour y faire visite au catholicos, qui devait, en décembre de la même année, me rendre visite à Tiflis. Ces deux entrevues m'ont convaincu que le catholicos, à cause de son grand âge, ne peut juger d'une manière aussi indépendante qu'il le faudrait, et il se trouve sous l'influence de ses conseillers ecclésiastiques, qui obéissent à des desseins personnels. Leur idéal est l'Arménie unie. Ils poussent leurs compatriotes aux tendances séparatistes et conseillent au catholicos de ne pas se soumettre à nos lois et de préférer à la loi son autorité religieuse. De cette manière, le catholicos est forcé de prendre une attitude qui ne s'accorde pas avec les vues du gouvernement. J'ai expliqué à Sa Sainteté que les ordres personnels qu'elle donnait au sujet des questions concernant le synode pouvaient amener une grande confusion dans les affaires intérieures et troubler les relations du peuple et du chef de l'Eglise ; et j'ai insisté sur ce point, qu'il était nécessaire que ses ordres répondissent aux exigences de la loi.

« En étudiant de près la question, je suis arrivé à la conviction que les efforts accomplis pour donner, en dehors de l'autorité gouvernementale, une telle attitude au catholicos, finiront par faire croire au peuple que le catholicos occupe une situation exceptionnelle. Comme conséquence, les esprits ignorants s'imagineront que le catholicos est non seulement le chef spirituel de l'Eglise arménienne, mais aussi qu'il incarne les visées tendant à réunir la Transcaucasie aux provinces arméniennes de l'Asie Mineure.

« Mon opinion est donc que le gouvernement russe doit insister sur ce point : le catholicos et le synode d'Etchmiadzin sont tenus de se conformer à la loi. [Absolument[1].] Comme avertissement, et afin de prévenir des irrégularités dans le synode, j'ai ordonné que deux archimandrites, membres du synode, soient punis. Ce sont : Vahan Ter-Grigoriantz et Nahapète Nahapétiantz. Ce dernier est le secrétaire particulier du catholicos. J'ai conseillé de les éloigner du Caucase et Votre Majesté a approuvé cette mesure. »

Les écoles primaires arméniennes. — « La remise au ministère de l'instruction publique des écoles arméniennes, ainsi que le prescrit le décret de Votre Majesté du 14 juin 1897, est importante au plus haut degré, et c'est le seul moyen de soustraire la nouvelle génération à l'influence nuisible du clergé. Mais les ecclésiastiques arméniens n'ont pas voulu se soumettre à cette nouvelle mesure. C'est pourquoi, par ordre du gouvernement supérieur du Caucase,

---

[1] Les mots soulignés ici et fermés par [ ] sont ceux que le Czar Nicolas II a écrits de sa main en lisant le rapport.

en 1897, on ferma 320 écoles arméniennes. Trente-et-une écoles restèrent ouvertes et, plus tard, on en ferma encore quelques-unes de celles-là, soit parce que leurs maîtres n'avaient pas le diplôme russe, soit parce que le clergé, conformément aux ordres reçus du catholicos, avait refusé de donner l'argent nécessaire à leur entretien. Il est vrai que le décret impérial du 14 juin 1897 ne dit rien du changement de direction des écoles primaires arméniennes, mais ce silence s'explique, car il eût été inutile d'ouvrir de nouvelles écoles sans avoir les sommes nécessaires à leur entretien. Voilà pourquoi j'ai demandé l'approbation de Sa Majesté dans la question de la remise au ministère de l'instruction publique des biens des écoles, et j'attends de nouveaux ordres à ce sujet. » — [Approuvé.]

La presse arménienne du Caucase. — Les publications périodiques paraissant à Tiflis, au lieu de travailler à l'œuvre de fusion des Arméniens avec les Russes, essaient au contraire d'élargir l'abîme qui les sépare. L'organe officiel d'Etchmiadzin, *Ararat*, doit être soumis aux conditions de la presse de Tiflis, c'est-à-dire à la censure, car il s'est opposé à la nouvelle mesure concernant les écoles et n'a pas travaillé, ainsi qu'il était entendu, au rapprochement des Arméniens et des Russes. Le même esprit russophobe et les mêmes tendances dangereuses apparaissent dans les journaux publiés en langue russe par des Arméniens. C'est pourquoi le soussigné demande de soumettre tous les journaux et revues publiés par des Arméniens à des mesures spéciales et sous sa surveillance personnelle. Il propose de soumettre la presse arménienne à certaines exigences dont le programme serait élaboré par la chancellerie du gouverneur.

Sociétés de bienfaisance. — « Les sociétés arméniennes de

bienfaisance s'occupent davantage de politique que de bienfaisance. Il est vrai qu'il y a des lois spéciales qui garantissent à l'Etat une surveillance sur ces sociétés, un contrôle de leur activité ainsi que de leurs comptes. En outre, les autorités locales ont le droit de les dissoudre dès qu'elles s'écartent, si peu que ce soit, de leurs règlements ; mais tous ces moyens ne suffisent pas. Presque toutes les villes du Caucase possèdent des succursales dépendant de l'une de ces sociétés, la « Société de bienfaisance, » qui a son siège à Tiflis, et dont le but est de propager l'instruction parmi le peuple et d'aider pécuniairement les Arméniens. Mais cette société répand l'instruction d'une manière tout à fait subordonnée à la question de nationalité. Il y a quelques années, elle prit part au mouvement séparatiste inauguré par la jeunesse intellectuelle, mouvement grâce auquel le directeur du gymnase classique d'Erivan eut à subir des injures de la part d'un Arménien. Des informations sûres prouvèrent que beaucoup de partisans de cette agitation étaient des membres de la société susnommée. Cette société accorde une partie de ses fonds pour l'instruction de jeunes Arméniens à l'étranger, chose contraire aux principes du gouvernement russe.

« Sans vouloir nier les services que les individus et les sociétés peuvent rendre à l'éducation — à la condition que les uns et les autres soient absolument sûrs — je crois que ces sociétés arméniennes ne sont pas dignes de confiance, à cause de toutes ces circonstances particulières. Si les Arméniens voulaient encourager l'œuvre exclusivement russe de l'instruction et de l'éducation, ils n'auraient qu'à s'unir aux sociétés russes, lesquelles ne font pas de distictions de races et de religions. Je propose à l'Empereur de bien vouloir m'autoriser à fermer les sociétés de bienfaisance arméniennes. » [Examiner sérieusement la question.]

Les administrations communales. — « Les administrations communales laissent beaucoup à désirer. Il faudrait reconstituer ces administrations, ainsi que les tribunaux. La surveillance de l'Etat n'existe pas dans les villages du Caucase. Tout est laissé aux mains des maires et des juges conciliateurs, qui sont trop occupés et ne peuvent suffire à leur tâche. A Batoum, à Kars et à Ardouïn, l'administration communale n'existe pas, et toute une série de contestations et de questions embarrassantes, relatives aux coutumes locales, attendent leur solution. Je sollicite l'autorisation de pouvoir juger toutes ces questions à Tiflis, par la voie de mon conseil, car si elles étaient portées devant le Sénat de Pétersbourg, il faudrait attendre trop longtemps leur solution. » — [Je n'ai aucune objection à cela.]

Les conseils municipaux (Douma). « Dans les conseils municipaux, les Arméniens ont une situation privilégiée, car la loi de 1892 accorde un avantage aux propriétaires. Il faut remédier à cela. Je propose que ce soit le gouvernement qui nomme les maires et qui fixe leurs appointements, et que les membres du conseil municipal soient élus, suivant un nouveau règlement, sous le contrôle du gouvernement. Je propose également de donner au gouverneur le droit de congédier les membres qui ne rempliraient pas leur devoir d'une manière satisfaisante. » [Ces moyens me semblent souhaitables, mais ils doivent être bien étudiés.]

La deuxième partie du rapport, consacrée aux lois sur les terres, aux sectes religieuses et au brigandage, est également animée du même esprit étroit, et fait preuve d'une incapacité notoire dans ses essais pour résoudre les questions gouvernementales. Mais cette incapacité, au lieu d'être blâmée, trouva sympathie et protection en haut lieu.

Encouragé par ses puissants défenseurs, vêtu de son uniforme chamarré de décorations, la physionomie victorieuse, à peine deux ans plus tard, en 1901, le gouverneur se présenta à l'assemblée des ministres avec un nouveau programme. Galitzine recueillit des sourires, et, avant de commencer son rapport officiel, il annonça qu'il avait enfin trouvé le seul moyen de délivrer le Caucase du dangereux élément arménien. Et voici sa conclusion : « Le moyen de russifier le Caucase et d'en finir une fois pour toutes avec un dangereux séparatisme est — c'est le seul moyen — d'obliger les Arméniens à émigrer en Sibérie, et après avoir délivré ainsi la Transcaucasie de la présence d'éléments turbulents, on installerait à leur place des orthodoxes amenés des provinces intérieures de l'Empire. » Le silence accueillit cette communication. Elle dépassait les bornes. Le sourire se figea même sur les lèvres les plus orthodoxes, et le ministre de la guerre lui-même, Kouropatkine, qui, alors qu'il était gouverneur de la Transcaucasie, savait assez bien ce qu'était le « séparatisme arménien, » demanda : « Qu'en pensez-vous, Excellence, quel peut être le nombre de ces turbulents dans un centre arménien tel que Choucha ou Erivan ? « Croyez-vous qu'il peut y en avoir cinquante ? » — « Oui, à peu près... » — « Je vous en accorde le double, disons cent, continua le ministre, et je crois que le meilleur moyen d'étouffer le mouvement arménien serait d'arrêter ces cent séditieux, de les faire sortir du pays et de les exiler en Sibérie. De cette manière, vous aurez délivré le pays du danger sans exiler tout un peuple. » — « Certainement... certainement, approuvèrent les autres ministres. »

Et c'est ainsi que tomba ce fameux programme, qui préconisait l'exil en masse de tous les Arméniens, programme dont l'élaboration avait coûté beaucoup d'efforts à son auteur et où il avait déversé toute sa haine des Arméniens. C'était vraiment une mort inattendue. Et ce fut aussi une leçon inutile ! Car, appuyé toujours par de hautes protections, Galitzine continua le chemin qu'il s'était tracé. La logique des faits, la voix de la réalité, la leçon de la vie, tout cela n'existait pas pour lui. Pour atteindre son but, il n'hésita pas à dissimuler des chiffres et des faits réunis par le tribunal gouvernemental lui-même.

En voici encore une preuve : En 1902, le comité de statistique du Caucase — un corps gouvernemental — résolut de publier un bulletin statistique des crimes au Caucase par rapport aux différentes nationalités. Les renseignements, réunis d'une manière officielle, s'étendaient sur les dix dernières années. L'étude était terminée et le bulletin imprimé ; on en remit un exemplaire au prince Galitzine, afin d'avoir son opinion sur le travail. Et le représentant de la loi et de la justice, sans éprouver aucun remords, donna ordre d'arrêter la publication de ce livre... Pourquoi ? C'est que la statistique, basée sur des chiffres indiscutables, montrait que la criminalité était beaucoup plus répandue dans la population russe du Caucase que parmi les Arméniens de la Transcaucasie, et qu'en général bon nombre des reproches adressés à ce sujet aux populations locales — Géorgiens, Arméniens, Turcs — n'avaient aucun fondement. Cette statistique officielle était donc un démenti définitif sinon direct à l'opinion répandue, une raillerie à l'adresse des nombreux rapports qui vont sans cesse de Tiflis à Pétersbourg.

« La vérité n'a qu'à se taire ! » Et elle se tut. Les

chiffres furent enfermés dans les armoires du comité de statistique, sans que personne protestât, sans qu'aucune plainte s'élevât. Et bien d'autres vérités, bien des vérités persécutées et sans défense, continuent à être enfermées de la même manière, à être mises sous clef, enchaînées, afin que le mensonge puisse sortir sans crainte des cabinets officiels et continuer à dominer les villes et les nations de tout l'Empire !

LES PERSÉCUTIONS RELIGIEUSES

(LETTRE SEPTIÈME)

Le code trompeur. — Où est la liberté religieuse? — L'Eglise privilégiée. — La Persécution. — Les missionnaires-fonctionnaires. — L'enseignement religieux. — Comment prêter serment? Les protestations étouffées.

Le code russe n'est pas mauvais, mais il est trompeur.

Outre les articles protégeant les institutions monarchiques et sur lequel ont pâli bien des hommes d'Etat, ce recueil contient, en plusieurs volumes, des lois qui réflètent bien les conceptions juridiques les plus sympathiques de l'Europe occidentale. Mais il y a une différence: en Europe, ces lois sont appliquées, tandis qu'en Russie elles n'existent que pour la forme. Les coupables, ne sont donc pas les législateurs, mais ceux qui doivent appliquer la loi. Ceux-là constituent une armée immense, formée de milliers de tchinovniks: c'est la bureaucratie russe... A tout propos, elle laisse le code de côté et sort, à sa place, une autre loi — qu'on applique celle-là — et qui porte le nom d' « instructions, » mais qui est bien plutôt le « code bureaucratique. »

Ainsi, la Russie, dans ses lois fondamentales, inscrit la liberté religieuse et reconnaît l'égalité de tous les cultes devant la loi. Mais cette prescription fondamentale est accompagnée d'innombrables exceptions qui, avec les circulaires, les interprétations du conseil d'Etat ou du conseil des ministres, ont eu pour résultat de faire exister actuellement en Russie, de façon privilégiée, une seule église, l'Eglise orthodoxe. Les autres cultes ne sont que des églises

« schismatiques. » auxquelles il est permis de tendre des embûches, qu'on peut persécuter à l'aise et dont on peut mettre en cause l'existence même. Dès 1880 surtout, alors que le gouvernement avait recours, pour son salut, à la propagande étroite des ecclésiastiques russes, et que, du haut du trône, Alexandre III faisait le panégyrique de l'orthodoxie, tous les moyens devant avoir pour résultat de fortifier l'Eglise orthodoxe étaient considérés comme permis. Cette église devint le piedestal de la monarchie. C'est à ce moment qu'on commença, sur tous les points de l'Empire, une guerre inique, d'abord contre les cultes nouvellement nés, c'est-à-dire les « sectes », puis contre toutes les autres églises — catholique, protestante, et surtout l'Eglise arménienne-grégorienne — qui devinrent elles aussi, peu à peu, l'objet de ce que l'on disait être des « mesures gouvernementales. » Elles sont monstrueuses, les persécutions auxquelles furent ainsi soumis les doukhobors, les stundistes et bien d'autres sectes. Leur description pourrait donner matière à bien de sombres pages d'une nouvelle histoire de l'Inquisition.

Il y a deux ans, les plaintes des doukhobors parvinrent jusqu'en Europe, mais on n'entendit d'eux qu'une bien faible partie des souffrances des sectes martyrisées. Et savez-vous quel était le crime des doukhobors? Simplement de n'être pas orthodoxes ! C'était une communauté travailleuse, énergique, ne connaissant ni l'ivrognerie ni l'immoralité, animée d'un ardent amour du prochain. Ennemie de la tyrannie et des armes, elle pratiquait les théories communistes ; cette secte fertilisait tous les milieux où elle s'établissait. Malgré cela, on détruisit les maisons des doukhobors, on s'empara de leurs terres, on les fit fouetter par des cosaques auxquels on livra leurs femmes et leurs filles ; et, finalement, plusieurs milliers d'entre eux furent chassés illégalement de Russie, sous prétexte qu'il fallait préserver de leurs « doctrines nuisibles » les paysans russes, martyrs eux-mêmes de la bureaucratie orthodoxe. Cela prouve d'une manière indéniable combien sont mensongers, en Russie, les mots de « liberté de religion » et d' « égalité des cultes devant la loi ». D'ailleurs, en Russie, la liberté de conscience est sans cesse en péril.

Les sectes sont persécutées, les églises catholique et protestante le sont aussi, et l'Eglise arménienne plus encore, comme institution se rattachant à une question de nationalité. Voici quelques faits qui se rapportent à cette Eglise : Il existe au Caucase une « Société pour la propagation de l'orthodoxie, » société qui reçoit chaque année du Trésor des subsides énormes. On se tromperait en croyant que sa mission consiste à convertir au christianisme un montagnard du Daghestan ou un brigand tukmène, ou, ainsi que le font nombre de sociétés missionnaires de l'Europe, à créer des prosélytes qui seraient envoyés en Perse, en Afghanistan ou en Chine. Des instructions secrètes de la société, il ressort que son but principal est plutôt de chercher à convertir à l'orthodoxie les arméniens-grégoriens.

Et l'on ne peut se figurer quelle grande victoire elle croit avoir remportée, quand elle a réussi à faire d'un chrétien-grégorien un chrétien-orthodoxe. Ici, c'est naturellement la politique qui joue le rôle principal ; et c'est pourquoi ce ne sont pas seulement les ecclésiastiques russes qui viennent en aide à cette société, mais aussi des fonctionnaires de l'Etat, tels que des préfets, des sous-préfets, etc. Il s'en suit donc que l'Arménien ou le Turc habitant le Caucase paie comme sujet un impôt au Trésor, tandis que le Trésor, au lieu de consacrer cet argent à fonder des écoles, à construire des routes ou à fortifier les moyens de défense du pays, en fait bénéficier la « Société pour la propagation de l'orthodoxie, » ce qui revient à dire, en d'autres termes, que l'Arménien et le Turc payent pour leur propre conversion. C'est absurde, mais non étonnant, puisque la vie gouvernementale russe est pleine de ces absurdités-là.

Autre chose maintenant : Alors qu'il remplissait les fonctions de préfet d'Erivan, le général Charikoff, oubliant qu'il était gouverneur de toute une province et non missionnaire, faisait dire par ses agents aux paysans arméniens qui se plaignaient d'avoir trop peu de terres, que tous les villageois qui embrasseraient la religion orthodoxe recevraient immédiatement de nouvelle terres. Des agents secrets leur faisaient de belles promesses, assurant aux pauvres paysans nécessiteux qu'ils seraient pour toujours à l'abri du besoin. Et, lorsque dans quelques villages du district de Sourmalou, tels que Khaflalou, Korb, les Arméniens eurent vendu leur religion pour des terres, le préfet-missionnaire ne tint même pas sa parole, car il déclara : « Celui qui est devenu orthodoxe, n'a plus le droit de revenir à son ancienne religion ! » Car alors la place de celui-là n'était plus dans son village mais bien en Sibérie. On ne se contente d'ailleurs pas de faire cette propagande dans les villages pauvres, mais on la fait aussi jusque dans les prisons. Il y a dix ans environ, les portes de la prison s'ouvraient chaque jour devant un prêtre orthodoxe qui disait ceci aux prisonniers arméniens : s'ils voulaient échapper à la Sibérie, ils ne devaient pas mettre leurs espérances en leur avocat, ou compter sur leur innocence, mais seulement en la foi orthodoxe. « Embrassez l'orthodoxie, leur répétait ce prêtre, et, au lieu d'aller en Sibérie, vous retournerez dans le sein de vos familles. » Les plus naïfs le crurent, changèrent de religion, mais, au lieu d'aller embrasser leurs femmes et leurs enfants, ils allèrent arroser de leurs larmes la terre de Sibérie.

Encore un dernier fait : A l'époque de la guerre russo-turque, un riche commeıçant arménien soummissionna une partie des fournitures de l'armée russe, en mettant une grosse somme en gage. Son entreprise ne réussit pas, il perdit tout son avoir, injustement, dit-on. Il n'avait plus pour ressource que la somme déposée par lui et il voulut en obtenir le remboursement. On lui répondit : « Cette somme vous sera probablement rendue si vous embrassez la religion orthodoxe et si vous en amenez d'autres à se convertir avec vous. » Le malheureux consentit à changer de religion, mais on ne lui rendit pas la somme qu'il avait déposée. « Vous avez été le seul à vous convertir, lui dit-on, votre famille n'a pas même suivi votre exemple... » Et on le renvoya ! Le malheureux mourut dans la misère, haï de tous et méprisé même de sa femme et de ses enfants.

Les églises orthodoxes poussent comme des champignons dans les différentes parties du Caucase, et là même où cette religion est dépourvue de fidèles. Inutile de dire que ce ne sont pas les habitants qui élèvent ces superbes édifices, mais bien le Trésor. Dans ce nouveau programme gouvernemental, n'entre pas l'augmentation des églises d'autres confessions, et c'est pourquoi l'autorisation est souvent refusée à des Arméniens qui veulent construire des églises à leurs frais. Une fois, c'est l'emplacement qu'on trouve mal choisi ; une autre fois, c'est le plan qui n'a pas l'approbation du gouvernement ; souvent, on se contente de répondre à la demande d'autorisation par un refus pur et simple, sans se donner la peine de le motiver. Ainsi, il y a cinq ans déjà que les Arméniens de Bakou veulent construire une église arménienne à Balakhany, où il y a plus de dix mille ouvriers très attachés à leur religion, mais le gouvernement ne donne pas l'autorisation. Les propriétaires des exploitations de pétrole se sont engagés à contribuer aux frais de l'Eglise orthodoxe, à la condition qu'il leur serait permis d'élever une église arménienne. Le gouvernement accepta cette condition, reçut l'argent destiné à l'église orthodoxe et... repoussa la question de l'église arménienne ! On refusa de la même manière l'autorisation d'élever à Bakou une église arménienne. Et, chaque année, une nouvelle correspondance, basée sur des articles de la loi, s'échange à ce sujet, mais la victoire reste toujours à l'arbitraire, au bon plaisir du gouvernement.

Ces faits sont révoltants surtout parce que leurs auteurs ne sont pas des missionnaires, pour l'activité desquels notre siècle à demi-religieux garde encore bien des terrains fertiles, mais bien des employés du gouvernement, des serviteurs de l'Etat, dont la mission est de veiller au bien-être du peuple sans s'occuper de ses croyances religieuses.

L'enseignement religieux dans les écoles de l'Etat est encore une preuve éclatante de cette intolérance dont nous venons de parler. Le gouvernement monarchique, qui n'épargne ni peine ni argent pour multiplier dans les écoles les leçons de religion orthodoxe, s'efforce en même temps, par tous les moyens, d'entraver l'enseignement des autres cultes dans ces mêmes écoles. A l'égard de la religion orthodoxe, le gouvernement est fanatique, tandis qu'en ce qui concerne les autres religions il se montre athée. Ce qu'il juge indispensable pour la jeunesse orthodoxe, il le trouve absolument superflu pour les jeunes gens appartenant à la religion arménienne.. C'est ainsi que, dans les gymnasess, les jeunes filles et les jeunes gens arméniens n'apprennent pas la religion. Cela peut réjouir les libres-penseurs ou ceux qui trouvent que la religion ne doit pas faire l'objet d'un enseignement dans les écoles, mais il devrait en être autrement du gouvernement russe, lui qui attache une grande importance au concours du clergé.

L'étude de la langue arménienne a été depuis longtemps retranchée des gymnases et écoles de l'Etat, comme branche obligatoire, car, aux yeux des hommes d'Etat russes, l'Arménien n'a en ce monde que deux obligations : 1° apprendre la langue russe ; 2° haïr sa langue maternelle. Et elles sont considérées comme aussi indispensables l'une que l'autre. Maintenant, à ces deux obligations, on en ajoute peu à peu une troisième — empêcher l'enseignement de sa religion, de cette religion que les parents de l'élève pratiquent et qu'il pratique lui-même, mais que les pédagogues-politiciens jugent inutile. Citons ici les paroles d'un naturaliste russe : « Ce n'est pas nous, naturalistes, qui enseignons l'athéïsme aux enfants, mais bien le gouvernement, en mêlant la politique à la religion. »

Il y a quelque dix ans, dans l'espérance de détacher les enfants arméniens de leur culte, divers directeurs et inspecteurs d'écoles, n'osant pas abolir ouvertement les leçons de religion, en chargèrent des prêtres qui, pour les quelques roubles qu'ils recevaient, non seulement n'enseignaient pas la religion aux enfants mais encore se montrèrent prêts à fausser les règles de leur Eglise pour plaire aux autorités. Voilà pourquoi aujourd'hui les enfants arméniens ne s'intéressent plus à la religion, et que beaucoup d'entre eux affectent même de la mépriser. Et pourtant, dans toutes les écoles de l'Etat, la religion occupe le premier rang dans les programmes d'enseignement, et elle est placée à la tête des autres branches dans les certificats.

Tous ces calculs honteux n'ont qu'un but : ouvrir le chemin à la foi orthodoxe qui remplit le rôle de pionnier du nouveau régime. Mais malheur au gouvernement qui met toute son espérance en l'Eglise !

La question du serment, qui est depuis dix à quinze ans unedes questions brûlantes au Caucase, complète, elle aussi, cette politique de persécution qui commença à s'exercer d'abord contre la langue, puis contre l'église arménienne. Dans les tribunaux et autres institutions juridiques, cette question est devenue un mal sans remède. Depuis un quart de siècle, on faisait prêter serment devant les tribunaux aux membres des divers cultes suivant les rites de leur religion respective et dans leur langue maternelle. Le mahométan prêtait serment par-devant le mollah et dans sa langue, l'Arménien devant le prêtre de sa religion et en arménien, le Russe devant son prêtre et en langue russe, etc.

Mais cette justice élémentaire parut bientôt trop large aux partisans de la russification. « Qu'est-ce que c'est que la langue arménienne, le prêtre arménien? se demandèrent-ils un jour ; en Russie il n'y a qu'une seule langue et une seule autorité ! » A partir de ce moment, l'on vit de tristes scènes dans les salles des tribunaux : on forçait l'Arménien à prêter serment en langue russe ; on trouva plus d'une fois inutile qu'un prêtre arménien fût présent ; c'était le président du tribunal qui recevait le serment, et ceci avec des menaces et des observations blessantes. Si un jour un Arménien, un Géorgien ou un Mahométan osait dire : « Je n'accepte pas le serment religieux, faites-moi prêter serment civilement, » on le considérerait comme un libéral dangereux et on l'exilerait, car en Russie le serment religieux seul est considéré comme valable. Et pourtant, lorsque le même Arménien veut prêter ce serment religieux suivant les rites de sa foi, on lui dit : « C'est inutile, l'employé civil peut parfaitement recevoir ton serment, en lieu et place du prêtre ; tu le feras en russe au lieu de le faire en arménien, suivant les rites d'une religion quelconque et non suivant ceux de ta religion ». N'oublions pas que cet Arménien ne croit ni à cette religion, ni à l'autorité spirituelle de celui qui reçoit son serment !

Où donc est le serment religieux et qu'a-t-on fait de la foi qui est la base de cette formalité ? Pour le savoir, il faut s'adresser aux représentants du trône, qui, s'ils sont sincères, diront : « Pour nous, le serment, l'école, la langue, la religion, le Dieu orthodoxe lui-même doivent servir à un seul et même but : fortifier la monarchie et l'orthodoxie. En dehors de cela, nous ne reconnaissons ni droit ni justice. »

Ces persécutions odieuses, dignes des temps anciens, sont devenues chose si ordinaire dans la Russie contemporaine, que, maintenant, au nom de la russification, le premier venu peut insulter l'Arménien, le Géorgien, le Polonais, le Finlandais. On insulte de la chaire, du fauteuil du tribunal, des colonnes du journal, du haut de l'autel même... Il en résulte entre races une haine sourde qui, si elle fait un jour explosion, aura de terribles conséquences. Elle ouvre un avenir plein de dangers... Et c'est peut-être l'éventualité de ces graves et futurs dangers qui, il y a quelques années, en 1897, inspirèrent à un Cercle littéraire de Pétersbourg, à la tête duquel était le prince Espère Oukhtomsky, l'idée de faire appel à la tolérance religieuse et à l'égalité des cultes. Beaucoup voulurent alors espérer en des jours meilleurs, car on savait que le prince Oukhtomsky était un des familiers de l'Empereur et qu'il jouissait de sa confiance et de son amitié. D'ailleurs, c'était une protestation bien modeste et bien mesurée que la sienne ; cette protestation était formulée contre les persécutions religieuses, et au nom de l'intérêt de l'Etat, et non dans l'intérêt de la Pologne ou de l'Arménie.

Une polémique s'engagea à ce sujet. Mais il s'éleva, soit dans la presse russe, soit dans les milieux bureaucratiques, une opposition telle, qu'on aurait pu croire que la « tolérance religieuse » invoquée mettait en danger l'existence même de la Russie ! Le résultat fut, naturellement, qu'au bout de quelques mois le protestations cessèrent, les polémistes déposèrent leurs plumes, et l'agitation disparut. Par cet exemple encore, on peut se convaincre que la bureaucratie est toute puissante, qu'elle étouffe tout ce qu'elle parvient à saisir dans ses griffes, qu'elle a pu réussir à émouvoir les cercles influents de la capitale et à faire taire les voix libérales, bien que ces voix possédassent parfois la confiance et l'approbation de l'Empereur-Roi. Que signifie une voix, fût-elle même du monarque, quand c'est l'oligarchie maîtresse depuis des siècles qui veut autrement?

On peut citer à cette occasion une anecdote très répandue dans la capitale. Pendant la période la plus chaude de la polémique, raconte-t-on, le prince Oukhtomsky écrivit un article que l'Empereur lui-même inspira et qui défendait la liberté de religion et l'égalité des races. L'article était tout prêt et devait paraître le lendemain, lorsque l'Empereur demanda : « Qu'en pensez-vous, Prince, n'allons-nous pas être punis pour cela ? » .... L'anecdote n'est peut-être pas véridique, mais si l'Empereur avait prononcé ces paroles, il n'aurait pas été très loin de la vérité. C'est du moins ainsi qu'on le juge dans les cercles de la capitale, et c'est pourquoi ce fait est parfaitement vraisemblable.

Des années s'écoulèrent... Peu à peu, la propagande qui se faisait d'abord d'une manière dissimulée, devint plus audacieuse et se fit ouvertement et au grand jour. A ce moment, au mois de septembre 1902, dans la plaine de l'Ararat, où, quelques mois auparavant, les malheureux réfugiés arméniens n'avaient pu trouver le moindre asile, apparut un hôte comme ce pays n'en avait pas vu depuis longtemps. Aux douleurs passées, succéda un « messager de paix, » un serviteur de Dieu qui venait enfin montrer à ce malheureux pays qu'il existait un Dieu, quoiqu'il n'eût pas entendu les plaintes déchirantes de tout un peuple. Ce représentant de la paix était un des pasteurs de la foi, l'exarque de Géorgie Alexis, qui avait entrepris une tournée dans les provinces arméniennes pour y faire retentir des cantiques et y répandre ses bénédictions. Lorsque les journaux annoncèrent que le prélat russe avait visité Etchmiadzin, ce centre religieux des Arméniens, et qu'il avait été reçu avec bienveillance par le pontife, avec lequel il avait échangé des discours traitant des relations amicales des deux Eglises, beaucoup ressentirent un soulagement intérieur ; un sentiment de consolation remplaçait l'inimitié passée, cette intolérance tantôt cachée, tantôt ouverte que l'Eglise russe, poussée par le gouvernement monarchique, avait montré aux autres Eglises et, en particulier, à l'Eglise arménienne-grégorienne.

Mais cette impression fut de courte durée.

Ce n'était pas dans un but de réconciliation ni pour préparer la voie à une mutuelle alliance que le représentant spirituel de l'orthodoxie monarchique était allé à Etchmiadzin et dans la plaine de l'Ararat, mais au contraire dans le but de fonder une nouvelle Eglise sur les ruines de l'Eglise arménienne, entreprise qui, si elle n'était pas approuvée par le monarque devenu esclave de son régime, l'était par la toute-puissante monarchie. Ces faits seraient sujets à caution, s'ils provenaient de sources privées, s'ils n'étaient basés que sur des bruits nés au milieu d'une foule effrayée qui est ainsi portée aux exagérations. Mais ils sont incontestables, car ils sont notés dans l'organe officiel du gouvernement, *Kavkaz*, et écrits de la main d'un des compagnons de voyage de l'exarque, l'archiprêtre Vostorgov, connu comme prédicateur et missionnaire vigoureux, et écrits, dit-on, avec l'autorisation et même la collaboration du prélat. Voici au surplus un fragment de ce récit officieux du voyage de l'exarque de Géorgie :

« Le 28 septembre, le prélat visita toutes les églises militaires d'Alexandropol et inaugura dans le village voisin d'Alexandrovka une église qui devait servir de lieu de culte à la nouvelle communauté formée d'Arméniens ayant embrassé l'orthodoxie. Ce mouvement en faveur de l'orthodoxie a commencé parmi les Arméniens il y a vingt ans. Il est à l'heure actuelle très vivant et très puissant, et, si ces conditions difficiles dans lesquelles vivent les Arméniens renégats n'existaient pas, ce mouvement s'étendrait comme une mer immense sur toute la province d'Erivan. Les Arméniens nouvellement convertis devant continuer à habiter les mêmes villages que leurs anciens coreligionnaires, ils ont à supporter toutes sortes de vexations de leur part.

« Les gens du peuple ne connaissent pas la différence qui existe entre la foi grégorienne et la foi orthodoxe, et cette différence n'est en réalité pas si grande qu'elle puisse constituer une barrière infranchissable. Ce sont les éléments qui s'occupent de politique qui essayent d'élever cette barrière, et surtout les jeunes gens de la classe instruite ; mais le peuple est étranger à ce mouvement. Il s'est formé ces derniers temps quelques familles d'Arméniens convertis à l'orthodoxie, pour lesquels on a célébré un service divin et fondé des écoles. L'administration a jugé nécessaire de les éloigner de leur ancien domicile et de former de nouveaux villages avec ces familles. Jusqu'à présent, deux villages, Alexandrovka et Aghino, ont été fondés. L'Empereur a fait cadeau d'une somme de 5000 roubles pour la construction d'églises et d'écoles dans ces villages. L'exarque de Géorgie arriva il y a quelques jours à Alexandrovka, à 4 heures du soir, et s'entretint longtemps avec les nouveaux fidèles. L'archiprêtre Vorstorgov, avec l'autorisation de l'exarque Alexis, fit au peuple une prédication sur la vie de St-Grégoire, un des saints les plus vénérés des Arméniens, et développa cette idée que St-Grégoire, vivant au temps où les Arméniens n'étaient pas encore séparés de l'orthodoxie, les vrais Grégoriens, partisans fidèles de Grégoire l'Illuminateur, étaient ceux des Arméniens qui avaient embrassé l'orthodoxie.

« Comme on était au 30 septembre, deux joursa vant la date où l'Eglise russe a la coutume de célébrer la fête de St-Grégoire, des prières ont été dites à mémoire de ce Saint, et l'autel lui fut dédié. La coïncidence était étonnante. « Fasse le ciel que les prières de St-Grégoire l'Illuminateur contribuent à l'augmentation du nouveau troupeau orthodoxe ! »

Quelle absurdité !

Il y avait un temps où la propagande en faveur de l'orthodoxie se faisait en secret, par des voies détournées, et feignait de montrer un certain respect des autres religions. On faisait cette propagande dans les prisons, où, comme nous l'avons vu, on promettait aux prisonniers qui changeaient de croyance de les délivrer de l'enfer sibérien. On la faisait également parmi les paysans, auxquels on promettait des terres et des richesses ; dans les villes, où l'on faisait luire aux yeux des renégats, soit des fournitures du gouvernement, soit la solution heureuse de quelque procès, ou encore un emploi et des appointements assurés dans telle ou telle institution... Et maintenant, ayant perdu toute honte, ayant étouffé le dernier cri de leur conscience, ils font faire cette propagande ouvertement, par la bouche de l'exarque et dans les colonnes de l'organe officiel, avec l'aide du gouvernement et sous la protection de l'Empereur! Telle est la gloire nouvelle de la Russie impériale, tel est le progrès réalisé par la monarchie et son Eglise.

L'auteur de ces lignes, étant libre-penseur, ne prend ici parti pour aucune église, pas plus pour l'Eglise arménienne que pour une autre. Mais si on lui demande laquelle est préférable — de l'Eglise arménienne ou de l'Eglise russe — il se prononcera sans hésiter pour l'Eglise arménienne. Toutes deux entravent le libre développement de la pensée humaine et empêchent l'essor d'une conception philosophique étendue et basée sur la raison, mais l'une n'est qu'une entrave légère et facile à dénouer, tandis que l'autre est une chaîne de fer, solide, puissante et qu'il est très difficile de briser. L'une, l'Eglise arménienne, est le peuple croyant lui-même, tandis que l'autre, l'Eglise russe, est la monarchie qui ordonne. L'une représente la foi du peuple ignorant, tandis que l'autre est la main droite de la monarchie brutale, l'instrument à l'aide duquel elle abrutit le peuple, en instituant, à côté de sa force armée, une autre armée, le clergé orthodoxe, cette organisation à la fois esclave et despote.

Voilà comment l'orthodoxie monarchique, non satisfaite d'opprimer le malheureux peuple russe, tourne aujourd'hui ses armes vers le peuple arménien, et cette fois ouvertement, sans se cacher. Le mensonge historique, une orgueilleuse louange d'elle-même, des injures adressées à tout ce qui est saint, telle est la nouvelle méthode employée et décrite dans les articles « sincères » de Vostorgov. C'est un moyen de démoraliser le peuple ignorant et croyant, un peuple auquel les agents du gouvernement enseignent qu'on peut échanger sa conscience et son opinion contre des terres, de l'argent, même contre des médailles ou de l'eau-de-vie, les destinant ainsi à un sort démoralisant et abrutissant. Ce n'est pas une évolution religieuse, mais bien un trafic; cela n'est pas l'éducation du peuple, mais bien le renforcement du despotisme.

Et si un jour un jeune Arménien, pas même un de ceux « qui appartiennent à la politique, » un jeune moine peut-être, se rendait à Alexandrovska et Aghino et disait aux habitants : « Arméniens, cette tromperie baptisée du nom de foi n'est agréable ni à Dieu ni aux hommes, » qu'arriverait-il ? Oh ! alors, on verrait les gouvernants se remuer, le préfet enverrait une dépêche ; l'exarque Alexis, assumant volontairement le rôle de gendarme, ajouterait à cette dépêche son opinion paternelle ; Vostorgov, muni de cette opinion, courrait à la gendarmerie... On ouvrirait le livre célèbre qui a pour titre « Affaires arméniennes, » et il y aurait un exilé politique de plus dans ces contrées « pas très lointaines » où il y a des milliers d'églises mais pas un seul dieu !

DISSOLUTION
DES SOCIÉTÉS DE BIENFAISANCE

(LETTRE HUITIÈME)

La bienfaisance. — Rapports de policiers volontaires. — Les ordres de St-Pétersbourg. — Le nouveau règlement. — Un souffle mortel. — Fermeture des bibliothèques. — Comment se constitue une bibliothèque au Caucase. — Ruines des établissements de bienfaisance.

Dans l'une des rues de Tiflis, au fronton d'une maison de modeste apparence, on put, pendant de longues années, lire ces mots : « Société arménienne de bienfaisance du Caucase. » Les inscriptions de ce genre sont rares au Caucase. Et à côté des magasins élégants, dans l'une de ces rues où se succèdent les cafés, les lieux de plaisirs, dans un pays où tout est aux mains de la police, même le privilège de venir en aide aux malheureux, il était agréable de voir une institution qui s'était donné comme tâche, dans les limites autorisées par la loi, d'aider les malades, les indigents et les malheureux. Cette société ne constituait pas un service gouvernemental ; elle ne s'occupait pas non plus de résoudre des questions sociales compliquées. Elle ne pratiquait que la bienfaisance, ainsi que le démontrent les extraits suivants de ses règlements :

« 1° Le but de la société est de contribuer au développement intellectuel des Arméniens du Caucase et de la Transcaucasie et de leur venir en aide matériellement ;

2° Pour atteindre ce but, la société, selon ses forces :

a) contribue à maintenir les écoles déjà existantes et aide à en ouvrir d'autres ;

b) à répandre les métiers dans le peuple ;

c) aide les étudiants dans leurs études ;

d) publie des livres et publications périodiques destinés au peuple, ainsi que d'autres ouvrages littéraires ;

e) fonde des imprimeries, des ateliers lithographiques et des salles de lecture ;

f) institue des hôpitaux et autres établissements de bienfaisance ;

g) vient en aide aux malheureux en temps de misère, comme par exemple pendant les famines, les épidémies, les incendies, etc. Dans ce cas, et suivant les besoins, la société forme des groupes sanitaires ou envoie sur les lieux des fondés de pouvoir ;

h) elle a le droit, dans des cas importants, de venir en aide à des sociétés d'autres nationalités.

> *Observation.* — Quant à ceux des points précités pour lesquels il est nécessaire d'avoir l'autorisation préalable du gouvernement, la Société n'exécute ses entreprises qu'après avoir obtenu cette autorisation. »

Ce règlement n'est ni secret ni privé. Reconnu par le gouvernement le 6 juillet 1881, il a été mis en pratique de façon scrupuleuse pendant de longues années, jusqu'au moment où se fit sentir un nouveau courant, un vent de trahison et de persécution. Beaucoup ignorent qu'outre le corps de gendarmerie et celui de la police (secrète et autre), il existe au Caucase un autre service de police, invisible extérieurement, celui-là, mais ayant aussi pour mission de veiller à la sûreté intérieure de l'Empire : c'est la police volontaire. Ses membres sont aussi payés par le Trésor ;

ils portent très souvent des uniformes, mais, par leurs occupations, ils ne font pas officiellement partie de la police. Ainsi l'un, qu'on intitulera « Excellence, » sera un officier en retraite ; tel autre sera un ancien membre de la chancellerie du gouverneur ; celui-ci, c'est un ancien préfet ; ce quatrième sera directeur des écoles populaires, professeur au gymnase, ou fonctionnaire du palais de justice, etc. S'excitant eux-mêmes à leur besogne, indépendants les uns des autres et travaillant séparément, fréquemment sans se connaître, persuadés que personne, dans le public, n'est au courant de leurs agissements, ils accomplissent un grand devoir de patriotisme. Aussi, envoient-ils régulièrement aux autorités des rapports, des lettres, des correspondances annonçant des nouvelles inquiétantes relatives à des faits que gendarmes et policiers réguliers, si bien informés pourtant, ignorent totalement. Et c'est par ces policiers amateurs et volontaires qu'avait été fournie une information concernant la multiplication des sociétés arméniennes au Caucase. Elles poussaient, disait-on, comme des champignons ; et, sous le couvert de la légalité, elles continuaient à servir des buts essentiellement politiques et nationalistes. Et, c'est en se basant presque uniquement sur des renseignements provenant de cette source, qu'en 1894 on ordonna de Pétersbourg aux autorités supérieures du Caucase, « d'établir un rapport détaillé sur l'activité des sociétés de bienfaisance arméniennes du Caucase et de donner leur opinion sur l'utilité de l'existence de ces sociétés. »

Une correspondance s'engagea et l'on se mit à l'œuvre. Le hasard voulut que l'étude de cette question fût confiée à un fonctionnaire consciencieux — malheureusement retiré aujourd'hui du service. Ne se contentant pas des rapports circonstanciés que le gouvernement local avait reçu chaque année des sociétés susdites, ce fonctionnaire fit lui-même de nouvelles recherches et élabora un bulletin très complet. Or, de ce bulletin, il résultait qu'il était tout d'abord faux que les Arméniens du Caucase possédassent de nombreuses sociétés. A cette époque, c'est-à-dire en 1894, fonctionnaient au Caucase les sociétés suivantes : à Bakou, la Société philanthropique arménienne, fondée en 1863 ; à Tiflis, la Société arménienne de publication et la Société de bienfaisance des Arméniennes, toutes deux fondées en 1880 ; puis la Société arménienne de bienfaisance du Caucase, fondée en 1881. Celle-ci ayant, par son règlement, le droit de fonder des sections dans les différentes villes du Caucase, et en ayant usé, a pu ouvrir, dans l'espace de quinze ans, dix-huit sections, qui sont celles de grandes villes comme Erivan, Batoum, Alexandropol, Choucha, Akhaltskha, Nakhitchévan, Akhalkalak, etc.

Ce même rapport éclaircissait aussi une autre question, à savoir que toutes les sociétés se conformaient à la lettre et de la manière la plus fidèle à leurs règlements — tous approuvés par le gouvernement — et qu'elles ne s'étaient jamais écartées si peu que ce fût de leur but.

Il est intéressant de citer ici les paroles que l'auteur du rapport en question prononça en présence de quelques membres du Conseil du gouverneur. « J'ai étudié avec la plus grande attention, dit-il, l'activité de ces sociétés pendant de nombreuses années, et je n'ai non seulement rien trouvé d'illégal à signaler, mais je me suis convaincu qu'elles sont, au plus haut point, des institutions sympathiques et utiles. » Comment aurait-il été d'ailleurs possible de refuser cette sympathie à une société qui, selon ses moyens, fournit du pain aux pauvres, de l'instruction aux gens peu fortunés, un abri aux orphelins, des livres au peuple ? Il en est qui prétendent, il est vrai, que ces sociétés sont trop nombreuses et qu'il faut en supprimer quelques-unes. Mais cette opinion est contraire à la vérité. Il y a au Caucase plus d'un million et demi d'Arméniens, et cette immense population ne possède au total que quatre sociétés, dont une seulement possède des sections. « Et pourtant, ajoutait le fonctionnaire, il faudra fermer l'une d'elles pour donner satisfaction à Pétersbourg. Laquelle supprimer ? la Société de publication ?... Mais cette société est la seule de son genre et on ne peut, par conséquent, prétendre qu'elle est superflue. Faut-il sacrifier la Société de bienfaisance des Arméniennes ? Celle-ci est l'unique association de dames au Caucase et elle est parfaitement inoffensive. Son rôle se borne à entretenir une école de coupe et un cours de cuisine, où l'on ne s'occupe que de faire des robes et de préparer de bons mets. Quant à la Société philanthropique, les autorités de la province de Bakou ne sont pas mal disposées à son égard. Il ne reste donc que la Société arménienne de bienfaisance du Caucase. Et cette dernière est, sans contredit, une institution sympathique ; existant depuis de nombreuses années, elle possède à sa tête des personnes tout à fait respectables... Alors, que faire ?... Comment donner satisfaction aux désirs exprimés à Pétersbourg ? »

Après avoir longuement réfléchi, le brave fonctionnaire s'écrie : « J'ai une bonne idée ! Laissons-leur fermer des sections insignifiantes, par exemple celles d'Aghnakhi, Thélavi, Gorou, puisqu'ils veulent absolument diminuer le nombre des sociétés. » Mais il ajoutait bientôt : « Il est vrai que le budget de ces sections n'est que de 3 à 400 roubles par an ; que peuvent-elles entreprendre contre le gouvernement avec une somme si minime ?... Non, cela ne va pas non plus ! » Et il conclut son rapport en déclarant que les sociétés n'étaient pas trop nombreuses et qu'elles n'étaient ni nuisibles ni inutiles.

Ce rapport favorable calma un peu l'opinion, mais pour peu de temps. Et néanmoins, afin de limiter le champ d'action des sociétés, on ordonna de Pétersbourg de modifier l'article du règlement de la Société de bienfaisance, article accordant au comité central le droit de fonder des sections dans les villes de province sans avoir besoin pour cela d'autorisation spéciale. On remplaça le texte de cet article par un autre déclarant qu'il était indispensable, pour ouvrir de nouvelles sections, d'obtenir l'autorisation des autorités supérieures. Dès ce jour, on n'essaya même pas d'en fonder. Obtenir l'autorisation des autorités supérieures, n'est pas une petite affaire; et, pour y parvenir, il faut ou posséder des protections ou être favorisé par une chance particulière.

Trois ou quatre ans plus tard, le régime insensé et maladif de Galitzine s'établissait dans le pays avec toute l'audace que procure la force. Tout changea, tout devint suspect, dangereux, nuisible. La charité chrétienne elle-même ne fut pas à l'abri des soupçons.

«Les sociétés arméniennes de bienfaisance s'occupent davantage de politique que de bienfaisance, est-il dit dans le rapport secret de Galitzine. Des informations certaines ont démontré qu'un grand nombre de partisans de l'agitation séparatiste étaient des membres de ces sociétés. Les sommes dont elles disposent sont souvent affectées à l'instruction d'Arméniens à l'étranger, ce qui est contraire aux principes du gouvernement russe. Je crois qu'elles ne sont pas dignes de confiance, à cause des conditions spéciales dans lesquelles elles se trouvent, et je demande par conséquent la permission de supprimer ces établissements de bienfaisance.»

Cette proposition fut acceptée. En 1899, toutes les sociétés arméniennes, à l'exception de la Société de publication, furent dissoutes. Le gouvernement fit pourtant une concession « paternelle »: il informa les sociétés supprimées que chacune d'elles pourrait être rouverte, mais seulement avec un nouveau règlement élaboré par le gouvernement, et qu'à cet effet on devrait présenter aux autorités du Caucase une requête spéciale. Trois des sociétés dissoutes furent ainsi autorisées à se reconstituer avec un nouveau règlement. Ce sont : la Société philanthropique, à Bakou ; à Tiflis, la Société de bienfaisance des Arméniennes, et la Société arménienne de bienfaisance du Caucase. Cette dernière se reformait sous le nouveau titre de « Société de bienfaisance de Tiflis. » La suppression fut complète pour les sections provinciales. Le nouveau règlement imposé aux sociétés les privait de plusieurs des droits qu'elles possédaient précédemment. Il leur fut interdit de subventionner des écoles, de venir en aide aux étudiants ou aux écrivains pauvres, de publier des livres et d'ouvrir des bibliothèques. On leur défendit de contribuer à l'instruction, de faciliter la lecture, de répandre la lumière. Si des mendiants leur demandaient l'aumône, on pouvait leur donner quelques sous, rien de plus. Tel était l'esprit du nouveau règlement. Ce n'est que dans les secours aux mendiants, que le gouvernement ne voit pas de « tendance politique. » En dehors de cela, tout est politique !

Une foule de jeunes gens avides d'instruction durent se priver de l'aide nécessaire. Dans les lieux retirés, là où elles n'apportaient déjà qu'une clarté bien pâle, les écoles populaires durent renoncer aux subventions qui leur permettaient de subsister et fermer leurs portes. Ceux qui avaient l'habitude de se rendre dans les bibliothèques se détournèrent devant les portes fermées, et ne purent que maudire le sort misérable de leur pauvre peuple.

Pour bien montrer tout l'odieux de ces mesures gouvernementales, il n'est pas inutile de s'arrêter un peu à la question des bibliothèques, question très importante en raison de son but. Une bibliothèque publique est, au Caucase, aussi rare qu'une plante tropicale à Pétersbourg. La cause en est claire. Le gouvernement ne fonde pas de bibliothèques ou de salles de lecture, et, si des particuliers ou des institutions veulent en fonder, il y met tant d'obstacles, de difficultés, qu'on est obligé d'y renoncer. Supposons qu'un particulier, en faisant un sacrifice pécuniaire, veuille fonder dans sa ville natale une bibliothèque et une salle de lecture populaires. Cette intention n'est rien : il faut l'autorisation. Combien de temps faut-il pour obtenir cette autorisation ? Ecoutez : Il faut tout d'abord adresser au préfet une requête officielle dûment revêtue du timbre. Le préfet renvoie la demande au chef de police, ou au sous-préfet si le solliciteur habite une ville de province. Elle parvient enfin au commissaire de police. Malheur au solliciteur, s'il y a eu sur lui, peut-être vingt ou trente ans auparavant, le plus léger soupçon ou s'il a pris part alors à quelque manifestation politique ! Dans ce cas, la réponse est simple : « Il n'a pas été donné suite à votre demande. » Il y a plus encore. Il est nécessaire que la personne du solliciteur soit favorablement connue de la police. Aussi toute personne qui, sans avoir jamais été suspecte, est inconnue, ne se hasarde pas à formuler une pareille demande. C'est pourquoi on met toujours en avant, dans de pareils cas, des personnes absolument « sûres » et considérées comme telles par la police. Et même si toutes ces conditions sont remplies, la police recueille encore les renseignements les plus détaillés. Un jour, c'est le commissaire qui se présente chez vous, le lendemain un employé subalterne, un autre jour un agent de la police secrète. Ils font une enquête dans l'entourage du demandeur, très souvent même auprès de gens lui étant hostiles. Et la simple allusion d'un ennemi ou le caprice d'un commissaire suffira pour que le solliciteur soit jugé défavorablement. Cinq ou six mois s'écoulent, et la même réponse lui parvient : « Il n'a pas été donné suite à votre demande. » Si le solliciteur n'a pas été déclaré « impropre », les obstacles n'en seront pas moins nombreux pour cela. D'abord, le gouvernement considère toute bibliothèque comme une institution suspecte, puisqu'elle est destinée à répandre la lumière, et que celle-ci est « nuisible en principe », dès qu'elle s'écarte des sujets purement religieux.

Il y a encore d'autres empêchements. Si l'on veut établir, pour une bibliothèque, des cotisations très modiques, afin qu'elle soit accessible au peuple et à la classe indigente, les autorités feront remarquer qu'il n'est « pas nécessaire de s'occuper du peuple », et l'on sera contraint d'élever le prix d'entrée afin que la classe bourgeoise seule puisse profiter de l'établissement. En d'autres termes, le but, qui était de contribuer au développement de la classe populaire, n'est pas atteint, du moins pas complètement. Supposons que la question du prix d'entrée ou des cotisations soit réglée, voici maintenant celle de l'emplacement. Si l'on désire que la bibliothèque soit installée dans un des quartiers retirés de la ville, où habitent les indigents, dans un lieu où le peuple peut se rendre plus aisément, il est répondu que cela est impossible et qu'elle doit être placée dans la partie centrale de la ville, dans une des rues fréquentées, afin que l'inspecteur d'imprimerie — le personnage chargé de la surveillance des bibliothèques — puisse entrer à chaque instant et exercer ses fonctions. Que l'on ait encore fait cette concession, èt alors surgissent les questions suivantes : quel sera le bibliothécaire ? quelles sommes seront affectées à la bibliothèque ? quelle sera la personne responsable devant la loi quand le fondateur sera absent de la ville ?

Enfin, après mille difficultés, après avoir couru d'une chancellerie à l'autre, vous avez consenti à tous ces étranges caprices. Mais le but est encore éloigné ! C'est alors que sont soulevées les plus grandes difficultés : celles concernant les livres et les journaux. Quels sont les livres qui prendront place dans la bibliothèque ? Pense-t-on que ce seront ceux qui paraissent au fondateur devoir être les plus utiles ou les plus agréables aux lecteurs ? Quelle erreur !... Il faudra présenter le catalogue des livres. Ce catalogue est envoyé à la censure, qui le modifiera selon les listes qu'elle a établies des livres interdits. Car la censure possède plusieurs de ces listes : tels livres sont interdits pour les bibliothèques scolaires, alors que d'autres, bien que permis pour les écoles, ne peuvent en aucun cas trouver place dans une bibliothèque populaire. Tels autres livres se trouvant dans les bibliothèques de chaque club, ne peuvent être admis dans une bibliothèque accessible à la classe ouvrière. Enfin, c'est toute une inconcevable série de difficultés et d'obstacles qui permettent aux autorités de rendre impossible l'établissement d'une bibliothèque. Quand, par suite d'un vrai miracle, après une attente de plusieurs mois — les formalités durent souvent de cinq à huit mois, même parfois une année — une autorisation est accordée, on peut se féliciter.

La bibliothèque est ouverte... Arrive le premier visiteur :

ce n'est pas un lecteur, c'est... un agent de police. Il demande si l'autorisation a été accordée. Elle est exhibée. Quelques heures plus tard, voici de nouveau la police : « On vous demande à la préfecture, il faut vous y rendre immédiatement. » Et le lendemain, c'est l'inspecteur des imprimeries, le surveillant immédiat des bibliothèques qui survient. Si c'est un personnage soupçonneux, capricieux, alors malheur à vous !

Citons un cas. Dans la ville de X..., l'inspecteur des imprimeries, entré dans une bibliothèque arménienne, y vérifiait le catalogue...

— Qu'est-ce que ce livre ? s'écria-t-il tout à coup en indiquant du doigt ce titre : *Vagharchabat, Capitale de l'Arménie.*

Le bibliothécaire répondit que c'était un livre historique, autorisé par le gouvernement et par l'inspecteur lui-même.

— Historique, ce livre ! Qu'est-ce que c'est que cette permission ?... « Capitale de l'Arménie !... » Est-il possible !

Le bibliothécaire fit respectueusement observer qu'il s'agissait de la capitale de l'Arménie d'il y a 1500 ans, au IVme siècle...

Cela importait peu à l'inspecteur, qui riposta :

— C'est égal, j'interdis ce livre. Les Arméniens ne devaient pas avoir de capitale !

— Et qu'est-ce que ceci ? s'écrie ensuite le fonctionnaire d'un ton encore plus irrité, en montrant un autre titre : *Les plaies de l'Arménie.*

— C'est aussi un livre autorisé par votre catalogue, c'est un des ouvrages d'Abovian, expliqua le bibliothécaire, un sourire aux lèvres ; il a été écrit il y a plus d'un demi-siècle et parle avec beaucoup de sympathie des Russes et de la domination russe.

Le brave inspecteur déclara : — Cette sympathie me plaît, mais je n'aime pas ce nom : *Les plaies de l'Arménie*. Il n'y a pas d'Arménie en Russie et il ne peut par conséquent y avoir de « plaies d'Arménie. » A partir d'aujourd'hui, ce livre est également interdit.

Et les interdictions succèdent aux interdictions. Tantôt, pour tel livre, le titre paraît dangereux ; pour tel autre, c'est l'esprit qu'on blâme. On reproche à un troisième ses tendances libérales, à celui-ci de n'être pas suffisamment moral... Et c'est ainsi que, peu à peu, on finit par retirer presque tous les livres des librairies et des bibliothèques et par les livrer au bûcher ou tout au moins au *veto* de la police. Ces exigences insupportables font qu'il est fort rare qu'un particulier consente à fonder une bibliothèque, d'autant plus que cette entreprise n'est absolument pas rémunératrice. Toutes ces circonstances obligeaient les sociétés arméniennes de bienfaisance, à consacrer une partie de leurs modestes fonds pour ouvrir au prix de ces mille difficultés, des bibliothèques dans des villes qui, quoique importantes, n'en possédaient pas : Tiflis, Akhaltskha, Choucha, Akhalkalak, Vieux-Nakhitchévan se trouvaient dans ce cas. C'était une obligation morale vis-à-vis de ces villes populeuses, plongées dans les ténèbres et privées de livres et de salles de lecture.

Mais le gouvernement, en ennemi de l'instruction, déclara tout cela superflu et même suspect ; sa politique de vandalisme et ses tendances rétrogrades eurent comme triste conséquence le tableau suivant : Dans la ville d'Akhaltskha (18,000 habitants) il se trouvait une seule bibliothèque : on la fit fermer. Choucha, avec ses 25,000 âmes, possédait également une bibliothèque : on la supprima. De même à Akhalkalak (10,000 habitants) et à Vieux-Nakhitchévan (12,000 habitants). A Tiflis, ville de 150,000 âmes, où la bibliothèque nouvellement fondée par la Société de bienfaisance devait être la seule institution sérieuse et accessible au peuple, on la fit fermer aussi. A Alexandropol (35,000 habitants), à Élisabetopol et Erivan, chefs-lieux de provinces ayant chacun 30,000 âmes, et dans beaucoup d'autres petites villes où la bibliothèque devait constituer le seul foyer de lumière, on n'en autorisa pas l'ouverture.

Partout, on ne vit plus que des portes verrouillées, ou bien, comme à Bakou et à Tiflis, de malheureuses sociétés à moitié ruinées et bâillonnées qui n'étaient plus que l'ombre de l'ancienne organisation. Ces dernières mêmes, quoique tenues en respect par des règlements très sévères et empêchées d'exercer toute activité véritable, ne sont pas pour cela à l'abri de la surveillance incessante du gouvernement et de ses soupçons continuels. Les agents de police sont sans cesse là. Les complots naissent de façon continue. Quand ce ne sont pas les directeurs de la société qui sont suspects, c'est le secrétaire et même les domestiques qui le sont. Une preuve : en 1901, la police de Tiflis fit des perquisitions chez un des domestiques du secrétariat de la Société de bienfaisance, et l'on trouva chez lui une petite feuille interdite. Ni l'homme ni le journal n'avaient rien à faire avec l'activité de la société. Et cependant, malgré cela, et en dépit des explications fournies par cette société, les scellés furent apposés sur ses portes, qui restèrent fermées durant plusieurs mois.

En 1903, on ferma la bibliothèque de la Société philanthropique de Bakou. Le motif était tout au moins difficile à prévoir. On n'avait trouvé à la bibliothèque aucun livre interdit ni aucun journal défendu. Un jour, une manifestation socialiste ayant lieu sur l'une des places de la ville, un des manifestants entrant à la bibliothèque — où chacun est libre d'entrer comme lecteur — avait jeté de l'une des fenêtres des proclamations révolutionnaires sans avoir reçu, naturellement, l'autorisation ou l'approbation du comité. C'était un simple passant, étranger à l'établissement ; et cependant la bibliothèque fut fermée et la société soumise à une surveillance qui fit prévoir des jours pénibles... Depuis lors, chaque fois que les directeurs de la société reçoivent des communications secrètes de la préfecture, leur première pensée est celle-ci : « Peut-être est-ce l'ordre de dissolution de la société... »

En Russie, on ne pense qu'à fermer et à supprimer. On ferme les écoles, on dissout les sociétés de bienfaisance, on supprime les bibliothèques, toutes ces institutions qui avaient exigé tant d'efforts et d'énergies, tant de bonnes volontés pour être établies ! Et devant les ruines des écoles closes, la caserne se dresse, victorieuse, tandis qu'à la place des bibliothèques persécutées s'élèvent des maisons publiques et des lieux de plaisir. Le peuple, privé d'instruction, se porte vers ces lieux où l'on travaille à abrutir l'homme, vers ces lieux qui sont le piédestal et le soutien d'un gouvernement qui ne songe qu'à asservir !

PAS DE LIVRES!

(LETTRE NEUVIÈME)

Les jours de crédulité. — La Société de publication. — Un travail de vingt et un ans. — Qualité et quantité des livres. — Fermeture définitive de la société. — « Civilisation et syphilisation. »

C'était à l'époque de l'enthousiasme, — c'est ainsi qu'un écrivain arménien commença son récit, — au moment où l'on vivait dans l'espérance, dans l'attente d'un événement heureux. Des hommes d'âge mûr, ayant un passé honorable et une position, des écrivains, des pédagogues, des médecins, des avocats, des institutrices, des commerçants, des employés, tous unis par le même désir, couraient aux assemblées. Elles étaient très fréquentées et passablement bruyantes, ces assemblées. Discours enflammés, controverses, luttes d'émulation, discussions, votations, c'était tout un monceau de programmes, des listes de livres, des comptes.

Le résultat n'était pas énorme: tout au plus quelques livres qui avaient passé par la main du censeur et tout à fait dénués d'esprit révolutionnaire ou anarchiste. Et pourtant toute une génération qui avait devant elle une longue suite de malheurs à supporter et une foule de devoirs à remplir, se figurait naïvement accomplir une œuvre et croyait être *sur le sentier du devoir*. C'était une bien petite œuvre, mais une grande satisfaction. Ces jours d'heureux aveuglement passèrent, hélas! Le gouvernement ne comprit pas le mouvement, jugea ces assemblées dangereuses, dangereux les discours qu'on y prononçait, dangereux les livres qu'on y proposait.

C'était à la Société d'Edition qu'on en voulait, à cette société qui avait été considérée pendant vingt et un ans comme légale, point dangereuse, utile même, et que, tout d'un coup, on déclarait nuisible, dangereuse et illégale.

Elle subit le sort des autres et fut fermée. Dans l'arrêté officiel qui ordonnait cette fermeture, il n'y avait comme d'habitude aucune explication, pas un seul mot d'éclaircissement : cela signifiait que le danger était considéré comme sérieux et menaçant pour l'Etat, et qu'on jugeait pernicieux d'en informer le public.

Voici cet arrêté :

Après avoir pris connaissance de la communication du ministre de l'intérieur, n° 1270, en date du 30 mai 1900, traitant de la fermeture de la Société arménienne d'Edition de Tiflis, l'assemblée des ministres a exprimé l'opinion d'accepter cette proposition. L'Empereur, par son décret du 16 juin 1900, a ratifié cette mesure.

Le gouvernement du Caucase avait donc donné de mauvais renseignements au sujet de la société, et le miministre de l'intérieur les avait reçus. On les présenta au conseil des ministres, et ce conseil les confirma à son tour. Le conseil des ministres soumit sa décision à l'Empereur qui, sans songer à demander quelle était la cause de cette mesure, donna sa haute approbation. En d'autres termes, tout un gouvernement, à commencer par le gouverneur du Caucase pour finir par le monarque de toutes les Russies, se ligua pour faire disparaître une petite société qui avait été instituée conformément à la loi, qui avait travaillé selon la loi et qui fut fermée au nom de la loi.

Quel était, se demandera-t-on, le crime de cette institution, pour qu'après vingt et un ans d'existence honorable, on lui infligeât cette mesure de rigueur? Son premier crime fut de publier des livres ; le second, que ces livres étaient arméniens. — Arméniens ! comme ce mot sonne désagréablement aux oreilles des tchinovniks russes et même à celles des ministres et de l'Empereur ! Quelle amertume et quel danger a ce mot « maudit ! »

Et sans doute, lorsqu'au conseil des ministres on décidait de supprimer la Société d'Edition, les gouverneurs actuels de la race slave se demandaient, en haussant les épaules : « Comment se fait-il que cette société existe depuis vingt et un ans ? »

Oui, elle avait vingt et une années d'existence.

C'est en 1879 que, dans un des cercles littéraires de Tiflis, on eut l'idée de fonder cette société, dont le but devait être d'imprimer des livres arméniens. On élabora un règlement qui fut approuvé le 21 janvier 1880 par l'ancien vice-roi du Caucase, Mikaël Nicolaïevitch.

Le premier article de ce règlement disait :

La Société de publication des livres arméniens, à Tiflis, est fondée à Tiflis et a pour but de publier en arménien, soit des livres d'auteurs indigènes, soit des traductions. Les publications de la société sont soumises aux règlements généraux de l'imprimerie.

La dernière phrase suffisait pour que le vice-roi du Caucase approuvât les yeux fermés ce règlement, car, rien de ce qui passe par les mains de la censure russe ne peut être dangereux en aucune façon. C'est pourquoi la société, pendant les vingt et une années de son existence, n'a publié ni un opuscule, ni une ligne qu'on puisse désigner comme dangereux ou nuisibles. Ayons recours aux faits :

Durant cette période la société a publié 187 livres

(quelques-uns n'étaient que réédités), se répartissant comme suit :

Traductions, 133,
Compilations, 33,
Livres inédits, 21.

C'est dire que le nombre des livres arméniens, édités par la société, et qui auraient pu servir de prétexte au gouvernement, ne dépassait pas un par année. Et pour mieux démontrer encore que ces livres ne pouvaient en aucune manière menacer la sécurité de l'Etat, il suffira d'ajouter que la plupart d'entre eux étaient des ouvrages topographiques ou ethnographiques, ou bien des rééditions d'ouvrages bibliographiques en langue classique, tellement innocents que les censeurs autorisaient sans doute leur publication sans même les lire.

Les traductions, de même que les compilations, étaient plus qu'innoffensives : c'étaient des romans, des biographies, des récits scientifiques, des travaux médicaux ou traitant de l'hygiène, et enfin des livres d'étude.

Si l'on en excepte quelques ouvrages de Shakespeare et un ou deux volumes de Daudet et de Maupassant, dont les meilleures pages avaient été naturellement retranchées par la censure, toutes les autres traductions, sauf de rares exceptions, étaient tirées de la littérature russe. Et les ouvrages d'auteurs européens provenaient aussi de traductions russes.

Il n'y a pas un fait, pas une preuve qui permette d'affirmer que la société ait jamais eu des tendances politiques ou nationalistes quelconques ; la seule tendance qu'on puisse lui reprocher, c'est qu'elle publiait des livres *arméniens*, livres qui se rapportaient le plus souvent aux branches les plus arides de la littérature.

Et s'il y a un événement qu'on puisse faire remarquer

pendant toute la période d'activité de la société, c'est que les directeurs de cette institution ont cherché à faire connaître au public arménien la littérature et les auteurs russes, et cela très souvent au préjudice de la valeur des livres. C'est peut-être le crime qu'on lui reproche...

La société, étant inoffensive quant au contenu des livres et quant à leurs tendances, ne pouvait pas être jugée dangereuse par la quantité des ouvrages qu'elle publiait, même si nous considérons son activité en se plaçant au point de vue plus qu'étrange du gouvernement russe, qui déclare la lecture en général inutile.

La preuve, c'est que, dans un espace de temps aussi long, la société a publié 187 livres, c'est-à-dire en moyenne 8 livres par an. Huit livres par an ! que peut-il y avoir de plus modeste et de moins dangereux ?

D'aucuns s'imaginent peut-être que ces livres ont été tirés, ainsi qu'il est d'usage en Europe, à 20, 50 ou 100,000 exemplaires, et à plusieurs éditions. Ce serait une supposition bien naïve.

Trois ou quatre ouvrages seulement eurent l'honneur d'une réédition, et les livres furent généralement tirés à 1200 exemplaires. Il y eut des ouvrages qui ne furent imprimés qu'à 500 exemplaires. Trois ouvrages furent tirés à 2 et 3000 exemplaires, et une brochure sur le choléra atteignit 5000 exemplaires, dont la plupart furent distribués gratuitement, le fléau menaçant à ce moment les provinces du Caucase.

Il eût été du reste impossible de publier un plus grand nombre d'ouvrages, le budget de la société n'étant que de 5000 roubles, à peu près la somme que vole chaque année telle ou telle « Excellence. »

Le plus douloureux n'est pas seulement qu'on supprime

des institutions qui, quoique modestes, sont incontestablement utiles ; c'est surtout que, par ce nouvel acte de tyrannie, le gouvernement russe porte un coup de plus au cœur déjà blessé de la nation arménienne. Quant aux raisons qui provoquèrent cette inique mesure, il est superflu de dire que le ministère ne les fit pas connaître. Les publier, d'ailleurs, serait se couvrir de confusion, se livrer à la risée publique.

Et si un jour ces documents secrets, s'échappant comme tant d'autres des archives, deviennent propriété publique, alors on verra à quels monstrueux et honteux mensonges a été sacrifiée une institution qui fut du commencement à la fin conforme à la loi, qui se tint éloignée de toute tendance politique, qui travailla courbée sous les griffes de la censure, soumise à la surveillance de la police et inspirée sans cesse de la plus extrême prudence.

Il est vraiment ridicule de voir une « tendance dangereuse » dans le fait qu'un Arménien lit des livres arméniens ou qu'une société cherche à enseigner au peuple, dans la langue qu'il comprend, ce qu'il y a à faire en temps de choléra ou à quels moyens il faut recourir pour préserver la vigne du phylloxéra, ou encore comment on élève les vers à soie et de quelle manière on cultive le coton.

Le gouvernement a lui-même fermé des centaines d'écoles ; il n'a plus laissé le moindre rayon de lumière parvenir jusqu'au peuple. Ce même gouvernement ne veut rien faire pour les millions d'êtres qui croupissent dans l'ignorance et qui deviennent la victime des maladies contagieuses.

Le gouvernement ne distrait pas un seul rouble de son trésor pour donner au peuple un livre, une brochure, un journal ; et, lorsqu'une société veut se charger de ce soin, au moyen de ses faibles ressources amassées kopecks à kopecks par les cotisations mensuelles, les soirées ou représentations, les dons et legs, le gouvernement refuse, appose les scellés sur les portes, et déclare la société dissoute comme dangereuse et nuisible !

Quel nom mérite un pareil gouvernement ?

Ici se place une observation caractéristique. Il y a bien des années, une commission d'inspection composée de sénateurs fut envoyée de Pétersbourg dans quelques provinces nouvellement soumises. Après avoir terminé l'inspection, une des « Excellences » se préparait à rédiger un rapport, disant que « tout allait bien » et ajoutant que, « grâce à la monarchie et à l'armée russe victorieuse, la civilisation avançait pas à pas » ; un autre, perdant patience, et éprouvant le besoin de dire une fois la vérité, s'écria : « Hélas, ce n'est pas la civilisation que nous répandons, mais bien la syphilis ! [1] »

C'est malheureusement la triste vérité. Partout où le soldat russe et le tchinovnik gorgé de pots de vin mettent le pied, c'est, avant tout, l'affreux fléau qu'ils répandent. Le gouvernement lui-même, poussé par d'impérieuses « raisons d'Etat, » tire du Trésor d'énormes sommes pour envoyer des femmes dans les pays nouvellement conquis, afin qu'elles dissipent cette froideur que ressent le vaincu envers son oppresseur. C'est le premier courant qui arrive du centre...

Et lorsque, grâce aux maisons publiques, aux débits de vin et à l'immoralité des fonctionnaires, le tout protégé par « le gouvernement plein de sollicitude, » un fléau tel que

---

[1] En russe les deux mots sont presque identiques : *tsivilisatsia* et *cifilisatsia*.

la syphilis exerce ses ravages dans les lieux où régnaient jusqu'alors les mœurs patriarcales, et qu'il se forme des sociétés qui, au moyen de brochures, essayent de lutter contre le fléau destructeur, de rendre le peuple attentif au danger qui le menace, « le gouvernement plein de sollicitude » ferme ces institutions en les déclarant nuisibles, comme s'il voulait justifier les paroles que nous venons de rappeler : « Ce n'est pas la civilisation que nous répandons, mais bien la syphilis ! »

Laissez répandre le fléau ! Que les villes et les villages croupissent dans les ténèbres et la corruption, mais que la source du danger, que le livre disparaisse — le livre dont chaque lettre est considérée comme un dangereux microbe, qui cherche à ronger, à détruire les bases de la monarchie, à ruiner son avenir !

LES SÉMINAIRES

(LETTRE DIXIÈME)

Pressentiments. — La question des Séminaires. — Ce que dit l'histoire. — « Polojenia. » — Programme du Comité secret. — Opinions de Paskewitch et Bloudoff. — Le manifeste de l'Empereur Nicolas. — Soupçons contre les Séminaires. — L'interdiction officielle. Complots politiques.

Le passant lit ces mots : « Ecole ecclésiastique arménienne Nersessian », et il regarde avec étonnement le bâtiment décrépit, à demi démoli, situé dans une des rues populaires de Tiflis et au fronton duquel se voit l'inscription ci-dessus.

« Est-il possible que ceci soit l'Ecole Nersessian ? » murmure-t-il. Simple à l'extérieur et à l'intérieur, ne possédant pas la moindre des commodités indispensables à un établissement scolaire, tel est cet édifice. Et chaque Arménien demande que la direction de l'école, qui possède des fonds, les emploie, sinon à rendre l'établissement luxueux, du moins à le doter des commodités et des installations hygiéniques élémentaires, si nécessaires au développement physique de la jeune génération. On s'en est occupé et on s'en occupe encore. Il y a plus de dix ans que l'on établit des projets au sujet d'un nouveau bâtiment ; on en discute l'emplacement, on dresse des plans ; des nouvelles circulent sans cesse au sujet de la construction de la nouvelle école. Mais tout cela est en vain, car, dans cette question, bien innocente pourtant, on trouve des dangers et on voit des empêchements.

Et, comme conséquence de ces empêchements, les bruits les plus étranges circulaient dans le public. On prétendait que le catholicos, au courant des dispositions du gouvernement, s'opposait à la nouvelle construction. Pourquoi édifier un bâtiment quand l'existence même de l'école était en danger, disait-on. « Il ne restait plus que les séminaires, et voici qu'on se met à les tracasser », tels étaient les mots peu consolants que l'on entendait prononcer partout.

Les séminaires ! Voilà la nouvelle victime !

Du jour où les représentants de la justice réussirent, par toutes sortes de basses manœuvres, à faire fermer les écoles primaires arméniennes, au nombre de plusieurs centaines, de ce jour ils tournèrent leurs regards vers les seules restantes, les écoles ecclésiastiques, ou, ainsi qu'on les nomme officiellement, les « Séminaires arméniens-grégoriens ».

Ici, comme toujours, on verra la même tactique. D'abord, des allusions insinuant que ces écoles n'étaient soumises à aucun règlement, puis des soupçons tendant à répandre qu'elles étaient anti-gouvernementales, puis la suppression successive de tous leurs privilèges, et enfin, comme dernier acte de la tyrannie, on leur dira : « Fermez vos portes, sinon nous les ferons fermer par la police ».

Ainsi, en 1900, dans le rapport scolaire, voici comment s'exprima le curateur Yanovski à propos des séminaires arméniens :

Quatre institutions scolaires qui dépendent du Synode arménien-grégorien d'Etchmiadzin se distinguent en ce qu'elles sont les seules en Russie non soumises à un règlement approuvé par le gouvernement, quoique la plus jeune de ces écoles existe déjà depuis vingt-sept ans, tandis que l'aînée, le séminaire de Tiflis, date de 1821, c'est-à-dire a septante-neuf ans d'âge.

C'est par ces paroles que celui qui fut pendant vingt-cinq ans l'ennemi juré des écoles arméniennes commence la lutte, conformément à un but défini et suivant des ordres reçus de haut ; c'est par là qu'il ouvre l'attaque préparée par lui depuis des années, dans des rapports et des compte rendus secrets. Et ceux qui disent que dès cette époque déjà la question des séminaires était sur le tapis, ne se trompent pas.

Quelle est l'histoire de ces écoles ?

C'est en 1836 que l'empereur Nicolas Ier publia le recueil de lois formant la base du gouvernement des églises arméniennes et portant le nom de « Polojénia ».

On y lit :

Art. 112. — Pour instruire dans la science théologique les enfants appartenant à l'Eglise arménienne-grégorienne, il a été fondé, aux frais d'Etchmiadzin et de tous les diocèses arméniens, les écoles ecclésiastiques de Russie.

Art. 113. — Les écoles ecclésiastiques qui dépendent d'Etchmiadzin sont sous l'autorité immédiate du patriarche-catholicos arménien, tandis que les autres écoles sont sous l'autorité du gouvernement.

Afin de rendre clair le sens de ces deux articles, il est nécessaire d'entrer dans quelques explications historiques.

Lorsque Etchmiadzin fut tombé définitivement sous la dépendance de la Russie, l'une des premières préoccupations de Pétersbourg fut de placer le gouvernement des églises arméniennes sous des lois bien définies. Le 15 mars 1829, le ministre Bloudof communique au gouverneur du Caucase, comte Paskévitch, le désir de l'empereur Nicolas :

Préparer un projet de règlement de l'Eglise arménienne-grégorienne, en conservant dans la mesure du possible ses anciennes lois et rites qui sont sans doute très chers à la nation.

Se basant sur ces instructions, Paskévitch institua à Tiflis un comité secret dont la tâche devait être de préparer le projet du Polojénia.

Dans les « instructions secrètes » données le 8 janvier 1830 au comité, par Paskévitch, celui-ci, entr'autres choses, décrit de la manière suivante la situation :

Depuis l'annexion à l'Empire de la Grande-Arménie, Etchmiadzin, et, avec lui, le gouvernement suprême de l'Eglise arménienne, se trouvent actuellement dans les frontières de la Russie. La liberté de croyance est une des premières règles de nos bienfaisants monarques. En prenant sous sa protection une confession quelconque, le gouvernement juge nécsssaire d'examiner l'état des affaires ecclésiastiques.

Mis au courant des affaires de l'Eglise arménienne, nous voyons avec peine combien elle s'est écartée de ses lois et constitutions primitives.

Chacun connaît les désordres qui se sont introduits dans les affaires ecclésiastiques arméniennes. Ces désordres proviennent de l'état de sujétion dans lequel se trouvait le siège pontifical d'Etchmiadzin sous le joug mahométan, et de l'influence exercée par le Schah de Perse et les Khans d'Erivan sur le gouvernement suprême de l'Eglise arménienne. C'est cette influence qui fit que le catholicos, et le synode d'Etchmiadzin, fondé en 1807 par le patriarche Daniel, privés de leurs droits, furent entravés dans leur activité.

Cette influence, en affaiblissant le caractère des ecclésiastiques arméniens, fit naître parmi eux la désunion. Les membres du clergé supérieur se divisèrent en factions. Le désaccord intérieur, augmentant sous les efforts de rusés personnages qui poursuivaient des buts personnels, s'étendit peu à peu parmi les autres membres du clergé.

Les membres inférieurs du clergé sont généralement très ignorants et leur nombre a tellement augmenté qu'ils accablent le peuple. Les moines de quelques couvents, traités avec une sévérité incroyable, sont prêts à quitter les monastères et à se disperser. Les revenus de telle Eglise, dont ni le synode ni le patriarche suprême ne savent le montant, sont recueillis et gaspillés sans surveillance et sans comptes, au lieu de servir à leurs buts.

Pendant la collecte des dons volontaires, de nombreux désordres se produisent. Sous divers prétextes, au moyen de menaces, violences et même excommunications, on extorque aux pauvres et laborieux habitants des villes et villages des sommes importantes, qui sont employées, non pour des œuvres chrétiennes, mais pour donner satisfaction aux désirs d'hommes orgueilleux. Les temples et les monastères sont abandonnés, et, privés de soins, tombent peu à peu en ruines.

Considérant que l'état actuel des affaires arméniennes ne peut plus continuer ainsi, maintenant que l'Eglise susdite est délivrée du joug et de l'influence des infidèles, et pensant que la répétition de semblables désordres pourrait avoir de graves conséquences, j'ai jugé de mon devoir d'informer le ministre des cultes étrangers de quelques-uns de mes projets concernant cette question, projets que le ministre Bloudof a portés à la connaissance de l'Empereur.

Sa Majesté l'Empereur a daigné ordonner, le 28 décembre 1828, que le ministre des cultes étrangers et le ministre des affaires étrangères composassent ensemble un règlement général sur lequel devrait se baser le gouvernement ecclésiastique d'Etchmiadzin.

Considérant qu'une question aussi importante méritait d'être examinée avec un zèle et une attention toutes spéciales, j'ai jugé nécessaire de former à ce sujet un comité secret.

Le rapport concluait ainsi :

Il faut relever moralement le niveau du clergé et augmenter de cette manière le respect du peuple envers lui, afin que le clergé puisse, par son propre exemple, fortifier la morale dans le peuple. Pour cela il est nécessaire d'examiner de quelle manière devront être fondées les écoles, afin qu'elles puissent préparer dignement à la vocation ecclésiastique les Arméniens qui s'y destinent.

Ces citations font voir clairement à quel but doivent servir les écoles ecclésiastiques dont la fondation est mentionnée dans le Polojénia comme un besoin, et sur laquelle le gouvernement russe lui-même insiste.

Pour rendre ce document plus complet, on ne se contenta pas à Pétersbourg du comité secret de Tiflis et du programme de Paskévitch, qui, du reste, était très défectueux et très décousu. Un comité spécial fut fondé dans la capitale. Ce comité travailla plusieurs années à élaborer ce programme, cherchant autant que possible à se conformer aux règles de l'Eglise arménienne et à élever en même temps le prestige d'Estchmiadzin et du catholicos, même au point de vue politique. Le programme fut présenté à l'examen du conseil des ministres et, enfin, le 11 mars 1836, soumis à l'approbation de l'empereur Nicolas, qui adressa à cette occasion au Sénat le décret suivant :

Du jour où, à l'aide de nos armées, nous nous fûmes emparés du patriarche suprême de l'Eglise arménienne et du siège épiscopal du catholicos arménien, Etchmiadzin, et les eûmes réunis, ainsi que l'Arménie, à notre Empire, nous jugeâmes nécessaire de placer le gouvernement de la dite Eglise et ses serviteurs sous des principes fixes et clairs. Nous avons donc ordonné qu'un projet complet de constitution pour le gouvernement des églises arméniennes fût élaboré sur place, et que la base de cette constitution fût les anciennes lois de cette même Eglise, mises d'accord avec la législation générale de notre Empire.

Ce projet, une fois prêt, fut soumis par nos ordres à l'examen d'une commission spéciale ; ensuite, il fut envoyé à Etchmiadzin afin qu'on décidât s'il convenait et s'il était complet ; il fallait aussi consulter le catholicos au sujet de quelques articles.

Maintenant, cette même constitution, après avoir été de nouveau examinée par notre conseil impérial, a été approuvée par nous. Nous l'adressons, avec ce décret, au Sénat directeur, en ordonnant que les mesures indiquées soient prises.

NICOLAS.

Saint-Pétersbourg,
11 mars 1836.

Le 23 avril 1836, le ministre Bloudof envoya le Polojénia, accompagné d'une correspondance spéciale, au gouverneur du Caucase, baron de Rosen, pour être remis au catholicos Hohannès qui devait le faire exécuter et informer le gouvernement de la manière dont on allait le mettre en vigueur.

Le baron de Rosen exécuta les ordres reçus et pria le catholicos de bien vouloir l'informer de quelle manière il comptait s'y prendre pour mettre à exécution ce règlement.

Le catholicos Hohannès, dans sa réponse, déclara ce qui suit, au sujet des séminaires :

Les évêques diocésains seront chargés de décider où il sera convenable de fonder, avec les sommes disponibles, les séminaires exigés par le Polojénia. Ils auront aussi à élaborer, soit le programme des études, soit la composition du comité. Le résultat de leur travail sera soumis à l'approbation du synode.

Le baron de Rosen, trouvant cette décision convenable et conforme au Polojénia, en informa le ministre, le 27 octobre 1836, en ajoutant que « le soin d'ouvrir les séminaires et d'en préparer les règlements devra être laissé, conformément au Polojénia, aux évêques diocésains ».

Il disait de plus :

Il sera possible aussi, suivant les moyens disponibles, de fonder d'autres écoles provinciales et communales. Quant à Etchmiadzin, il serait utile d'y ouvrir une école ecclésiastique supérieure portant le nom d'académie. Le but de cette académie serait de préparer des ecclésiastiques à remplir des emplois supérieurs, soit en Russie, soit surtout à l'étranger, où leur influence éclairée sur les Arméniens établis là, serait conforme aux vues de notre gouvernement.

Le ministre répondit à cette communication le 13 décembre 1836. En donnant son approbation aux opinions exprimées par Rosen, le ministre, de son côté, appuyait sur ce qui suit :

Les mesures prises par les évêques diocésains au sujet de la fondation des séminaires, ainsi qu'à l'égard des branches enseignées et du mode d'enseignement, devront être soumises à l'approbation du synode.

Au sujet de l'académie, il disait :

Votre proposition d'ouvrir à Etchmiadzin une école supérieure ecclésiastique portant le nom d'académie, est certainement excellente. Mais il ne sera possible, selon moi, de mettre cette idée à exécution, que lorsqu'on aura amené au degré de perfection possible les séminaires arméniens et écoles qui n'existent pour ainsi dire pas chez nous.

Maintenant, que nous montrent ces citations, ces documents officiels ? Bien des choses qu'il n'est malheureusement pas possible de faire comprendre aux tchinovniks-politiciens, car, pour eux, il n'existe depuis longtemps ni histoire, ni logique historique.

Mais il y a pourtant une chose qu'ils devraient comprendre, c'est que l'ouverture des écoles arméniennes et particulièrement des séminaires n'a pas été une entreprise « illégale », mais bien la conséquence de décisions précises, catégoriques, et même obligatoires. Ces décisions ont servi de base au Polojénia et y ont été introduites comme des règles, comme des lois, qui sont appliquées depuis 1836, c'est-à-dire depuis plus de soixante années.

Les séminaires arméniens fondés conformément à la loi sont actuellement au nombre de quatre : l'Ecole Nersessian à Tiflis, fondée le 1er décembre 1824 par Nersès d'Achtarak ; l'école du diocèse d'Erivan, fondée le 2 septembre 1837 ; l'école diocésaine de Choucha ou du Karabagh, et le séminaire arménien de Nor-Nakhitchévan, fondé en 1879. Il existe, en outre, l'académie ecclésiastique d'Etchmiadzin, fondée en 1876, par le catholicos Ghévork.

Conformément au Polojénia, chaque diocèse peut et doit avoir son école. Ces diocèses sont au nombre de six : ceux de Bessarabie-Nakhitchévan, d'Astrakan, de Tiflis ou de la Géorgie, d'Erivan, de Choucha et de Chamakhi.

Les diocèses de Chamakhi et d'Astrakan n'ont pas, jusqu'aujourd'hui, de séminaires. On essaie depuis quelques années d'en fonder un dans le dernier de ces diocèses, mais il est peu probable que cette entreprise réussisse, vu les dispositions peu amicales du gouvernement actuel. Ce n'est pas sans preuves que nous exprimons cette opinion : il y a quelques années, alors qu'il fut question de fonder à Bakou le séminaire du diocèse de Chamakh, le gouvernement, non seulement se montra antipathique à ce projet, mais il conçut des soupçons sur la personne de l'évêque Khoren Stépan, qui s'était rendu à Bakou dans l'intention de faire, parmi les Arméniens de l'endroit, une collecte au profit de l'école projetée.

La surveillance et les soupçons augmentèrent à tel point que l'évêque dut abandonner la souscription commencée et qu'il fut appelé quelques mois plus tard au palais du gouverneur pour « fournir des explications » ; il finit par être mis au rang des Arméniens « suspects ».

Ce n'est plus un secret aujourd'hui que le gouvernement, contrairement au Polojénia, c'est-à-dire à la loi, ne veut pas autoriser l'ouverture de nouveaux séminaires, et, comme conséquence logique de cette nouvelle « politique », le gouvernement se montre même disposé à restreindre les droits des écoles existantes, et même à les fermer s'il le peut, ainsi qu'on le voit clairement, d'après les faits nouveaux et d'après les correspondances secrètes.

Tous les moyens qu'on emploiera pour atteindre ce but seront certainement illégaux, déloyaux et tyranniques.

Ce n'est pas d'hier que les séminaires arméniens sont fondés ; l'un d'eux a déjà fêté son soixante-quinzième anniversaire, un autre son cinquantième, le troisième son vingt-cinquième anniversaire. Pendant ces longues années, ils ont été administrés conformément à un règlement élaboré par les évêques diocésains, approuvé par le synode et le catholicos, et communiqué aux autorités supérieures. Ces règlements ont été publiés et sont bien connus, soit des représentants du gouvernement, soit du public.

Permettons-nous une question : Comment se fait-il que ce qui a été légal pendant soixante-quinze, cinquante, vingt-cinq ans devienne tout à coup illégal, irrégulier, inadmissible? — Ah! ne soyons pas naïfs! La cause de cela n'est pas dans l'*irrégularité*, mais bien dans la *politique* dont le vent destructeur souffle si violemment ces dernières années — vent qui fait paraître maintenant illégal et irrégulier toutes les affaires où sont mêlés les noms du catholicos, d'Etchmiadzin ou des évêques. On ne craint pas de dire que tout ce qui se décide ou s'exécute à Etchmiadzin est illégal, suspect, oubliant que, dans ce même Etchmiadzin, est installé le « procureur » — ce bras droit du gouvernement — qui voit tout, qui informe qui de droit de chaque démarche, et qui oppose son veto non seulement à ce qui n'est pas conforme à la loi, mais à tout ce qui lui déplaît.

L'illégalité! Mais c'est un conte, une fable! On ne la met en avant que pour cacher la tyrannie. C'est le moyen auquel on a recours actuellement en Russie pour excuser les faits par trop injustes ou iniques. Chacun se sert de ce moyen. Yanovsky et Cie s'en sont servis plus de cent fois dans l'affaire des séminaires, lorsqu'ils voulurent soulever la question des règlements. Les autres actes de la « comédie politique » viendront à leur tour afin que rien ne manque.

Le premier acte a déjà eu lieu. Voici ce qu'annonçait dernièrement la presse de Pétersbourg :

Le ministre de l'instruction publique déclare que les élèves sortis des séminaires arméniens ou de l'académie d'Etchmiadzin n'ont pas le droit : 1° d'enseigner dans les écoles primaires arméniennes ; 2° d'être dispensés du service militaire.

C'est là une iniquité officielle et flagrante que se permet le ministère ! Oui, une iniquité ! Où sont ces écoles primaires arméniennes dans lesquelles les élèves sortis des séminaires ou de l'académie pourraient soi-disant enseigner ?

Elles ont été fermées en 1897 déjà, par les ordres de ce même ministère. Quant aux quelques misérables écoles qu'on rouvrit, elles sont complètement sous la dépendance du gouvernement, et personne n'y peut enseigner sans avoir l'autorisation des inspecteurs scolaires russes, ni sans être muni d'un diplôme, pour l'obtention duquel les élèves sortis des séminaires doivent passer un examen spécial dans les écoles russes. Que signifie alors cette explication tardive du ministère ?

Il restait l'autre privilège, celui de l'exemption du service militaire. Celui-là aussi fut supprimé peu de temps après.

En 1887, lorsque le Caucase fut astreint au service militaire, les séminaires arméniens, ainsi que l'académie, reçurent par une loi spéciale, en tant qu'écoles secondaires, les mêmes privilèges conférés aux séminaires russes, aux écoles catholiques et aux écoles secondaires gouvernementales. Ce privilège consistait en ce que les élèves sortant diplômés de ces écoles, ne faisaient que deux ans de service au lieu de cinq ans.

A peine treize ans après la mise en vigueur de cette loi, le gouvernement, voulant porter le dernier coup aux séminaires arméniens, les prive de ce droit ! Rendre les séminaires inutiles, leur enlever tous leurs privilèges et de cette manière empêcher le peuple d'y avoir recours, voilà quel est le motif de cette infamie.

On ne négligea pas non plus de faire naître à leur égard mille soupçons.

Il y a quelques années, après la mort de Chérémétieff,

alors que le poste de gouverneur était occupé par le vieux général géorgien Amilakhvari, on jugea dans certains cercles que le moment était favorable pour porter quelques coups aux Arméniens, en pensant que le prince Amilachvari, peu au courant des affaires, signerait tout ce qu'on voudrait. Et voici qu'un jour arrive un ordre signé d'Amilachvari et adressé au comité directeur de l'Ecole Nersessian, à Tiflis. Cet ordre exigeait le renvoi immédiat de deux professeurs sortis des universités russes et qu'on déclarait suspects au point de vue politique. L'ordre fut immédiatement exécuté. Les instigateurs de l'affaire étaient aux anges.

Deux coups à la fois! d'abord la preuve qu'un des séminaires arméniens avait parmi son personnel enseignant des maîtres suspects ; puis une leçon au catholicos qui s'imaginait être le seul maître responsable des séminaires!

Les maîtres renvoyés se demandaient, désolés : « Pourquoi cette mesure, qu'avons-nous fait? »

Aucune explication ne leur fut fournie.

Enfin, l'un de ces maîtres, confiant dans l'autorité, se décide à s'adresser au prince Amilakhvari, le priant de lui faire savoir le motif de son renvoi. « Je n'en sais rien moi-même », telle fut la réponse du bon vieillard, ému de la sévérité d'une punition dont il ne connaissait pas le motif, bien qu'en ayant signé l'ordre. « Je m'informerai auprès de Miskiévitch, le chef de la chancellerie », ajoutait-il. On répondit sans doute à sa question que « cela devait être... » et le vieillard s'inclina devant l'*inexplicable explication* des « défenseurs de la patrie ».

Ce fait n'est pas unique. Il y a eu beaucoup d'autres cas semblables, soit de renvois, soit de refus d'accepter des professeurs. On refuse l'un, parce qu'il a fait ses études en Europe; on conseille d'écarter un autre, parce que la police n'a pas une bonne opinion de lui ; un troisième n'a pas le droit d'enseigner, pour avoir fait montre, alors qu'il était étudiant, « d'idées libérales ». Le choix d'un inspecteur laïque est même sujet à soupçons. Et ce ne sont pas seulement les professeurs qu'on suspecte, mais les élèves aussi. « Il est sorti d'un séminaire arménien », fait remarquer le policier prudent.

Chose incroyable, le projet d'un nouveau bâtiment scolaire est lui-même suspect aux yeux du gouvernement.

Le gouvernement se mêle de tout ce qui a trait aux écoles, et pourtant, dans la loi, il est encore écrit que le seul chef responsable des séminaires ou de l'académie est le catholicos ou l'autorité ecclésiastique... et cela jusqu'à ce qu'on juge le moment venu de frapper le dernier coup ; alors le ministre de l'intérieur déclarera qu' « un nouveau programme des écoles diocésaines arméniennes vient d'être publié. D'après ce programme, toutes les branches devront être enseignées en russe, sauf la religion et la langue arméniennes ».

Un peu plus tard, ce sera un autre ordre, adressé à la police, celui-là : « Fermer les séminaires arméniens coupables de ne pas se conformer aux nouveaux programmes... ».

Ces jours sont-ils encore éloignés ?

AUTOUR DU CATHOLICOSSAT

(LETTRE ONZIÈME)

Le mouvement des siècles. — Contre la domination des Mahométans. — Appel de Nersès d'Aschtarak aux Arméniens. — La sympathie d'Etchmiadzin pour la domination russe. — La valeur politique des Arméniens de Turquie. — Les catholicos Mathéos et Nersès. Persécution contre Etchmiadzin. — Preuves.

Les regards du voyageur sont tournés vers l'Ararat, vers la cime élevée de la montagne sainte.

— La voyez-vous là-bas ?...

Puis il détourne les yeux et regarde devant lui. Dans les brumes du lointain, se dessinent des clochers pointus qu'on dirait édifiés dans les airs.

Et le villageois se signe.

C'est le compagnon séculaire du fier Ararat, c'est Etchmiadzin. C'est l'héritage des siècles anciens, c'est un édifice qui a reçu le baptême du sang et du feu, et qui, malgré bien des malheurs, a su inspirer à son troupeau de fidèles une force incroyable. Il est resté ferme et inébranlable devant les orages, impassible souvent ainsi que son voisin, le géant couronné de neige.

C'est l'histoire de quinze siècles que racontent ces misérables villages chrétiens et ces monastères arméniens.

Voici les ruines où peut-être l'Arménie païenne pleura sa destruction, alors qu'elle fut tombée sous les coups de la doctrine naissante, mais déjà fougueuse. Voici les couvents où les jeunes vierges Choghokat et Hribsimé, enflammées par le christianisme naissant, subirent le martyre. Voici un pauvre village aux murs de boue — Vagharchapat est son nom — qui fut autrefois la capitale du royaume indépendant d'Arménie. Voici là-bas le temple où l'imagination surexcitée du nouveau troupeau plaça la « Descente du fils unique », monument élevé à la triste histoire de la lutte du christianisme contre le mahométisme.

Que cette lutte fut épouvantable, douloureuse !

Elle dura des siècles, en constitua l'histoire, les remplit d'horreur et de sang, de plaintes et de lamentations. Et lorsque, au début du XIXe siècle, recommença la lutte gigantesque contre le mahométisme devenu tout-puissant, lutte dont les avant-gardes étaient, d'un côté sur les îles de la Grèce, de l'autre a la frontière des montagnes du Caucase, l'Eglise arménienne, qui avait tant souffert déjà, s'appuyant sur Etchmiadzin, se jeta à son tour dans la mêlée.

Et c'est alors que l'armée russe, porte-drapeau de la colère du peuple russe contre la domination musulmane, se dirigea vers le Caucase.

Comme la Géorgie chrétienne, la contrée chrétienne de l'Ararat jugea l'heure de la délivrance arrivée. Les Arméniens se chargèrent du rôle de guides dans ce pays arrosé de leurs sueurs et qui était inconnu au dominateur de l'avenir.

En Géorgie, c'est la noblesse, belliqueuse par tempérament, qui créa le mouvement ; en Arménie, ce fut le clergé. Et ce fut le plus vaillant lutteur arménien de ce temps, qui en était en même temps le plus habile politicien, Nersès d'Aschtarak, qui se mit à la tête du mouvement. Les corps de volontaires arméniens firent leur apparition. Nersès, enthousiasmé, adressa à son troupeau, en 1826, l'appel suivant :

Arméniens !

L'heure de la délivrance du pays de l'Ararat et du peuple arménien a sonné ; Etchmiadzin peut réconquérir son ancienne indépendance. Levez-vous en masse, révoltez-vous, braves Arméniens ! secouez le joug persan, faites tressaillir de joie le vieil Ararat, arrosez de sang votre patrie et vous vivrez à jamais libres et indépendants !

C'est l'heure !

En avant ! Maintenant ou jamais !

Les Arméniens des rives en deuil de l'Araxe, réveillés par cet appel, accomplirent des prodiges de vaillance et donnèrent, pour le bénéfice de la domination russe, des preuves ineffaçables de leur esprit de sacrifice, sur ce sol où le lion persan, ne voulant pas être vaincu, se roulait agonisant.

C'étaient des jours de rêve.

Nersès était enthousiasmé des promesses, soit officielles soit secrètes, venues de Pétersbourg au sujet de l'indépendance des provinces arméniennes de l'Ararat, qui se remplissaient d'émigrés arméniens venus des contrées avoisinantes appartenant à la Perse. Des provinces arméniennes indépendantes, une Eglise libre, Etchmiadzin délivré du joug mahométan, comme tout cela semblait beau, que ce mirage était captivant !

Quelques années seulement après la nouvelle domination de la plaine de l'Ararat, en 1837, l'empereur Nicolas Ier visita Etchmiadzin, le « cœur » du pays nouvellement conquis, et la « montagne sainte ». Il passa par Akhaltskha. Dans cette petite ville depuis peu délivrée du joug turc, le chef éminent des émigrés arméniens, l'archevêque Karapète, se présenta à l'Empereur, et, à ces mot du souverain : « Dites ce que vous désirez de moi », il répondit :

— De ce bras j'ai défendu le peuple arménien en pays musulman jusqu'à ce que j'aie pu l'amener sous ta puissante protection. Désormais, grand monarque, sois son père et son défenseur. Je remets mon peuple entre tes mains et toi, je te confie à Dieu.

A peine un mois plus tard, Nicolas Ier arrivait au centre religieux arménien. Le catholicos Hohannès, dans l'adresse de bienvenue présentée à l'Empereur, dit entr'autres ces paroles :

— ... Les espérances de l'Arménie délivrée par toi sont enfin réalisées. Nous voyons notre bien aimé Empereur venir achever l'établissement de la Maison de Dieu...

De semblables paroles, qui étaient l'expression du sentiment populaire, expression exagérée parfois, furent souvent prononcées au début de la domination russe par les représentants spirituels du peuple arménien, dans les églises, dans les adresses aux fidèles, dans les bulles, dans les assemblées populaires.

Et les occupants du trône de Russie répondirent dans les mêmes termes affables, assurant que la nation arménienne leur était très chère, de même que ses intérêts, sa paix et sa liberté.

Mais lorsque leur domination fut solidement établie, lorsque le gouvernement monarchique n'eut plus besoin, ni du clergé arménien, ni des forces populaires, pour écraser les mahométans, le vent changea et l'on entendit de tout autres paroles, bientôt même des menaces.

Continuant à croire faussement que la direction de l'opinion et du mouvement arméniens était aux mains du clergé, et que, par conséquent, le principal ressort était Etchmiadzin, si important par son passé, le gouvernement, tantôt par des moyens extrêmes lorsque par exemple le poste de vice-roi du Caucase était occupé par un homme dur, tantôt par des moyens plus modérés, lorsque ce poste était entre des mains plus clémentes, le gouvernement, disons-nous, se mit à diriger ses coups contre l'autorité d'Etchmiadzin, déjà au temps du catholicos Ghévork.

C'est alors qu'apparurent les questions de la légitimité du catholicos, celle des privilèges des couvents, la question des biens ecclésiastiques, celle du droit de surveillance des écoles. Et en peu de temps, les exigences d'autrefois, qui étaient alors isolées, sans but suivi, devinrent un système bien défini ; et le désir de charger Etchmiadzin de chaînes politiques entra dans le programme officiel du gouvernement.

De 1850 à 1890, ce programme fut mis à exécution d'une manière modérée, avec beaucoup de précautions et même avec des « trêves » répétées.

Cela avait une cause.

Le Caucase et la Transcaucasie étaient, il est vrai, pacifiés, ou plutôt assujettis définitivement. La domination russe n'avait rien à craindre du côté de la Turquie ; les sultans avaient d'autres soucis, plus sérieux et plus importants. La Perse, écrasée, non seulement n'était plus une ennemie dangereuse, mais était même passée au rang de « fidèle voisine ». A l'intérieur, sur tous les points du Caucase, les derniers signes de l'insurrection avaient disparu ; le feu de la liberté s'était éteint, même dans les cavernes des montagnes.

Et pourtant, en même temps que ces succès intérieurs, une autre question restait ouverte, un programme politique important : c'était la question de l'Arménie turque et, en même temps, celle, ancienne déjà, de l'Asie-Mineure.

Aujourd'hui encore, au Palais d'Hiver, on reste fidèle au testament de la souveraineté slave, qui attribue à la monarchie russe Constantinople et Ste-Sophie, ainsi que le golfe Persique avec ses importants intérêts politiques. Et l'Arménie est la clef, le chemin qui conduit à la réalisation de ce programme important.

Pour tenter une expédition contre Constantinople, il était nécessaire d'avoir la sympathie des petites nations balkaniques; avant de marcher sur l'Asie-Mineure, il fallait s'assurer la sympathie des Arméniens sujets turcs. La « prévoyance » politique du gouvernement russe se basa là-dessus. Et pour gagner cette sympathie, pour rendre plus facile, le moment venu, la domination du pays, il était nécessaire, d'après le même gouvernement, d'avoir toujours pour soi Etchmiadzin, ce centre religieux influent ; et c'est pourquoi il n'épargna aucun effort pour augmenter l'autorité et le prestige du catholicos.

Le gouvernement turc, au contraire, s'efforçait, pour des raisons bien compréhensibles, d'affaiblir cette influence. C'était une lutte d'émulation entre les deux monarchies. Pétersbourg mettait tout en œuvre pour faire parvenir au siège pontifical des prélats bien disposés envers la Russie. Constantinople agissait en sens contraire. Le gouvernement du sultan essaya plus d'une fois de faire triompher les catholicossats de *Cis* et d'*Aghtamar*, surtout celui de la première de ces villes, que sa position géographique mettait à l'abri de l'influence russe. Il espérait ainsi affaiblir la domination d'Etchmiadzin et élever un mur entre les Arméniens de Turquie et le siège pontifical de l'Ararat.

Ces essais échouèrent. Le prestige religieux et l'influence du passé contribuèrent à maintenir l'autorité d'Etchmiadzin, d'autant plus que le gouvernement russe, tout en tâchant de faire reculer pas à pas les limites d'influence du catholicos sur les Arméniens du Caucase, s'efforçait en même temps d'augmenter son autorité, nominative du moins, sur ces Arméniens qui habitaient de l'autre côté de ses frontières.

La Sublime Porte chercha plus d'une fois à amener une rupture entre le patriarcat de Constantinople et Etchmiadzin, en attribuant au catholicos des visées politiques dangereuses. Le gouvernement de Pétersbourg, au contraire, tout en tâchant de maintenir les bonnes relations entre les deux pontificats, s'employait en même temps à ce que toute correspondance ou tout mandement important adressés aux Arméniens habitant l'Europe, se fît avec son autorisation et son approbation.

C'est pourquoi le prélat d'Etchmiadzin était obligé de faire tous les mandements extérieurs par l'entremise du ministre russe des affaires étrangères; et tous les documents, correspondances et bulles qui furent distribués en Europe d'une manière détournée et non officielle, sans la participation du dit ministère, ont été considérés comme le résultat de menées anti-gouvernementales.

S'il y en a au sujet desquels le gouvernement russe n'ait pas exprimé son mécontentement et sa désapprobation, c'est qu'il les considérait comme trop peu importants, ou qu'il trouvait qu'il valait mieux ne pas faire de bruit à leur sujet. Il y a des maux que l'on feint d'ignorer pour n'en pas provoquer de plus grands.

Mais du jour où, grâce aux grands massacres et à la chute du Mémorandum de 1895, la question des Arméniens de Turquie perdit son caractère dangereux, lorsqu'après les massacres *autorisés*, le gouvernement de Pétersbourg se fût convaincu que l'élément arménien, à cause de la profonde inimitié arméno-turque, était devenu incapable de jouer à l'avenir le rôle politique considérable qui avait été le sien jusqu'en 1880-1850, de ce jour l'Empire du Nord prit une position bien définie vis-à-vis des Arméniens ; ses relations devinrent tout autres et son programme se fit inflexible.

Après la mort du catholicos Ghévork et avant la nomination de son successeur, le gouvernement de Pétersbourg chargea le baron Nicolas de préparer un rapport sur la question du catholicossat.

Le baron Nicolas, ancien directeur de la chancellerie du vice-roi du Caucase, autrefois ministre de l'instruction publique, personnage réputé très au courant des affaires du Caucase, homme d'Etat plus rusé qu'intelligent, entreprit le travail et présenta, en 1883, au ministre de l'intérieur, un *rapport secret.*

Soit par hasard, soit grâce à des « relations influentes », cet important document passa des cartons de l'Etat aux mains d'hommes qui le livrèrent à la publicité. Le ministère de l'intérieur donna des ordres qui s'inspiraient de ce rapport. C'est sur ces ordres qu'un représentant du gouvernement se rendit à Etchmiadzin pour assister à l'élection de 1884.

Nersès Varjapétian fut élu ; et, après le congrès de Berlin, en qualité de participant à la rédaction de l'article 61, il devint un des favoris du peuple arménien, la personnification de ses espérances. Cependant, avant de quitter Constantinople pour Etchmiadzin, Nersès soumit au gouvernement russe quelques propositions qu'il posait comme conditions essentielles de son épiscopat. Le gouvernement les repoussa. Nersès refusa d'endosser la pourpre dans de telles conditions et, peu après, on annonça de Pétersbourg qu'on allait procéder à une nouvelle élection, en prétextant que des irrégularités s'étaient produites lors des élections de 1884. C'était une façon de se tirer d'affaire. On n'avait pas parlé de ces soi-disant irrégularités lorsqu'on avait l'espoir de gagner Nersès.

L'année 1885 arriva et avec elle la nouvelle élection. Un fonctionnaire du gouvernement se rendit comme d'habitude à Etchmiadzin, mais, cette fois, il était muni d'instructions très précises et très sévères qui se résumaient en ceci : s'opposer à la candidature d'un évêque arménien sujet turc.

Il faut avouer qu'un des principaux « soutiens » des projets gouvernementaux était un évêque arménien, comme d'habitude très attaché au trône pontifical arménien, ayant juré d'être fidèle à ses intérêts et à son chef. Le premier candidat proposé fut Melchissédek Mouradian, évêque de Smyrne, originaire du Caucase, auteur d'une *Histoire de l'Eglise* ; il s'était éloigné de la Russie et était connu par son livre comme un évêque anti-russe. Le représentant du gouvernement russe n'éleva aucune objection contre cette candidature. Il devait, conformément aux instructions secrètes, agir avec « douceur et prudence ». Mais en même temps il mettait en avant, suivant un plan conçu d'avance, la candidature de l'évêque Makar.

Les envoyés laïques, ainsi qu'un groupe d'ecclésiastiques composé surtout d'évêques diocésains qui partageaient les sentiments du peuple, firent tous leurs efforts pour faire accepter l'évêque Khrimian comme deuxième candidat, mais ce fut malheureusement sans succès. Les partisans bien stylés de la candidature de Makar les trompèrent.

Tout en berçant d'illusions les naïfs représentants laïques, un groupe d'ecclésiastiques, poussés par quelques évêques vendus, se réunirent la veille de l'élection et tinrent une assemblée nocturne et secrète où ils décidèrent de voter pour Makar. Le représentant du gouvernement était au courant de ces faits, qu'il avait préparés lui-même.

Le lendemain il se produisit un événement inattendu : Makar prit la place de Khrimian comme deuxième candidat; il était si impopulaire que ses partisans n'osaient parler ouvertement de sa candidature.

Ceux qui avaient ourdi l'intrigue remportèrent la victoire et l'on fut convaincu à partir de cet instant que le premier candidat, quoique élu à l'unanimité et ayant obtenu deux fois plus de voix que Makar, ne recevrait pas la sanction impériale.

Et l'on raconte que l'évêque qui avait dirigé les « traîtres », quelques jours après l'élection, en se rendant d'Erivan à Tiflis, dit à haute voix à un prêtre de ses amis : « Mon père, dans trois mois je reviendrai en compagnie de Makar ».

Et c'est ainsi que cela se passa. Makar arriva, et, avec lui, vinrent de tristes jours pour Etchmiadzin. Le premier coup frappé par le gouvernement avait réussi. La liberté de l'élection était anéantie, disparue. Tout était possible dorénavant. On le vit bien. A partir de ce jour le malheureux vieillard, à propos duquel toute la province de l'Ararat a chanté ce refrain :

Makar a ruiné la nation,

au lieu d'être le porte-parole des vœux et des désirs de son troupeau, se borna d'abord à écouter les ordres du gouvernement, puis se mit à le prier de lui venir en aide contre le peuple, qu'il sentait hostile. Il ne sut plus ni exiger ni protester, mais se borna bientôt à supplier qu'on l'épargnât, qu'on ne le mît pas vis-à-vis du peuple dans une situation sans issue. « C'est vous qui m'avez fait élire », tel était le sens de ses protestations indirectes.

Le gouvernement finit par convenir qu'il ne fallait pas mettre son candidat dans une position trop difficile. C'est pourquoi, tout en fermant, en 1885, les écoles arméniennes, le gouvernement permit à son candidat, comme faveur personnelle, de les rouvrir en 1886, l'autorisant à continuer à les diriger, pendant l'espace de six années et à des conditions spéciales.

Ce furent des années de politique artificieuse et trouble.

En 1893, Khrimian succéda à Makar. Lorsque les cris d'enthousiasme se furent calmés et que les lampions furent éteints, autour du temple à demi croûlant d'Etchmiadzin, les intrigues contre les droits du catholicos recommencèrent à nouveau.

De l'autre côté de la frontière, le sang de tout un peuple avait coulé. C'était le moment opportun pour porter un nouveau coup au catholicossat, et l'on n'y manqua pas. Que resta-t-il alors des droits et des privilèges du chef suprême de l'Eglise arménienne ?

Rien ou presque rien.

Il fut un temps ou le peu énergique Ghévork, lui-même, se mit à menacer. Nous ne parlons même pas des menaces sérieuses adressées par Nersès d'Achtarak ou par Mathéos. A partir de 1890, on ne connut plus à Etchmiadzin de telles façons de parler au gouvernement. Makar ne fut qu'un serviteur obéissant. Et Khrimian lui-même ne fut qu'un prélat sans autorité, qui n'avait qu'un droit, celui de voyager quand et où il voulait sans qu'on prît garde à lui, sans qu'on lui accordât la moindre attention...

Les années s'écoulèrent et aucun privilège ne resta debout. Actuellement le catholicos, privé de tous ses droits, ne peut même plus nommer les évêques qui lui plaisent ou les membres du synode. Le système de nommer deux candidats avait toujours existé, mais le droit de choisir le premier appartenait au catholicos. Maintenant ce droit même est supprimé. Le pontife ne peut même plus ordonner prêtre qui lui plaît. Les questions de mariage sont aussi presque enlevées à sa juridiction. La question des écoles qui, autrefois, réglait la popularité des catholicos, n'existe plus. On ne s'inquiète même plus de l'opinion du prélat quand on nomme un procureur ou un employé subalterne du synode.

Des espions sont placés autour de lui, ouvertement, sans qu'on prenne la peine de s'en cacher. Le gouvernement chasse des couvents ceux qu'il veut et exile qui bon lui semble. Les décisions prises par le prélat demeurent lettre morte, ses demandes sont sans réponse ; on lui enleva même un malheureux journal officiel, l'*Ararat*, qui se publiait depuis trente ans à Etchmiadzin de par son autorisation et sans avoir à passer sous les yeux du censeur. Ce journal fut mis sous la surveillance de la censure de Tiflis.

Les faits de ce genre sont innombrables.

Le catholicos demanda l'autorisation de prendre pour professeur certaine personne de l'académie d'Etchmiadzin : on le lui refusa. Il adressa une demande concernant les réfugiés arméniens : encore un refus. Il voulut adresser une supplique à l'Empereur : toujours un refus. Il projetait de se rendre à Pétersbourg : refus. Il proposa d'y envoyer quelqu'un à sa place : refus. Il adressa une demande au sujet d'une collecte : refus ; une autre pour obtenir l'autorisation d'élever des bâtiments scolaires : refus toujours. Il veut intervenir au profit de quelques personnes : refus. Que dire encore? Cela n'aurait pas de fin.

Le but du gouvernement est clair.

Il veut priver le catholicos de tous ses droits. C'est une question absolument résolue, pas au profit du peuple naturellement, toujours au profit des autorités. Autrefois, lorsque, dans la presse et dans le public, des voix se firent jour qui demandaient de restreindre les droits d'Etchmiadzin et d'augmenter d'autant les privilèges de l'autonomie scolaire, le gouvernement sut bien les faire taire.

Quand c'est le peuple qui se pose en adversaire du catholicos, le gouvernement se place du côté de ce dernier. En dehors de cela, c'est lui l'ennemi, l'adversaire déclaré de la centralisation du pouvoir en ses mains. Et c'est comme tel qu'il le persécute, qu'il répond par des refus à toutes ses demandes, et qu'il le prive de ses droits « inviolables ».

LES FAISEURS DE COMPLOTS

(LETTRE DOUZIÈME)

Portrait d'un général. — L'armée des faiseurs de complots. — « Les réunions arméniennes » et l'ordre du préfet. — Chalikoff et Tizenhausen. — Le général Frézé et la manifestation d'Etchmiadzin. — « Les Arméniens démolisseurs d'églises russes. » — Fausse proclamation. — Kipiani et l'insurrection géorgienne. — Manifestation arménienne a l'occasion des obsèques d'Arzrouni. — Complot du 6 janvier. — La révolte à la craie. — Exil de deux évêques. — Le dieu du tchinovnik.

Il y avait une fois un général. Sa tête était blanche, son esprit affaibli. Ce n'était malheureusement pas un personnage légendaire; il existait bien réellement, à Tiflis, où il appartenait à la direction de la gendarmerie ; il était fier de son passé et plein de confiance en l'avenir. Il était petit par son intelligence, mais grand par la position qu'il occupait. Chef de toute une administration, c'était lui qui composait des programmes d'action, qui soulevait ou enterrait des questions.

— Votre Excellence, j'ai examiné tout bien soigneusement, mais je n'ai rien trouvé ; il n'y a pas de complots, venait lui dire un modeste fonctionnaire.

— S'il n'y en a pas, il faut en inventer, répondait simplement Son Excellence d'un ton péremptoire, fixant son subalterne d'un œil courroucé. Allez et faites ce que je vous dis. Avez-vous compris ?

Et l'on obéissait. Les faiseurs de complots ne manquaient pas. Cette immense armée de tchinovniks qui a envahi le pays n'a pas de travail plus important que de faire naître des questions, de créer des complots, surtout des complots de nationalité.

C'est le royaume des faiseurs de complots. C'est pourquoi, chaque fois qu'un fonctionnaire est nommé au Caucase, la première question qu'on pose à son sujet est celle-ci : « Comment se comporte-t-il vis-à-vis des questions de nationalité ? »

Il en est de même pour les employés supérieurs. Lorsque le télégraphe apporte la nouvelle que l'Empereur vient de nommer par exemple le ministre de l'intérieur, au Caucase, comme aussi en Pologne ou en Finlande, la première question est celle-ci : « Comment se comporte le nouveau ministre à l'égard de telle ou telle nation ? »

Ce phénomène est connu partout, aussi bien dans les villages les plus arriérés que dans les grandes villes. Supposons que dans un des districts reculés de la Transcaucasie, à Nor-Bayazet, à Zanghézour au Hin-Nakhitchévan, on nomme un préfet ou un employé subalterne, tel qu'un commissaire de police, par exemple. Immédiatement dans tout le district, une question court : « Le nouveau fonctionnaire est-il ennemi des Arméniens ou ami des mahométans ? Est-il vénal ou est-ce un homme loyal ? »

La loi défend la vénalité, la loi ne permet pas de persécuter un Arménien seulement parce qu'il est Arménien, ni de protéger un mahométan ou un Géorgien à cause de sa nationalité, mais qui s'inquiète de la loi ?

Du jour où, dans la nomination des fonctionnaires, les questions de politique et de nationalité prirent la première place, de ce jour les faiseurs de complots ne connurent plus aucune crainte et la corruption devint générale.

Sans avoir fait aucune enquête sérieuse, le gouvernement décida que tous les emplois officiels du Caucase seraient donnés à des Russes ; et la conséquence de cette mesure est qu'aujourd'hui l'administration locale est formée en grande majorité de Russes. Ils ne savent aucune des langues indigènes ; ils ne connaissent rien des habitudes locales ni de la vie des peuples du pays, et c'est pourquoi même ceux qui sont des hommes parfaitement honorables ne peuvent être de bons fonctionnaires. Ils deviennent des jouets entre les mains de leur entourage. On n'accorde pas ou rarement des emplois aux indigènes. Les Géorgiens sont presque toujours envoyés dans des endroits où la population est arménienne, dans l'espérance qu'ils prendront une position hostile vis-à-vis des Arméniens.

On est plus indulgent envers les mahométans, mais, grâce à la corruption de l'administration, ce n'est pas aux individus plus ou moins instruits ou honorables que vont les emplois, mais bien aux plus ignorants, qui sont par contre les plus rusés, et qui savent graisser la patte aux « supérieurs » russes.

C'est certainement envers les Arméniens que le gouvernement se montre le plus sévère. On envoie les soldats arméniens en Pologne, dans les provinces du Nord de la Russie. Il n'y a actuellement aucun Arménien dans les emplois plus ou moins importants de l'administration. Le poste de gouverneur de province n'est pas occupé dans tout le Caucase par un seul Arménien. Il n'y a pas un Arménien qui soit préfet de police. Le gouvernement a peur qu'ils ne se joignent au « mouvement arménien ». Même des fonctions telles que le service postal, la perception des impôts, sont refusées aux Arméniens ; ou, si par hasard, l'un de ces emplois est occupé par un Arménien, on l'envoie dans des contrées habitées par des Géorgiens, des Tartares ou des Russes.

Figurez-vous qu'on ne donne même pas d'emploi aux Arméniens dans la Banque d'Etat ! Un jeune financier arménien, ayant des protections, sollicite un emploi dans une des succursales de la Banque d'Etat au Caucase. On a l'impudence de lui répondre par écrit de Pétersbourg que, comme bon financier, on lui accordera avec plaisir un emploi où il voudra, seulement pas... au Caucase.

On tient surtout les Arméniens éloignés de la frontière turque afin qu'aucun des emplois gouvernementaux ne soit en ces parages aux mains des compatriotes des malheureux Arméniens turcs.

Il est tout naturel de conclure de ces tristes faits que le mécanisme de l'administration du Caucase étant fondé sur des bases si artificielles et si peu sensées, les résultats n'en peuvent être bons.

En effet, aucune administration n'est aussi corrompue. Les forces locales de valeur en sont non seulement exclues, mais même les Russes plus ou moins sympathiques, car les Russes qui acceptent de quitter leur patrie pour se rendre au Caucase — qui fut longtemps un lieu d'exil — sont généralement ceux qui n'ont ni valeur, ni emploi, ni avenir, et qui vont chercher à gagner leur vie là où le seul fait d'être d'origine russe est un gage suffisant pour faire obtenir un emploi rémunérateur.

Le côté politique de ce phénomène est plus triste encore. Portés par le courant général, poussés par le désir d'un avancement rapide, esclaves de l'argent et des décorations, ces fonctionnaires ne connaissent ni loi ni mesure, et n'ont aucune crainte de la responsabilité qu'ils encourent. Ils inventent des complots tous plus dangereux les uns que les autres.

En voici quelques-uns :

En 1895-96, alors que la question des Arméniens de Turquie avait pris un caractère aigu et que chaque fonctionnaire au Caucase se croyait tenu de découvrir un « complot arménien », un sous-préfet orthodoxe, pris par le courant, se mit à adresser au préfet rapports sur rapports, tous déclarant que dans la ville les Arméniens faisaient des préparatifs secrets, achetaient des armes et les envoyaient en Turquie, organisaient des réunions nocturnes. Et il terminait invariablement son rapport en sollicitant humblement l'autorisation « d'exiler les chefs afin d'assurer la tranquillité de la contrée ».

Le préfet, qui avait laissé pendant longtemps ces graves informations sans réponse, ennuyé de leur continuelle répétition, fit appeler un jour auprès de lui par télégramme son trop zélé subordonné. Après avoir soigneusement rassemblé toutes ses « preuves », celui-ci partit pour le chef-lieu de la province. Il savourait depuis longtemps par avance la minute où son chef, après avoir pris connaissance de ses « preuves », lui serrerait la main et lui offrirait une nouvelle décoration comme « récompense de sa surveillance vigilante ».

Le jour de l'entrevue arriva.

— « Racontez de vive voix ce que vous savez », ordonna le préfet.

Le zélé fonctionnaire commença ses contes. Et à la minute même où, le sourire du triomphe sur les lèvres, il achevait son récit, le vieux préfet sauta de son siège et tonna : « Retournez immédiatement chez vous, laissez de côté une fois pour toutes ces sottes histoires qui n'existent que dans votre imagination, et contentez-vous de lutter contre un danger — réel celui-là — contre le brigandage turc qui met la province sens dessus dessous. Quant aux Arméniens, c'est moi qui m'en porte garant! Avez-vous compris? » De ce jour, tout changea, et les rapports du sous-préfet se terminaient invariablement par ces mots: « Les Arméniens sont parfaitement paisibles et observent les lois. »

La province d'Erivan était tranquille, aussi calme que l'Ararat à l'ombre duquel elle vit depuis tant de siècles. Les habitants allaient à leurs affaires, causaient des choses permises par la loi, et lisaient ce que la censure avait autorisé.

De nouveaux vents soufflèrent.

En 1880, alors que la province était gouvernée par le général Chalikoff, qui non seulement était mal disposé lui-même envers les Arméniens, mais qui était entouré de « politiciens russes » allant sans cesse répétant qu'il « fallait surveiller sévèrement le centre des opérations arméniennes, la plaine de l'Ararat », on ne parlait plus dans toute la province d'Erivan que de complots, de menées séparatistes et de rébellions. Comme résultat: des perquisitions, des emprisonnements, l'exil. Le « danger » était considéré comme si grand que l'on se mit à exciter les mahométans contre les Arméniens dans le but de découvrir les *secrets*. Le chef-lieu de la province ne fut plus qu'un nid d'espions, où chacun vivait dans la crainte et l'inquiétude. Mais du jour où un autre gouverneur fut nommé dans cette province, le comte Tizenhausen, un homme relativement impartial et doué de tact, les Turcs cessèrent leurs luttes contre les Arméniens, les perquisitions et les arrestations diminuèrent, quoiqu'on fût au grand moment du mouvement arménien-turc.

En 1890, pendant le pontificat de Makar, on procédait à Etchmiadzin à la bénédiction des saintes huiles. Cette cérémonie avait attiré de tous les points du Caucase une foule nombreuse. Au même moment, et tout à fait par hasard, un célèbre patriote arménien s'était rendu à Etchmiadzin. Les faiseurs de complots tournèrent leurs yeux de ce côté et se mirent à répandre la nouvelle que deux grandes manifestations se préparaient à Etchmiadzin, l'une dirigée contre le catholicos, l'autre en faveur des Arméniens de Turquie, toutes deux sous le commandement du patriote dont il a été parlé plus haut. La police d'Erivan commença à s'émouvoir et versa de l'huile sur le feu. Deux jours avant la bénédiction des saintes huiles, le gouverneur du Caucase, Chérémetief, reçut du préfet d'Erivan, qui était alors le général Frézé, un télégramme par lequel celui-ci lui annonçait, comme une « importante découverte politique », qu'une manifestation populaire dirigée par ..... — ici le nom — se préparait à Etchmiadzin. Frézé demandait au gouverneur l'autorisation d'employer des moyens énergiques, c'est-à-dire d'éloigner dans les vingt-quatre heures de la province d'Erivan le chef supposé du mouvement, et d'envoyer à Etchmiadzin un bataillon pour maintenir l'ordre.

Le gouverneur hésitait à accorder l'autorisation sollicitée. Il n'était pas de ceux qui aiment à « soulever des questions », persuadé qu'en recourant à de pareils moyens on ne faisait que créer des difficultés là où il n'en existait aucune. Aussi fit-il répondre qu'il défendait d'avoir recours à aucune mesure extraordinaire. Pendant tout le jour de la cérémonie, le gouverneur attendit avec impatience et avec un peu d'inquiétude des nouvelles d'Etchmiadzin. Le télégraphe vint enfin l'informer que tout s'était passé tranquillement et sans aucun incident.

Il n'est pas difficile de se figurer quelles auraient pu être les conséquences de l'envoi de troupes à Etchmiadzin, et de la mise en état de siège du monastère et de la foule immense qu'il contenait. Une rixe particulière, un vacarme accidentel auraient pu paraître au chef de bataillon le signal attendu, et le sang aurait coulé, créant ainsi une nouvelle question de la révolte arménienne au couvent d'Etchmiadzin.

Il y a dans la province d'Erivan un district pauvre et paisible qui porte le nom de Sourmalou. Mal protégés contre les descentes des Kurdes habitant de l'autre côté de la frontière, courbés sans cesse sous une lourde besogne, les Arméniens qui peuplent ce district mènent une vie retirée et ne connaissent absolument rien des programmes politiques. Pour leur malheur, ou grâce à un préfet soupçonneux, il vint s'établir dans leur district un sous-préfet nommé Bogouslavski, homme détestant les Arméniens et prêt à tout pour obtenir des décorations. Quand il eut en vain, pendant plusieurs années, cherché un prétexte qui lui permît d'accuser les Arméniens de son district, il finit de guerre lasse par déclarer dans un de ses rapports qu'ils étaient hostiles à la construction d'une église russe. Il ne suffisait pas de déclarer qu'ils étaient hostiles, il fallait le prouver. Et voici qu'un matin, pendant que les paisibles habitants, à peine sortis de leurs demeures, se rendaient tranquillement à leur besogne quotidienne, une nouvelle alarmante se répandit dans le pays : « Les Arméniens avaient démoli pendant la nuit le mur de la nouvelle église russe alors en construction ! »

C'était un sacrilège, un complot contre l'orthodoxie.

On souleva toute une affaire, on commença des poursuites. Et après bien des persécutions supportées par les malheureux Arméniens, on découvrit beaucoup plus tard que c'était le sous-préfet lui-même qui avait donné l'ordre de démolir le mur. On découvrit bien d'autres crimes à sa charge, mais cela ne l'empêcha pas de conserver ses fonctions. Le mot d'ordre n'était-il pas : « S'il n'y a pas de complots, il faut en créer ! »

Cela se passait dans le chef-lieu du district. Mais ce qui avait lieu dans le chef-lieu de la province n'était pas moins condamnable.

Le chef de la gendarmerie avait depuis longtemps pris en haine l'un des habitants dont il serait dangereux de donner le nom, mais il ne pouvait rien découvrir contre lui. Tout à coup, en 1894, il se produisit un complot politique, dirigé contre un groupe d'Arméniens qu'on accusait de prendre part au mouvement arménien-turc. Le citoyen qui avait le malheur de déplaire au chef de police n'était pas au nombre des personnes suspectes. Que faire ? Un jour que le prudent citoyen se rendait à son travail, on cerna sa maison, on procéda à une perquisition sévère, et on découvrit chez lui une proclamation secrète d'un contenu très dangereux. Le propriétaire ne pouvait en croire ses yeux. Beaucoup plus tard seulement, alors que le malheureux s'efforçait dans sa prison de s'expliquer ce qui avait bien pu se passer, on découvrit que la proclamation avait été jetée de la rue dans son appartement par un agent de police qui accomplissait les ordres de son chef. Ce qui n'empêcha pas ce faiseur de complots de conserver son poste pendant de longues années encore, et de continuer ses manœuvres déloyales.

En 1887, toute la population géorgienne, le deuil au cœur, suivait tristement un cercueil où reposait un patriote vénéré, victime d'une mort tragique, assassiné lâchement. Cet homme était Dimitri Kipianine, exilé de sa chère Géorgie pour avoir osé se faire l'écho de la juste indignation de ses compatriotes, et dire la vérité à l'exarque russe de Tiflis. Il avait résolu de se rendre de son lieu d'exil à Pétersbourg pour protester contre son injuste condamnation. Pour se débarrasser de cette protestation gênante, on décida de se défaire de lui, et on l'avait trouvé un matin assassiné dans sa chambre...

Pendant que le triste convoi suivait la perspective Golovinski, la police trouva moyen de créer des ennuis. Elle exigea que le convoi funèbre prît une autre rue, prétendant que passer par cette perspective était une manifestation contre le gouvernement. Aux sabres des policiers, les princes géorgiens opposèrent les leurs. C'est à peine si l'on put éviter que le pauvre cercueil ne fût éclaboussé de sang innocent. La police céda la place, mais l'on fit à ce propos toute une histoire que l'on nomma « affaire géorgienne » et au sujet de laquelle il fut noirci beaucoup de papier.

Les Arméniens furent moins heureux que les Géorgiens. Le 27 décembre 1892, eurent lieu à Tifiis, avec une pompe inusitée, les obsèques de l'écrivain Grigor Arzrouni. C'était un deuil national ; de nombreuses députations étaient venues des différentes villes du Caucase et de la Russie ; il y avait plus de 350 couronnes, et une foule de 50.000 personnes suivait le cercueil. La perte était immense et inattendue. Aussi le deuil pris par la nation arménienne tout entière était-il la véritable expression de sa douleur et de ses espérances brisées. Mais ce deuil national déplut aux représentants arménophobes de l'autorité.

A la sortie de l'église, alors que le convoi devait traverser la rue du palais où se trouvait la demeure d'Arzrouni et devant laquelle, selon la coutume de l'Eglise arménienne, on devait dire des prières, la police fit arrêter le convoi funèbre. Les sabres se levèrent contre la croix. Les froids visages des policiers menacèrent la foule émue. La force publique essaya de refouler la multitude dans une des petites rues adjacentes, mais c'était trop tard. La foule en deuil n'écoutait plus. Des bagarres inévitables se produisirent. Les agents tirèrent leurs armes et essayèrent d'enlever aux ecclésiastiques officiants les bannières sacrées. La foule ne voulut pas permettre ce sacrilège et résista. Si cette fois encore le sang ne coula pas, c'est que la police ne put tenir devant cette multitude et céda la place. Le lendemain, alors que toute la ville était encore plongée dans le deuil, les perquisitions et les arrestations commencèrent. Et quelques heures plus tard on conduisait vers les prisons et les bureaux de police des hommes de toutes classes accusés d'avoir été les instigateurs du « mouvement arménien ».

Des agents secrets avaient informé les autorités qu'à l'occasion de l'enterrement de l'écrivain-patriote, les Arméniens avaient décidé de faire une grande manifestation antigouvernementale devant le palais du vice-roi. Une véritable tempête politique s'éleva. Si le nombre des arrestations ne dépassa pas vingt-cinq, c'est seulement parce que le gouvernement s'aperçut qu'il était allé trop loin. Cet évènement forma cependant dans les bureaux de la gendarmerie un nouveau chapitre du « mouvement arménien », et, à partir de ce jour, les enterrements furent mis au nombre des manifestations dangereuses.

Les soupçons ne s'arrêtèrent pas là.

Dix jours plus tard, le 6 janvier, alors que les Arméniens devaient se réunir, suivant une coutume datant de plusieurs siècles, pour la bénédiction des eaux, les tchinovniks répandirent le bruit qu'une nouvelle manifestation se préparait en signe de vengeance et de protestation contre l'attitude du gouvernement au moment de l'enterrement d'Arzrouni.

On disait d'abord : « Les Arméniens ont l'intention... », puis on dit : « Ils pourraient bien... », et enfin : « Ils ont décidé ! » Et le programme du soulèvement du 6 janvier fut prêt. Les fonctionnaires, irrités contre les Arméniens, ne négligèrent aucun moyen pour exciter contre eux les autorités. Le bruit se répandit même dans la ville qu'il avait été décidé de distribuer aux soldats russes qui devaient assister à la cérémonie, en même temps que les cartouches blanches qu'ils recevaient dans de semblables occasions, des cartouches à balle, tandis que les soldats arméniens ne recevraient que des cartouches blanches. On prit des mesures, on vit apparaître des patrouilles de surveillance. Heureusement qu'il se trouva alors un commandant de troupes qui réclama contre ces mesures en disant : « J'ai confiance dans mes soldats ; si nous commençons à douter de l'armée, à qui pourrons-nous nous fier ? »

Cette fois-ci ce fut le parti de la paix qui l'emporta. Il ne se produisit naturellement aucun autre mouvement que celui de la foule se dirigeant vers la Koura gelée, pour immerger la croix, ainsi que le font aussi les Russes et les Géorgiens à pareille date. Par contre, quelle catastrophe aurait pu se produire si cette foule de milliers d'Arméniens avait été tout d'un coup enveloppée par des soldats et des agents de police, excités contre elle par des soupçons imaginaires ? On n'ose même pas y songer.

Voici l'histoire qui se passa à Etchmiadzin en 1893. Un soir, alors que les moines, après la prière, jouissaient d'une heure de flânerie et de bavardage, les entrées du couvent furent tout à coup occupées par des soldats. On vit briller des baïonnettes, et des uniformes apparurent à l'entrée des cellules. Au milieu de l'effroi général, on commença les arrestations.

Quelles furent les victimes? Deux évêques, Soukias et Nersès, connus tous deux pour leur attachement au gouvernement. Il en résulta une grande agitation parmi la population arménienne ; des bruits coururent ; on prétendit même que la métropole religieuse des Arméniens était un magasin d'armes. L'année n'était pas terminée cependant que les deux évêques étaient revenus d'exil. Le gouvernement s'était convaincu de son erreur, et, comme récompense, l'un des deux fut nommé à la tête du diocèse de Bessarabie, avec l'approbation impériale, tandis que l'autre recevait la direction du diocèse d'Erivan, également avec l'approbation supérieure. Et maintenant, sans doute, au fond de son bureau, l'auteur du rapport secret murmure en lui-même : « Cela en valait-il la peine? »

Voici encore un complot, plutôt comique, celui-là. En 1897, par un triste jour d'automne, alors que les idées étaient sans doute sombres aussi, la police de Tiflis reçut une lettre anonyme. Grand remue-ménage... Le chef de police court chez le préfet, celui-ci chez le vice-gouverneur, qui se rend à son tour en hâte chez le gouverneur. Quelle horreur! Les Arméniens se soulèvent! Une insurrection dans la capitale du Caucase, au nez et à la barbe des autorités supérieures!... Et les preuves? — Les preuves étaient nombreuses, mais voici la première, la principale, la plus évidente : « Ziou ! » — Quoi ?... — Eh oui ! un mot sans signification, un mot mystérieux, un mot nouveau qui devait servir aux Arméniens de devise pour attaquer les maisons qui le porteraient à leur fronton !

La police se mit à la recherche des habitations portant le signe cabalistique. La police vit de ses propres yeux ce mot fatidique écrit, non seulement sur des maisons habitées par des Russes, des Géorgiens, des Allemands, des Turcs, mais aussi sur la demeure d'Arméniens, même d'Arméniens connus pour être de « bons patriotes ». — Mais qu'importait cela ? Les sages policiers décidèrent que c'était « une ruse destinée à égarer le gouvernement ».

Et aussitôt commencèrent, chez le préfet, dans le palais du gouverneur, des délibérations secrètes, des délibérations terribles... Il fallait prendre une décision. Que faire ? Déclarer toute la ville en état de siège, ou cerner seulement les demeures des « chefs » et s'emparer de ceux-ci ?... Encore un jour et peut-être un malheur épouvantable allait-il fondre sur la ville ! Mais — béni soit le hasard ! — avant qu'on eût résolu de recourir aux moyens violents, le chef de police apprit le secret. Le fils d'un fonctionnaire russe avait demandé de l'argent à son père. — « Pourquoi faire ? » avait questionné celui-ci. — « Je veux acheter de la craie pour écrire « Ziou » comme mes camarades ! » Comment ! le fils d'un tchinovnik russe, destiné à devenir le fidèle successeur de son père, voulait écrire « Ziou ! »

On s'informe, et, oh ! honte ! le secret se découvre ! Le chef de police, informé de la vérité, court chez le gouverneur, et, couvert de sueur, haletant, écarlate, explique ce mystérieux « Ziou » — ce terrible signe de l'insurrection arménienne — en d'autres termes, la plaisanterie de quelques écoliers. Eh oui, ce n'était ni plus ni moins qu'une plaisanterie d'écoliers !

Les élèves du deuxième gymnase, très irrités contre un de leurs professeurs et excités par ses sévérités, avaient résolu de se venger de lui. On lui avait donné le surnom de « Ziou » et décidé d'écrire, non seulement à l'intérieur du gymnase, mais dans toute la ville, dans les rues, sur les places, les colonnes, les murs des maisons, enfin partout où cela était possible, ce mot fameux, afin que le professeur incriminé le vît partout où ses regards se poseraient, et en éclatât de rage. — Quelle bonne plaisanterie ! Et pendant que les malicieux collégiens achetaient de la craie afin de mener à bien leur guerre contre le professeur détesté, le gouvernement russe de Tiflis préparait des armes et des troupes afin d'étouffer « la révolte à la craie ! »

Ce serait une profonde erreur de croire que l'heureuse fin de la « révolte à la craie » enchanta les fonctionnaires russes. Il y en eut certainement de satisfaits, mais la plupart d'entre eux firent un visage renfrogné, lorsqu'ils virent que l'occasion leur glissait encore une fois entre les doigts de « rendre service à la patrie » ou, pour parler plus clairement, d'obtenir de plus hauts grades et de nouvelles décorations. Car — grades et décorations — voilà ce qui donne à l'insatiable bureaucratie russe le courage, l'énergie et la force !

C'est le couronnement de tout un système méprisable.

C'est la foi, l'idéal, le dieu du tchinovnik.

Et vous venez de voir quels crimes se commettent au nom de ce dieu !

LA VÉNALITÉ

(LETTRE TREIZIÈME)

La main pure. — Le système du président du Tribunal. — La vénalité des censeurs. — Le villageois dépouillé. — L'impôt illégal de la police. — « Deux poids et deux mesures ». — Fonctionnaire russe et fonctionnaire arménien. — Ce que pense le peuple.

A Tiflis, habitait jadis un chef du comité de l'intendance. C'était naturellement une Excellence, un personnage décoré, puissant, respecté. Nous ne le nommerons pas, il est mort.

C'était à l'époque de la guerre russo-turque, alors que, dans les banquets d'officiers, le champagne coulait aussi abondamment que le sang des soldats russes sur les rochers de Kars. C'était l'heureux temps où le capitaliste, le fonctionnaire, le militaire se baignaient, comme le poisson dans l'eau, dans les flots de papier-monnaie coulant sans cesse du Trésor. C'était l'âge d'or des soumissions. Du matin au soir, le défilé des riches soumissionnaires avait lieu sans interruption dans le bureau du chef de l'Intendance.

Voici une des scènes qui s'y passaient journellement :

— Je prends cette fourniture pour cent mille roubles de moins, Excellence, disait un capitaliste, c'est donc un grand bénéfice pour le Trésor, et, en outre... comme preuve de mon estime, vous me permettrez de vous offrir un petit cadeau...

— Vous savez bien que je ne vous ai jamais rien refusé, répondait son Excellence ; je ferai ce qui est en mon pouvoir ; quant à votre cadeau, je ne puis l'accepter, c'est contre mes principes les plus sacrés; j'ai juré que jamais cette main — et il montrait sa patte potelée — ne toucherait de pots-de-vin...

L'interlocuteur savait ce que signifiait cette phrase : « Jamais ma main ne touchera ne pots-de-vin. » Il sortait de sa poche un paquet de 50.000 roubles, préparé d'avance, et le déposait sur la table, devant son Excellence.

— Jamais, jamais ma main n'a pris de pots-de-vin ! répétait le général en s'appuyant au dossier de son fauteuil et en ouvrant comme par mégarde le tiroir de la table. Et pendant qu'il répétait avec satisfaction « jamais, jamais », le capitaliste, depuis longtemps au courant du « système » de son Excellence, poussait peu à peu la liasse de billets de manière à la faire tomber dans le tiroir sans toucher la main du général...

Le tiroir se fermait et les deux interlocuteurs se levaient en souriant. L'affaire était conclue. Et c'est ainsi que se traitaient toutes les fournitures ; on allait répétant sans se lasser le même serment qu'on violait aussitôt.

Qui ne connaît en Russie ce type d'Excellence ? On le trouve dans les ministères, dans le cabinet particulier des gouverneurs de province, dans les états-major, dans les bureaux de frontière et dans la capitale ; il dévore des sommes énormes, tout en remplissant les devoirs de sa charge et, naturellement, « sans jamais accepter de pots-de-vin ».

Voyez-vous ce superbe édifice ? C'est le Palais de Justice. Dans son cabinet aux murs épais, est assis le président du tribunal. Il est pensif. Qu'est-ce qui l'occupe ainsi ? Est-ce le malheureux sort du pauvre prisonnier qu'il vient, il y a une heure, de condamner à l'exil, ou bien est-ce une question étrangère au tribunal? On frappe à la porte. C'est une femme. Les employés la connaissent bien, car c'est la femme de leur président.

— Qu'y a-t-il? demande le mari à demi effrayé.

— Le frère est venu et il a apporté dix mille roubles, chuchote la femme, un sourire aux lèvres.

— C'est impossible, absolument impossible, les preuves de la culpabilité sont écrasantes, le procureur ne veut rien céder ; je cherche, je cherche et ne trouve rien.

— Tu feras ce que tu voudras, mais moi j'ai promis et j'ai pris l'argent.

Et la femme continuait à prendre l'argent, tantôt de la main à la main, tantôt sous forme de billets à ordre, souvent aidée par sa fille, et toujours au nom des dépenses énormes auxquelles étaient condamnées les personnes de leur rang. Chacun était au courant de ces agissements et cependant le coupable resta à son poste et continua longtemps encore à envoyer en prison de pauvres secrétaires ou employés de police convaincus d'avoir accepté des pots-de-vin.

Et le misérable prononçait ses jugements, assis dans le fauteuil présidentiel, la main posée sur le Code, et jurant que jamais il ne touchait de pots-de-vin.

Nous sommes maintenant dans le cabinet du directeur du plus ancien gymnase de Tiflis. C'est aussi un personnage décoré, estimé, influent, bien connu des habitants de la ville. Il avait depuis longtemps l'intention de résigner ses fonctions et n'attendait que le moment où il aurait droit à la pension de retraite. Et pourquoi n'aurait-il pas pris un repos bien gagné? C'était un capitaliste, à l'abri du besoin, sans souci pour l'avenir. — Voulez-vous savoir comment il avait amassé sa fortune?

— Dis à ton père qu'il passe demain chez moi, recommandait-il un jour à un des riches élèves en le rencontrant dans le vestibule.

Le père venait.

— Savez-vous, Grigor Minaïtch, il vous faudra prendre pour votre fils un professeur spécial pour le russe et le latin.

— Avec plaisir, je vous prierai seulement de m'en indiquer un, répondait le père, jouant l'innocence, quoiqu'il sût très bien que de pareils professeurs étaient toujours prêts.

— Soyez tranquille, ajoutait le directeur, dans six mois votre fils sera en état de passer ses examens.

— J'ai peine à le croire, il est très paresseux.

— Vous en doutez! je suis prêt à parier.

— Accepté! Seulement je vous répète que je doute du succès.

Et le pari se terminait par un cadeau de mille roubles et un banquet.

C'est ainsi que les élèves changeaient de classe et que les directeurs s'enrichissaient, tout en jurant, eux aussi, qu'ils ne se permettraient jamais de recevoir aucun pot-de-vin.

•

Un autre tableau :

« L'inspecteur général du gymnase de Bakou, un nommé P... — nous écrit un témoin bien informé — continuellement ivre, passe ses nuits à jouer aux cartes et trouve à peine, pendant le jour, le temps de dormir et de chercher le moyen de faire face à ses folles dépenses.

« Pour se convaincre de la vérité de ces assertions, il suffira de dire qu'il se rend si rarement à ses leçons qu'il ne connaît même pas ses élèves et qu'il est incapable de leur donner les notes trimestrielles ; il charge de cette besogne les maîtres d'études de chaque classe.

« A quoi sert à ce gymnase d'avoir plus de 1.000 élèves, si ces 1.000 jeunes gens n'apprennent rien, et cela pas seulement parce qu'on leur enseigne mal, mais parce que, dans cet établissement, il est est inutile de travailler.

« On peut s'y procurer avec de l'argent les certificats d'étude ; c'est avec de l'argent qu'on fait recevoir les nouveaux élèves ; tout le personnel enseignant y est démoralisé.

« Le fils du millionnaire X..., de Bakou, après avoir suivi l'école réale, entra, sans passer d'examen et sur la recommandation du ministre, dans un institut technologique de Pétersbourg. Incapable de se présenter aux examens de fin d'année nécessaires pour changer de classe, il fut renvoyé de l'institut. Alors il pensa à entrer à l'Université, considérant qu'il pourrait obtenir le diplôme du gymnase de Bakou sans faire d'examens, et que chaque cours de l'Université dure au moins deux ans. Grâce au personnage cité plus haut, ce programme put s'exécuter de point en point. L'inspecteur en chef, après avoir reçu du père du jeune richard une somme ronde, remit à celui-ci le diplôme du gymnase, muni de tous les visas nécessaires.

« Si vous désirez faire entrer votre fils, votre jeune parent ou une de vos connaissances, au gymnase de Bakou, ne vous donnez pas la peine de le faire préparer. Allez tout droit chez l'inspecteur en chef, et, après avoir présenté votre requête, offrez une jolie somme au profit de la « colonie de vacances » dont le dit inspecteur est le directeur. Vous ferez bien aussi d'oublier d'inscrire votre don dans le carnet affecté aux offrandes pour l'œuvre susnommée. L'inscription n'est, du reste, qu'une chose secondaire ; l'important, c'est de verser votre offrande ; vous serez sûr d'obtenir comme résultat la mention « excellent examen », au profit de votre protégé.

« Dans le courant de l'année, P... emploie, pour augmenter son budget, l'habile moyen que voici : Dans son gymnase très fréquenté, se trouvent de nombreux fils de riches familles. Lorsque notre homme a besoin d'argent il écrit un billet à ordre qu'il envoie à l'un ou l'autre des parents, le priant de bien vouloir lui faire ce prêt.

« Le parent qui reçoit une de ces demandes, et qui sait bien que, s'il refuse l'argent, son fils restera dans la même classe, paye le billet, qu'il garde jusqu'au jour où son fils a changé de division. Ensuite le billet à ordre est généralement détruit et... l'on attend le suivant.

« Jusqu'à présent le personnel enseignant du gymnase n'a fait entendre aucune plainte contre les agissements de son chef. L'on peut en conclure ce que sont les professeurs et supposer ce qu'ils font de leur côté. Ils se taisent même lorsque P... s'approprie leurs appointements de plusieurs mois. Qu'est-ce qui les oblige à se taire? Réfléchissez!... »

Voici le cabinet du censeur.

Le maître de céans, des coupures de journaux éparses devant lui, les yeux fixés sur le flacon d'encre rouge, biffe et coupe, au nom des intérêts du pays, au nom de la sécurité générale. Tout en songeant à la sécurité générale, il n'oublie pas la sienne propre.

Mais qui va lui graisser la patte, à celui-là?

Il n'a pas affaire aux capitalistes, lui, mais bien aux pauvres rédacteurs et écrivains qui ne sont pas accoutumés à donner des pots-de-vin. Et pourtant le censeur, habitué aux secrets, aux ruses et aux détours, a trouvé un moyen. Avant d'autoriser la publication du journal, il envoie le billet suivant à l'administrateur ou au rédacteur de la feuille :

Très honoré Monsieur X...,

Veuillez m'envoyer, *à titre de prêt*, 300 roubles que je vous retournerai *très prochainement*, avec mes remerciements.

Le journal sera prêt dans une heure. Celui qui m'apportera vos lignes pourra le prendre.

Toujours à votre service,
B... off.

Les mots « à titre de prêt » et « très prochainement » sont connus depuis longtemps du rédacteur, auquel l'expérience de plusieurs années a enseigné que ce serait un enfantillage de vouloir résister, et une naïveté de compter sur une plainte auprès d'un tribunal. Il envoie la somme, et, comme récompense, on autorise la publication de quelques articles qui n'auraient pas passé sans cela.

Et le censeur continue à biffer, à écrire des billets et à recevoir des décorations ; et il jouit, dans ce gouvernement éhonté, de la réputation d'homme consciencieux, d'employé indispensable, qui « n'a jamais touché de pots-de-vin lui non plus ! »

Passons dans d'autres cabinets particuliers.

Qui n'a entendu parler à Tiflis de cette grande dame qui, avec toute la bienséance d'une personne de son rang, faisait des emprunts sans espoir de remboursement, mais à la condition que l'affaire du prêteur prendrait telle ou telle tournure.

Qui n'a entendu parler de ces mille histoires de pots-de-vin, bien connues dans les bureaux de conscription, où l'on taxe avec tant d'exactitude en même temps qu'on les cache avec la plus grande habileté les moyens de « rétrécir la poitrine », de « rendre un conscrit myope ou presbyte », ou de le « faire participer aux privilèges de première classe » ?

On peut encore signaler ces machinations qui, dans les consistoires, se font pour de l'argent, et qui annulent les empêchements aux mariages, font d'un honnête homme un misérable et donnent des héritiers à qui n'en a pas.

Et tout cela naturellement sous la forme de « cadeaux personnels » aux officiers ou aux évêques qui, tous, « n'auraient jamais touché de pots-de-vin ».

Tout cela est un système de corruption employé par les grands et recouvert du voile protecteur du gouvernement. Mais il y a un autre système, répandu parmi les employés inférieurs, et qui est plus affreux et plus implacable encore.

Voici un paysan qui se dirige vers la ville. Il est venu un ordre le concernant, et, abandonnant son travail et sa maison, le pauvre, ayant trouvé à grand'peine à emprunter 25 roubles au 50 o/o, se rend à la ville pour se disculper de l'accusation « d'avoir coupé du bois dans la forêt ». Ses voisins l'ont accompagné quelques pas et ils ne lui ont adressé qu'une seule question : « Combien emportes-tu? » C'est ce « combien » qui résume la loi, le jugement, les espérances. Il y a cinq jours déjà que le pauvre paysan attend dans les vestibules du tribunal du district. On exige de lui 50 roubles. — « On ne peut faire à moins », lui a-t-on dit.

Il s'adresse au secrétaire, au président, au chef de police ; — il sait bien qu'il n'arrivera pas auprès du préfet — et c'est partout la même réponse : « On ne peut rien faire à moins ! » Le préfet demande déjà 25 roubles pour sa part — et les autres alors ?...

Les preuves de ce genre sont innombrables.

Pour donner une idée de la corruption de la police, il faudrait noircir autant de papier que cette même police en noircit contre ses malheureuses et innocentes victimes.

Contentons-nous de mettre sous les yeux du lecteur, une lettre, envoyée par une personne digne de foi habitant Bakou ; les faits qu'elle relate peuvent s'être passés dans tous les endroits de l'Empire où la police règne en maître tout-puissant.

Voici ce que dit notre correspondant :

« A l'occasion des fêtes du Nouvel-An et de Pâques, chaque maison de Balakhany et de la Ville-Noire — sièges principaux des sources et des usines de pétrole, situés près de Bakou — envoie au chef de police une certaine somme

(25, 50, 100 roubles), accompagnée de la lettre suivante (écrite en russe) :

En vous adressant la somme de...., je vous prie humblement de bien vouloir la distribuer à vos employés subalternes.

(*Signature du directeur de la maison.*)

C'est la forme donnée à ces lettres, dont les copies sont conservées dans les registres officiels. La somme envoyée est tout simplement un pot-de-vin, et on considère cet envoi comme absolument nécessaire pour prévenir l'intervention de la police dans diverses questions d'hygiène ou de technique.

Mais ce n'est pas avec cet envoi que se termine la contribution des propriétaires d'usines ou d'exploitation de pétrole. Bien que, d'après la lettre qui l'accompagne, l'argent soit destiné aux employés subalternes du chef de police, cela n'est naturellement qu'une formule innocente, devant figurer dans les registres.

L'argent est empoché par le chef de police, qui envoie ses subalternes porter leurs vœux de fête aux usines et recevoir leur part des gratifications. Et il est reconnu que si l'un ou l'autre des bureaux se refuse à payer cette contribution illégale, la police envoie bien vite un de ses employés pour constater telle ou telle irrégularité, et en faire dresser procès-verbal.

Un jeune directeur de travaux raconte que, le deuxième jour de son entrée en fonctions, il eut l'honneur de recevoir la visite d'un inspecteur de police du quartier. Mis au courant par des employés de l'usine du but de la visite du dit inspecteur, le jeune homme refuse absolument de donner un centime, irrité de cette coutume déshonorante. La visite se répète le lendemain, et, peu de jours après, le jeune directeur put voir le même inspecteur dressant, dans la cour de l'usine, un procès-verbal, rapportant que la dite cour était très malpropre et qu'on avait démoli un mur extérieur sans autorisation de la municipalité. Le directeur aurait eu à courir pendant des semaines et peut-être des mois de côté et d'autre pour faire annuler cette accusation, et Dieu sait ce que cela aurait coûté.

Il fut donc obligé de suivre le conseil de ses employés, plus expérimentés, et de faire appeler à son bureau l'inspecteur de police, auquel il remit 20 roubles en échange desquels il reçut le procès-verbal qu'il déchira. « Je vous remercie, Monsieur le Directeur, d'avoir terminé cette affaire ainsi que cela se fait d'habitude, lui déclara le policier. Que faire ? nos appointements sont peu élevés et nos frais sont grands ! Merci encore une fois. Vous pouvez compter sur moi. » Et, sur ces paroles, le policier quitta l'usine.

En dehors de ces moyens classiques, répandus partout et connus de tous, il dépend de l'habileté de chaque employé de trouver de nouvelles sources de revenus.

Ainsi le chef de la police de Balakhany, K..., qui était autrefois un prêtre polonais, et qui, une fois qu'il eut embrassé l'orthodoxie, se voua à la carrière de la police, a fait inscrire un de ses fils, sans qu'il travaillât nulle part, dans trois établissements de pétrole où il fait soi-disant partie des bureaux, et qui lui payent chacun de 50 à 70 roubles par mois. Chaque mois le jeune homme se rend dans ces établissements, signe un reçu tout préparé, et empoche la somme qui lui est réservée.

Les agents de police ont même créé une expression pour exprimer leur mécontentement quand on leur envoie trop peu à leur gré ou qu'on leur paye trop tard les pots-de-vin sur lesquels ils comptent. Ils appellent par téléphone les directeurs coupables et leur disent : « Vous, Messieurs les ingénieurs, vous avez fort bien appris les trois premières opérations, mais vous êtes très faibles en division... Comprenez-vous ce que j'entends ? »

Mais cette corruption atteint sa forme la plus insupportable lorsqu'elle se manifeste dans l'harmonie qui a régné de tous temps entre les brigands et la police.

Il ne se passe presque pas de jour à Balakhany ou à Bakou, comme aussi dans d'autres endroits, sans qu'il y ait un meurtre, et on ne découvre jamais les coupables. Il suffit que le meurtrier fasse la part des agents, et il est sûr d'être laissé tranquille. On emprisonne à sa place un innocent voisin de la victime.

Ainsi, lors du meurtre du caissier principal de la Société Caspienne, on ne put trouver de coupable parmi les nombreuses personnes incarcérées. A Balakhany, se trouvaient deux chefs de brigands bien connus, Kampa et Chichi, qui jetaient depuis longtemps l'effroi dans toute la contrée.

Kampa racontait lui-même qu'il n'avait jamais eu à souffrir de la police pendant qu'il exécutait ses nombreux assassinats et vols, mais que, dès qu'il eut abandonné son métier, le chef de police le fit saisir, comme étant désormais inutile ».

Et c'est ainsi partout et toujours. Le dragon aux cent têtes suce et dépouille le peuple, pressure le paysan, dévaste les villages, les provinces entières. On abandonne le faible au simple agent, tandis que la victime plus importante a les honneurs du cabinet du chef de police ou du bureau du préfet. C'est une violence répandue partout, un brigandage légalisé, qui s'exerce non pas la nuit et sur des routes solitaires, mais bien dans des chancelleries, avec des programmes préparés d'avance, tandis que le malheureux peuple y accourt pour y trouver la justice.

Et, grâce à cette classe corrompue, grâce aux injustes lois sociales, on peut remarquer maintenant au Caucase un évènement nouveau : Le Caucasien, si favorable au début à l'extension de la domination russe, montre maintenant une profonde désillusion et une antipathie qui, toutes deux, pourraient porter de tristes fruits. Le peuple n'a plus confiance dans les institutions gouvernementales ni dans leurs représentants. Les défauts du système sont complétés par les vices de ceux chargés de l'appliquer. C'est la faillite complète de la domination russe au Caucase.

Ce qui a contribué aussi à cette désillusion, c'est que, en punissant le fonctionnarisme sans conscience, incapable, immoral, et sacrifiant tout aux pots-de-vin, le gouvernement russe a remis en avant la question de nationalité. Car, tout en châtiant l'employé arménien immoral et corrompu, il pardonnait au fonctionnaire russe coupable des mêmes fautes. Ce qu'on permet au Moscovite ne se pardonne pas au

Caucasien ; le Géorgien et le Polonais n'ont pas le droit de faire ce qui est permis à leur collègue russe. Cela n'est naturellement pas une exception, mais c'est devenu une injustice qui ne fait qu'augmenter avec le temps.

Un exemple encore :

A Tiflis. habite un fonctionnaire russe, orthodoxe et certainement monarchiste. Il se nomme K...itch et est membre du tribunal. Cette haute institution a rarement vu une nullité pareille unie à une plus grande vénalité. C'est un concussionnaire, et encore de l'espèce la plus vulgaire, un ivrogne, membre de sociétés moins que respectables, un homme sans moralité et un habitué des maisons publiques. Tout le monde le connaît à Tiflis et personne n'ignore que que ce père de famille se rend souvent directement de ses orgies nocturnes au tribunal pour y prononcer une sentence au nom de la justice et de la loi, vains mots qui n'ont plus aucun retentissement dans son cerveau d'ivrogne.

Et pourtant il n'est pas destitué.

Il y avait à Tiflis un autre fonctionnaire, également membre du tribunal, substitut du procureur, Arménien d'origine et nommé O... Il remplissait ses fonctions comme beaucoup d'autres, pour toucher ses appointements le 20 du mois et, n'étant pas mal noté, il avançait à son tour. Appelé un jour dans le bureau de son chef, on lui intima l'ordre de donner immédiatement sa démission. « Pourquoi ? » murmura l'interpellé, surpris. Son chef répondit : « Votre vie de famille n'est pas exemplaire, vous êtes infidèle à votre femme et vous entretenez des relations coupables avec Mme X... Le public est au courant de ces choses. Vous souillez l'autel de la justice ! »

Et il fut destitué.

C'est cette façon d'avoir deux poids et deux mesures qui a ébranlé et ébranle encore, parmi le peuple du Caucase, la foi en la justice, poussant à l'extrême sa défiance et sa déception. « Donne de l'argent et je changerai le code », voilà la formule de philosophie populaire qui a pénétré comme une conviction absolue dans tous les cerveaux. Et quand, dans ce pays où rien ne se passe ouvertement, le bruit court qu'un ministre, un prince ou un haut fonctionnaire est vendu, la philosophie populaire répond froidement : « Qu'y a-t-il là d'étonnant ? »

Et personne ne s'étonne, personne ne proteste. On raconte une intéressante historiette, caractéristique au point de vue de cette philosophie populaire, et qui a pour héros un Russe et un Arménien. L'Arménien n'est encore qu'à moitié désillusionné tandis que le Russe l'est tout à fait.

— Crois-tu que l'empereur accepte aussi des pots-de-vin ? demande l'Arménien à son ami russe.

— Bien sûr, si on lui en donne ! répond le Russe avec conviction.

LES LANGUES PERSÉCUTÉES

(LETTRE QUATORZIÈME)

« Savez-vous la langue du pays ? » — La langue russe au Caucase. — Tristes scènes au tribunal et au village. — La conscription. — Fausses traductions. — Persécution des langues locales. — Pédagogie bureaucratique. — On persécute les morts. — Chapeaux de Gessler.

Il arriva qu'un jour — jour extraordinaire — le gouverneur de la capitale de la Pologne, au cours d'une réception officielle de tous les fonctionnaires, adressa à ceux-ci cette question inattendue :

— Savez-vous la langue polonaise ?

Toutes les lèvres restèrent closes. Le « oui » si habituel aux serviteurs du Czar, ne sortit pas cette fois de ces bouches respectueuses.

— Qu'est-il arrivé ? se demandèrent durant plusieurs jours, avec surprise, les fonctionnaires, chaque fois qu'ils se rencontraient dans les corridors ou dans la rue. A cette question, on ne savait que hausser les épaules. Les plus audacieux apprécièrent — sans en rien dire, naturellement — que son Excellence se faisait vieille, et qu'elle était mûre pour le conseil des ministres.

Ils avaient raison. Pour poser une question de cette sorte dans l'Empire russe, il faut être ou très jeune — c'est-à-dire imprudent et libéral — ou très vieux, ce qui permet de supposer la faiblesse ou la bêtise. A laquelle de ces deux catégories le gouverneur de Varsovie appartenait-il ? La question est demeurée sans réponse.

Ce qui est certain, c'est qu'un tel homme n'a jamais franchi les Monts Caucase, car personne au pied du Kasbek ou de l'Ararat ne se souvient, et pour cause, qu'un fonctiontionnaire, fût-il gouverneur ou préfet, président du tribunal ou directeur des postes ait adressé à ses subalternes cette question : « Connaissez-vous l'arménien ou le géorgien ? » Comment une telle question pourrait-elle naître dans l'étroit cerveau d'un fonctionnaire qui n'a appris et ne sait qu'une chose : — c'est qu'il n'y a au monde qu'une seule et unique langue, la langue russe, pas celle de Karamzine ou de Pouchkine, mais la langue des ouriatniks et du knout, langue que tous doivent connaître. Que celui qui la sait la parle ; quant à celui qui ne la sait pas, il n'a qu'à se taire ! Et pourquoi parler, puisque le meilleur « sujet » est celui qui se tait, qui ne dit jamais rien ?

Et l'on se tait. L'on se tait, parce que, malgré une domination de plus d'un siècle, ceux qui connaissent la langue russe ne forment qu'une infime partie de l'immense population soumise.

Ils se trompent, ceux qui croient qu'après un siècle de sujétion, la langue russe s'est assez répandue parmi les nations du Caucase pour qu'on puisse s'en servir dans les rapports avec le peuple, pour qu'on puisse gouverner, juger, appliquer la loi dans cette langue. C'est faux. Ce ne sont pas les casernes et les corps de garde qui auraient pu contribuer à la faire connaître au peuple. L'instituteur n'est pas venu après le soldat et le fonctionnaire, pour répandre l'instruction et la langue. L'école ne s'est pas élevée aux côtés de la caserne. Voilà pourquoi aujourd'hui les habitants des provinces de l'ancienne Géorgie ou de l'Arménie — les Géorgiens, les Arméniens, les Turcs — ne savent souvent pas un mot de cette langue qui sert depuis un siècle à les commander.

Et si un jour — chose bien improbable — le Caucase révolté parvenait à secouer le joug de la monarchie russe, en quelques jours les traces d'une domination de plus de cent années auraient probablement disparu, et il n'en resterait peut-être rien autre que les murs épais des casernes et les coupoles dorées des églises orthodoxes.

La difficulté est donc immense.

On n'a pas enseigné à ce peuple humble et au début plein de sympathie envers les dominateurs, la langue dont se sert le gouvernement. Et les représentants de ce gouvernement n'ont pas jugé de leur devoir d'apprendre les langues — pas même l'une d'entre elles — dont se servent des peuples entiers pour exprimer leurs besoins et leurs désirs.

Il serait sans doute bien audacieux de désirer que l'héritier du trône, pendant les longues années qu'il consacre à apprendre comment il faut saluer, se prosterner devant les images, danser; pendant les mois qu'il perd à essayer quelle est la meilleure manière d'apposer sa signature au bas des « édits impériaux », il serait bien audacieux, disons-nous, de souhaiter qu'il consacrât quelques heures à l'étude des langues des divers peuples qui forment son empire. On ne peut demander qu'il inscrive cela au nombre de ses « devoirs de monarque », puisque les monarques ne reconnaissent aucune obligation ; mais il semble qu'il pourrait le faire par respect pour les nations qui parlent ces langues, nations que les czars appellent parfois « les fleurons de leur couronne ». De nos jours, cela serait, semble-t-il, un miracle. Est-ce aussi un souhait irréalisable, que de désirer que les ministres soient au courant des langues pratiquées par les principales nations de l'Empire, afin qu'en cas de besoin ils puissent se mettre directement en rapport avec elles et connaître exactement leurs désirs ?

Et n'obtiendra-t-on jamais que les fonctionnaires envoyés au Caucase — ne disons pas le vice-roi ou le gouverneur, car ces grands personnages ne quittent presque jamais leur palais — au moins les préfets, les sous-préfets, les juges, les chefs de police, ceux que leurs occupations mettent en contact direct et journalier avec le peuple, apprennent la langue de ces nations qu'ils sont appelés à gouverner, nous n'osons dire à servir, — car en Russie ce ne sont pas les fonctionnaires qui servent le peuple, mais bien le peuple qui sert les fonctionnaires. Et pourtant, jusqu'à présent, ce désir si naturel est resté au rang des choses irréalisables, et même des choses considérées comme dangereuses. C'est ainsi que le préfet d'Erivan, gouverneur d'une population arménienne, ne connaît pas un mot d'arménien ; le préfet de Koutaïs, qui a chaque jour affaire avec la population géorgienne, n'en comprend pas la langue. Il en est de même dans toutes les provinces et pour tous les fonctionnaires. Et combien de maux déjà causés par cette malheureuse lacune !

Transportons-nous au Palais de Justice.

Dans la salle d'audience, dans les corridors, la foule se presse. Ce sont des montagnards géorgiens, des villageois arméniens, des Turcs venus de loin. Il y a là des femmes portant la coiffure de leur province, des vieillards à cheveux blancs dont les traits sont empreints de simplicité patriarcale, de jeunes enfants aux regards inquiets et apeurés. Tous se sentent mal à l'aise. Tous ont peur. Ils attendent des heures, des jours parfois. On les chasse d'une salle à l'autre, d'un corridor au corridor voisin. Personne ne se donne la peine de répondre à leurs questions. Personne ne veut les comprendre.

Voici enfin les juges, les yeux lourds de sommeil après une nuit passée à jouer aux cartes, ou l'humeur revêche après une scène de famille, peut-être.

On aligne les malheureux devant ces magistrats. C'est une question de vie et de mort. Et pourtant ils ne comprennent pas un mot aux questions qu'on leur pose. Un interprète ignorant traduit ce qu'il veut et comme il veut. Au bout d'une heure on vient annoncer que tous « ont été reconnus coupables, et condamnés à l'exil en Sibérie ».

On traduit la sentence aux malheureux. A peine la traduction est-elle achevée, que déjà les agents de police paraissent et entraînent tous ces condamnés, les poussant devant eux comme un vil troupeau. Où ? — Ils n'en savent rien. Pourquoi ? — « Pour avoir résisté à l'autorité », a dit l'interprète. Avoir résisté à l'autorité ! — Quand ? Comment ?...

Voyons maintenant ce qui se passe au village.

Les paysans sont plongés dans l'épouvante. On voit des hommes fuir dans les rues comme à l'approche d'un ouragan ; le chef du village est pâle et tremblant. Qu'est-il arrivé ? — On attend le préfet. Le voilà. Pendant une demi-heure, tout le village a été bouleversé. Cela rappelle l'arrivée des pachas turcs ou des khans persans. Les gendarmes et les cosaques, lâchés à travers le village, s'emparent des poules, demandent du beurre, du bon vin. Et si on leur refuse, ou si on leur donne trop peu à leur gré, le fouet est tout prêt ; c'est la bastonnade, les injures, les rixes. Le chef du village essaye de se plaindre ; le préfet fait semblant de ne pas comprendre.

On entend tout à coup un cri déchirant. Une vieille paysanne, affolée, les yeux pleins d'éclairs, accourt vers le haut fonctionnaire. Elle accuse les cosaques d'avoir attenté à l'honneur de sa bru. Elle tremble de colère, elle crie :

— Qu'on m'emporte mes poules, ma vache, ma maison si l'on veut, je les donne à l'Empereur, mais qu'on ne touche pas à la femme de mon fils ! Que le feu du ciel les foudroie, ces misérables !

— Que veut-elle ? crie le préfet de la chambre où il est assis.

— Elle réclame l'argent de ses poules, explique le rusé interprète.

Le généreux fonctionnaire jette 20 kopecks (50 cent.) à la malheureuse en criant : — Taisez-vous !

Et le fouet étouffe ses réclamations. La pauvre femme se retire, le corps marbré de cicatrices. C'est le fouet tout puissant qui a calmé son âme douloureuse !

Voici maintenant le tirage au sort.

La foule est rassemblée sur la grande place du village. Debout sur une plateforme un peu élevée, le sous-préfet préside la cérémonie. C'est la première année de la conscription et le fonctionnaire, au nom de la *loi juste*, explique au peuple comment on procède au tirage, et quels sont ceux qui devront partir. La foule est agitée. La méfiance a pénétré dans son cœur. Elle ne croit pas ce qu'on lui dit, elle a des soupçons. Dans la cour de l'église, on se raconte des légendes. Et c'est naturel. Personne n'a pris la peine d'expliquer la nouvelle loi, personne ne s'est inquiété de dissiper les faux bruits.

— Voici, répète le sous-préfet s'adressant à la foule, chacun plongera à son tour la main dans cette boîte et en retirera un numéro imprimé.

— Notre seigneur dit, explique l'interprète, que chacun doit tendre la main et prendre un billet « cacheté ».

L'interprète, ne comprenant pas le mot russe dont s'est servi le sous-préfet (pétchatnij), le traduit à sa façon.

— Où sont ces billets cachetés ? crie-t-on de divers côtés. Ce n'est pas vrai, il n'y en a pas ! vous nous trompez, ils sont ouverts !

Le sous-préfet, ne comprenant pas la cause de ce tumulte, montre des signes d'impatience. La foule, à cette vue, s'agite de plus en plus. Le malentendu, aux yeux de la foule, est un guet-apens qu'on lui tend, tandis que l'agitation populaire apparaît au sous-préfet comme un désordre dangereux, comme une tentative de résistance qu'il faut punir. Tout se termine par la bastonnade.

C'est le gouverneur général qui est en tournée.

Tous les districts sont sens dessus dessous. Le préfet ne dort plus. Les sous-préfets sont sur les dents. Personne ne sait par où le chef doit passer. On répare les ponts, les routes. Le voilà qui arrive dans une petite ville de province. Il est vieux, tout courbé, faible de corps, mais fort de ses pouvoirs illimités.

Debout sur la place principale, entouré de tous les hauts personnages de la ville, il veut connaître les plaintes et les désirs du peuple. — Quelle aubaine inespérée ! La foule est dans l'attente. On entend des voix émues, des exclamations.

— Nous en avons assez ! Notre sous-préfet nous exploite ! Nous n'en voulons plus ! Nous sommes las de graisser la patte aux fonctionnaires !

— Que disent-ils ? interroge le gouverneur.

Le sous-préfet s'avance, jette un coup d'œil à l'interprète, puis au préfet, et, se tenant respectueusement incliné devant le gouverneur, dit d'un ton de cérémonie :

— Votre Excellence, ils disent qu'ils ne veulent pas d'école, qu'ils n'ont pas d'argent pour en payer les frais.

— Comment ! ils ne veulent pas d'école ! Et moi j'ordonne que d'ici à six mois le bâtiment soit terminé. Faites-le savoir au peuple ! Puis il s'avance vers sa voiture, y monte ; le carrosse fend la foule et disparaît.

Arrivé à Tiflis, il s'empresse d'expédier à Pétersbourg son rapport qui commence par ces mots : « J'ai étudié de près et en personne les besoins des populations... etc., etc. »

Les secrétaires savent par cœur ce qu'ils doivent ajouter.

Les difficultés de langue ne laissent aucun repos aux populations du Caucase.

Voici un villageois arménien qui désire envoyer une lettre à son fils habitant Batoum. Il n'a pas le droit d'en écrire l'adresse en arménien ; il faut qu'il abandonne son travail, fasse une journée de route, se rende à la ville et s'adresse à une connaissance ou à un inconnu pour qu'on lui écrive en russe l'adresse de sa lettre. — Perdre tout un jour pour une adresse !

Une vieille mère est venue à la prison pour voir son fils. Son cœur bat d'impatience ; elle se précipite en avant pour entendre un mot de son enfant, pour lui parler. La rude main du gardien la repousse. « Parlez russe ! » lui ordonne-t-on. Et les deux malheureux sont forcés de se parler par signes, de dévorer silencieusement leur émotion, de faire taire leur tendresse.

Au gymnase, on appelle un élève pour le réprimander. Le directeur menace de diminuer ses notes de conduite.

Pourquoi ? Il a appris que quelques enfants osaient parler entre eux arménien ou turc ! — « A peine en a-t-on fini avec ton « iantz », dit le directeur en colère, que tu commences à parler arménien ». Qu'est-ce que ce « iantz ? » se demandera-t-on. « Iantz » est la terminaison des noms de famille arméniens, dont les fidèles de la politique russe ont fait une véritable question d'Etat. Dans les écoles surtout — nous ne disons dans les établissements d'instruction — on oblige les élèves à remplacer « iantz » par « of » malgré leurs protestations. C'est ainsi que le nom arménien de « Ter-Pétrossian » devient au gymnase « Ter-Pétrousof » ; « Karapétian » est « Karpof », « Grigorian » est « Grikourof ».

Ne riez pas ; ce n'est pas une plaisanterie. La question des « iantz » est encore à l'ordre du jour, et, quoique née au XIXe siècle, on peut prédire, d'après des signes infaillibles, qu'elle occupera encore au XXe les représentants de la monarchie.

Il y a bien des années, au début de la domination russe, alors qu'on ne trouvait pas un seul habitant parlant russe dans toute l'étendue d'une province, on prit une mesure gouvernementale ordonnant que les communications officielles fussent écrites non seulement en russe, mais encore en géorgien, en arménien et en turc. Cette mesure resta toujours lettre morte et fut ensevelie peu à peu sous la poussière de l'oubli. Les conseils municipaux qui sont plutôt populaires que policiers, n'ont même pas le privilège de parler la langue du peuple qui les compose et les élit.

Le but de cette politique est naturellement de démontrer l'inutilité des langues indigènes, et de les supprimer aussi vite que possible. Il est vrai qu'au point de vue officiel aucune des langues du Caucase n'a la moindre valeur. L'Arménien, le Géorgien n'ont le droit d'aimer leur langue que d'une manière platonique. Dans la vie pratique, ces langues n'existent pas. On les poursuit, on s'en moque, on les déclare inutiles. On peut savoir à fond l'arménien ou le géorgien, cela sera parfaitement inutile, soit au tribunal, soit à la poste, soit dans une école quelconque.

On défend aux indigènes de s'adresser dans leur langue aux fonctionnaires ; et s'il arrive à quelqu'un de parler dans sa langue maternelle à l'un de ces hauts personnages, on le regarde de travers. Il y a de nombreux employés arméniens qui, non contents d'avoir changé leur « iantz » en « of », s'efforcent encore, pour faire leur cour au gouvernement, de montrer qu'ils ne savent pas leur langue maternelle, et affectent de ne lire ni livres ni journaux arméniens. Si un supérieur apprenait qu'un fonctionnaire arménien envoie sa fille ou son fils à l'école arménienne, il ne lui donnerait pas de bonnes notes. Le commerçant et l'artisan n'ont pas le droit de faire écrire l'enseigne de leur maison dans la langue qu'ils parlent.

Un riche Arménien ou un noble Géorgien qui aurait des attaches avec une institution gouvernementale, est forcé, s'il veut faire un don à un établissement national, de donner, sous peine d'être mis à l'index, une somme équivalente à une œuvre russe, à la Société pour la propagation de l'orthodoxie, par exemple, ou au fonds destiné à construire une église russe.

En 1892, à Tiflis, un Arménien fit construire une maison, et, afin de sceller dans la pierre la preuve de sa fidélité au gouvernement, il fit graver en lettres immenses au fronton de sa demeure : « Seigneur, protège notre Empereur ». Comme récompense, le gouvernement fit louer sa maison à un prix très élevé, pour y installer l'administration provinciale. Voilà par quels moyens écœurants, immoraux, on force toute une génération à s'abaisser et à aduler ses maîtres, une génération qui, sans cela, est déjà pleine de vices.

Et les établissements d'instruction, ces écoles qui sont devenues des foyers où l'on prêche l'absolutisme, servent surtout à attiser la haine et les poursuites contre les langues persécutées. Dans les gymnases du Caucase, les langues géorgienne et arménienne n'existent pas. Le Trésor, sauf de très rares exceptions, n'affecte aucune somme à leur enseignement. Non seulement leur étude n'est pas obligatoire, mais elle est au contraire vouée au mépris. Et c'est grâce à cela que l'enfant russe apprend dès son bas âge à mépriser, à haïr même tout ce qui n'est pas russe, tout ce qui est propre aux populations indigènes.

Les persécutions vont plus loin encore.

On oblige l'enfant caucasien, alors qu'il sait à peine lire et par les livres d'études que l'on met entre ses mains, à mépriser ce qui fait partie de son pays, de sa nation, et on le force à aimer, à admirer ce qui lui est étranger et inconnu. Absolument ignorant des mœurs, de la vie, de l'habitation d'un paysan d'Imérétie ou de Sunik, on lui enseigne et on lui fait raconter comment vit le paysan russe à Arkhangel, quelle forme revêt sa hutte et quelles sont ses mœurs.

Ne sachant rien du Caucase, de sa vie, de sa poésie, il apprend par cœur des œuvres de Kaltsov ou de Gogol. Son imagination vagabonde sur les rives du Volga ou dans les steppes infinies, tandis que les noms historiques et chéris par sa race de l'Ararat, du majestueux Kasbek ou des plaines et des vallons que traversent l'Araze et la Koura ne disent rien à son cœur. Il ignore toutes ces beautés, toutes ces merveilles, qui forment le charme et la grandeur de son pays. Quelle ridicule et coupable aversion pour tout ce qui peut développer le goût, l'imagination, l'amour de la nature !

Et plus tard, lorsque l'imagination du jeune garçon s'élève plus haut, alors qu'elle s'intéresse aux faits et aux actes du passé et de l'avenir, on ne s'occupe pas d'éveiller sa sympathie pour les souffrances qui composent le passé sanglant et héroïque des nations du Caucase, ou de lui faire pressentir le rôle qu'elles peuvent aspirer à occuper dans la civilisation de l'avenir. Pour le pédagogue monarchiste, il n'existe pas d'histoire ni de poésie géorgienne ou arménienne. Son champ d'étude est en dehors du Caucase, les sujets qu'il choisit sont loin de ce pays. Le jeune homme auquel on fait admirer la poésie russe et qui est animé d'amour pour le peuple russe, n'a pas le droit d'aimer une autre poésie, sortie de son peuple, celle-là, un autre peuple dont il est l'enfant, une langue que parlent ses parents, qui est familière à son oreille et qui fait partie intégrale de son développement normal.

C'est là une nouvelle méthode pédagogique, inventée dans les chancelleries, par des bureaucrates, peut-être même avec la collaboration des policiers, une méthode qui possède ses lois propres, ses principes spéciaux, étrangers à la science, inconnus aux promoteurs célèbres des nouveaux systèmes pédagogiques.

Les morts mêmes ne sont pas à l'abri de ces persécutions, ces morts auxquels leur patrie reconnaissante voudrait montrer son respect et son admiration soit en leur élevant une statue soit par tout autre manifestation. Il est interdit de donner à une rue le nom d'un patriote arménien ou géorgien, ou de baptiser une bibliothèque du nom d'une célébrité indigène. A Tiflis, il y a des rues qui portent les noms de Pouchkine, Griboyédof, Krilof, mais il n'y en a pas une seule qui soit baptisée du nom d'un penseur ou d'un patriote caucasien.

Dans un des villages de la province d'Erivan on voulut fonder une bibliothèque sous le patronage de Grigor Artzrouni. On l'interdit. On choisit de guerre lasse le nom de Pouchkine qui fut aussitôt autorisé. Ce n'était pas parce que l'immortel Pouchkine, dont on entendait pour la première fois le nom dans ce village, était particulièrement vénéré du préfet, mais simplement parce qu'il était russe.

Dans la Perse ignorante et arriérée, il y a des bibliothèques qui portent les noms de Nazarian, Raffi, Artzrouni, Patkanian, tandis qu'au Caucase où ces personnages ont vécu, travaillé, dans ce Caucase qu'ils ont servi de toutes leurs forces, il est interdit d'inscrire leur nom au fronton d'une modeste bibliothèque placée sous la surveillance de l'Etat.

C'est pourquoi jusqu'à aujourd'hui, personne n'a osé songer à élever sur une des places de Tiflis, d'Erivan ou de Bakou, une statue à la mémoire de l'un ou l'autre de ces héros dont le nom sera à jamais une des gloires de l'histoire de ce beau pays. Cet acte serait considéré comme une manifestation contre le gouvernement — comme une grave manifestation révolutionnaire.

Rebelles à toute idée de justice, même la plus élémentaire, les protecteurs de la force et du despotisme commenceront sans doute bientôt à décorer les places des villes du Caucase de statues de généraux ou de gouverneurs dont le seul mérite a été de verser le sang ou de réduire un peuple à l'esclavage...

On exposera des chapeaux de Gessler et on forcera le peuple à les saluer.

L'Helvétie a eu son Guillaume Tell pour fouler aux pieds le chapeau abhorré du tyran.

Un nouveau Guillaume Tell ne naîtra-t-il pas au pied de ces montagnes où le rebelle Prométhée déroba le feu du ciel ?

LA CENSURE

(LETTRE QUINZIÈME)

L'ordre du despote. — La police de la pensée. — La Direction principale des œuvres typographiques. — Les comités de censure. — Règlement de la censure. — La loi n'est qu'un vain mot. — Des preuves. — Sévérités incroyables. — Le sort des publications périodiques. — Au Caucase. — Quelques faits. — Les « perles » de la censure. — Pauvre littérature !

Et le despote dit :

— Que je ne voie pas le mot *liberté!*

Et l'on supprima le mot *liberté*.

— Allez et exécutez mes ordres, ajouta-t-il.

Ses séides obéirent.

Et l'homme décoré du beau titre de censeur, vêtu de son uniforme, la poitrine chamarrée de brillantes décorations, toujours animé d'une haine profonde envers tout ce que produit le cerveau des hommes et présidant son tribunal d'apôtres du despotisme, commença son œuvre destructive.

C'est à Pétersbourg, au bord de la Néva, que la censure a son siège central. Il n'y a peut-être pas dans tout Pétersbourg un seul écrivain auquel soit inconnu l'édifice qui porte au fronton ces mots : « Direction principale des œuvres typographiques », mots mystérieux et effrayants qui sonnent lugubrement aux oreilles de tous ceux qui écrivent.

Quel est cet édifice? C'est la gendarmerie de la Russie pensante, la police de la pensée et de l'idée, le bourreau de la littérature et de la presse.

Le règlement de la censure dit :

La direction de la censure et en général de la presse, dans toute l'étendue de l'Empire ainsi que du royaume de Pologne, appartient au ministère de l'Intérieur, sous la haute surveillance du ministre, et à la « Direction principale des œuvres typographiques ».

C'est pourquoi, dans la Russie actuelle, conformément à l'étrange logique de la loi ci-dessus, la littérature et la presse ne sont pas considérées comme des agents de civilisation. Sinon comment expliquer que la Direction principale des œuvres typographiques, aux mains de laquelle se trouvent toute la littérature et la presse, ne soit pas subordonnée au ministère de l'Instruction publique, qui est appelé à surveiller les agents d'instruction et de développement intellectuel de l'Empire, mais bien au ministère de l'Intérieur dont dépendent de tout autres subdivisions, comme, par exemple, la direction de la police et de la gendarmerie ? Il est donc naturel de penser que la division intitulée Direction principale des œuvres typographiques a le même rôle à remplir vis-à-vis de la « surveillance des idées » que le gendarme et l'agent de police à l'égard de « l'ordre public ». Ce n'est donc pas une agréable plaisanterie que d'appeler cette institution terrifiante la police de la Russie pensante, mais bien la conclusion rationnelle des faits, l'expression de la simple réalité.

La « Direction principale des œuvres typographiques », comme d'autres organisations générales de la capitale, est une institution très compliquée, ayant son président, son vice-président, ses membres, ses secrétaires et toute une légion d'employés. En dehors de Pétersbourg, elle a des succursales dépendantes qui prennent le nom de « Comités de la censure », succursales composées chacune d'un groupe d'employés « importants » et de quelques serviteurs « ordinaires » qui forment à leur tour tout un corps dont l'entretien exige chaque année du Trésor une somme considérable.

Le Caucase tout entier n'a qu'un seul « Comité de censure » qui siège à Tiflis et qui a entr'autres attributions :

1° A examiner les revues, journaux et autres publications paraissant au Caucase ;

2° Les écrits apportés d'Europe, soit en langue russe soit en tout autre langue européenne.

3° Les ouvrages introduits à l'intérieur de l'Empire et écrits soit en géorgien, soit en arménien, soit en une autre langue orientale.

Les autres villes du Caucase, même les chefs-lieux de provinces, n'ont pas de comités, mais il y a dans certains endroits, à Bakou par exemple, un censeur qui est un employé de la direction provinciale et souvent même le sous-préfet, et qui est chargé d'examiner les journaux paraissant dans sa circonscription. S'il se trouve dans d'autres villes du Caucase des personnes désirant publier des livres, ils doivent les envoyer au Comité de censure de Tiflis, le censeur de l'endroit n'ayant pas le droit d'examiner les livres. C'est au Comité central qu'est échu l'honneur d'en interdire la publication.

Voilà donc, en résumé, quelle est la machine puissante entre les dents de laquelle doivent passer le livre et la pensée.

Et voici son histoire :

Sous Pierre Ier déjà (1682-1725) à l'enfance de l'imprimerie russe, un édit gouvernemental parut, par lequel il était ordonné au Synode d'examiner tous les imprimés. Cette mesure était superflue, car pendant très longtemps encore, en Russie, imprimer des livres était un privilège appartenant à l'Etat seul. Les imprimeries privées n'existaient pas. Le gouvernement était à la fois auteur, imprimeur et libraire.

C'est en 1703 que fut publié le célèbre ukase qui autorisait l'ouverture d'imprimeries particulières. C'est une date qui mérite d'être retenue dans l'histoire de la littérature russe. Elle fut le signal d'une activité ardente.

Cependant, ce mouvement naissant fut vite étouffé et prit fin lorsque les vagues de la Révolution française vinrent frapper les frontières de l'empire des tzars. Les fractions hostiles au progrès eurent beau jeu alors pour mettre sous verrous la liberté de la presse, qu'on qualifia de « source de tous les maux ». En 1796, sous l'impératrice Catherine, un nouvel édit ordonnant la fermeture de toutes les imprimeries privées, fut promulgué. La censure redoubla d'énergie. « Le danger vient de l'Occident », telle fut la conclusion que tirèrent les monarques slaves. En 1880, le 18 avril, fut publié l'ukase impérial suivant :

> Considérant que, par le moyen de divers livres apportés d'Europe, la corruption pénètre dans la religion, les lois civiles et la morale, nous ordonnons de ne plus autoriser à l'avenir l'entrée dans notre pays de toutes espèces de livres, en quelque langue qu'ils soient, ainsi que celle de la musique.

Et la loi fut exécutée.

Au commencement du XIXe siècle, lorsque Alexandre Ier monta sur le trône, (1801-1825) il est juste de dire que les anciennes mesures furent rapportées, mais au bout de peu de temps la sévérité reprit ses droits. C'est en 1803 qu'on eut l'idée d'organiser la « censure » en une institution complète et indépendante, ayant certains pouvoirs, et annexée au ministère de l'Instruction publique. Quel passé enviable!

En ce temps la littérature et le corps destiné à sa surveillance étaient considérés comme des agents de développement, et, comme tels, dépendaient du ministère de l'Instruction publique, tandis que depuis 1863 ils sont une dépendance du ministère de l'Intérieur, de même que la direction de la police.

C'est en 1826 que fut publié le « Règlement de la censure ». Au cours des années on lui ajouta de nouvelles dispositions, plus sévères et plus formalistes les unes que les autres. La censure préalable était indispensable. La loi de 1865 introduisit une légère amélioration : elle dispensa de la censure les ouvrages russes non traduits paraissant dans l'une des deux capitales et n'ayant pas moins de dix feuilles d'imprimerie et les ouvrages traduits de vingt feuilles et au-dessus. Mais en même temps le gouvernement était autorisé, en cas de nécessité, à saisir et à brûler n'importe quels livres et même à livrer leurs auteurs aux poursuites judiciaires. Par la même loi, les publications périodiques paraissant à Pétersbourg ou à Moscou pouvaient être dispensées de la censure. En dehors de deux capitales la presse ne jouissait plus de ces privilèges.

Pendant quelques années, un journal de Kiev, très incolore et qualifié de « sûr », reçut ce privilège comme une chose extraordinaire. En dehors de cela tout était soumis à la censure et aucun imprimeur n'aurait osé, sans l'autorisation préalable du censeur, imprimer la moindre ligne, le moindre mot, pas même une caricature. En cas de contravention, c'était pour le coupable l'amende, la prison, l'exil.

Puis vinrent des temps différents. En 1880 il se forma à Pétersbourg une commission présidée par le comte Walouyeff, et ayant pour but de réformer les lois sur la presse. Les dispositions étaient si bienveillantes qu'on appela en consultation des représentants de la presse et de la littérature — fait exceptionnel dans le monde des tchinovniks.

Mais après l'attentat de 1881 les travaux de la commission furent mis de côté. Le vent changea. Au lieu d'amélioration, on publia, le 27 août 1882, des statuts très sévères, statuts qu'on qualifia de « temporaires » afin de calmer l'opinion. Et ces règlements « temporaires » comme bien d'autres appelés ainsi en leur temps, non seulement continuèrent d'exister, mais passèrent dans le recueil des lois et devinrent définitifs.

De ce jour la censure prit un nouvel élan, une nouvelle force, une hardiesse incroyable. La loi écrite elle-même resta lettre morte, et il n'exista plus que le bon plaisir du censeur, joint à ces innombrables « instructions secrètes » que la poste envoie chaque jour de Pétersbourg aux extrémités de l'Empire.

Conformément au « règlement de la censure », le censeur ne devrait interdire que les écrits suivants :

1° Ceux qui attaquent les enseignements de l'Eglise orthodoxe et, en général, la vérité et la doctrine du christianisme.

2° Ceux qui touchent à l'infaillibilité de la monarchie, à l'honneur de la maison impériale, ou qui sont contre les règlements fondamentaux de l'Empire.

Personne en Russie, dans la littérature dite légale, n'essaye de juger le monarque ou la famille impériale, ni d'attaquer l'enseignement fondamental de la religion, sachant trop bien qu'une telle entreprise, et même la simple idée d'une telle entreprise, auraient comme résultat la prison et l'exil. C'est l'affaire de la littérature illégale de traiter ces sujets.

On pourrait donc supposer que tout ce qui ne touche pas à ces questions fondamentales est autorisé de par la loi et à l'abri de toute poursuite. Mais tel n'est pas le cas. Le métier de censeur — si l'on peut appeler métier cette institution destinée à tuer la pensée — a fait de tels progrès, qu'on croit possible et même nécessaire d'empêcher, de biffer, de détruire tout ce qui est nouveau, tout ce qui peut éveiller la pensée, faire naître la curiosité, ouvrir les yeux des masses.

Et c'est pourquoi la pensée opprimée, forcée de se soumettre à des entraves insupportables, émigre à l'étranger, se réfugie là où les « sujets » ont le droit de chanter librement les souffrances de leur âme ou les douleurs de leur patrie malheureuse.

Le gouvernement, prudent, a élevé le long de ses frontières une muraille de Chine, impénétrable, sévèrement gardée par des cordons de surveillants et de censeurs. Et que de difficultés, que de dangers pour tromper cette surveillance ! Des livres publiés à Londres, Genève, Paris ou Berlin, très souvent anodins, sont interdits et même détruits pour la seule raison qu'ils viennent de l'étranger. Les écrits politiques sont non seulement interdits, mais la personne à qui ils sont adressés est exposée à de sévères punitions. S'il est trouvé chez quelqu'un une brochure interdite ou un numéro de l'un des organes des partis révolutionnaires ou socialistes, le malheureux est certain d'aller en prison. On n'ose pas même nommer les agitateurs russes exilés à l'étranger, comment pourrait-on lire leurs écrits !

Pendant longtemps il était interdit de prononcer le nom de Herzen. Maintenant on peut parler de lui, mais il n'est pas permis de recevoir le recueil complet de ses œuvres, publié en Allemagne. Son ouvrage *Kolokol* (la Cloche), appartient à la série d'écrits dont on chuchote le nom en tremblant. On peut en dire autant de Lavroff, mort à Paris, ainsi que de Bakounine et de Kropotkine. C'est à l'étranger qu'il faut chercher non seulement les écrits des révolutionnaires russes, morts ou vivants, célèbres ou inconnus, mais aussi certains chants de poètes qui sont la gloire de la littérature légale russe, et dont on enseigne la biographie dans les écoles de l'Etat. C'est ainsi que Tourgueneff, Tchernitchewsky, Nékrassow, Tolstoï, ont écrit des ouvrages que l'on ne peut se procurer que de ce côté-ci de la frontière. Pouchkine et Lermontoff eux-mêmes, morts depuis plus d'un siècle, et auxquels la Russie a élevé des statues, ont des œuvres encore interdites à l'heure qu'il est. Les écrivains d'aujourd'hui ne sont pas plus heureux que leurs devanciers : Gorki, Tchékhow, Mikhaïlowski, Korolenko et bien d'autres, quoique vivant en Russie, sont forcés, ou de se taire, ou de s'adresser pour certaines de leurs œuvres dans les pays que le bras puissant de la censure russe n'atteint pas.

On essaie de justifier cette sévérité en déclarant qu'au point de vue politique ces auteurs ont été à un certain moment « suspects », ou que leurs écrits visent, quoique indirectement, le gouvernement russe. On n'est malheureureusement pas moins sévère envers la littérature européenne, qui est la principale, sinon l'unique source de la littérature russe.

Nous ne parlons pas, naturellement, des œuvres et de l'enseignement des révolutionnaires. Ceux-ci sont certainement proscrits. Et la sévérité s'étend dans toutes les branches. Plusieurs des ouvrages de Darwin ont été interdits en Russie pendant longtemps. On envoyait en prison ceux chez qui l'on trouvait *Le Capital*, de Marx. Même la brochure du professeur Schæffle sur le socialisme était prohibée. Les noms de Louis Blanc, Blanqui, Proudhon, Babœuf, Saint-Simon, Lassalle, Engels n'étaient prononcés qu'avec de grandes précautions. Michelet et Taine ont souvent été enlevés des bibliothèques. Plusieurs des œuvres de Renan ne sont connues que de nom en Russie. Plusieurs des ouvrages de Spencer sont expurgés. Si nous voulons lire en entier les œuvres de Voltaire, Victor Hugo ou Zola il faut passer la frontière. *Les Misérables* furent plusieurs fois interdits, les derniers volumes étant déclarés « d'une tendance spécialement dangereuse ». Il y a même des censeurs qui trouvent à biffer dans les œuvres de Shakespeare et de Byron, de Schiller et même de Kant et Hegel. Il s'en trouvera aussi pour biffer d'un cœur serein les plus belles pages du Dante, sous prétexte qu'elles sont dangereuses, et pour promener tranquillement leurs ciseaux dans des poèmes qui font les délices et l'admiration des lecteurs européens.

Un meilleur sort n'est pas réservé aux auteurs et publicistes européens contemporains : Ibsen, Suderman, Anatole France, Jaurès, Pressensé, Mirbeau, Reclus, Brandès, Bebel, Bernstein, Kautsky. Il y a des noms qu'il est imprudent de répéter trop souvent.

Une foule de journaux, revues, brochures et livres européens ne sont pas jugés dignes de passer la frontière, quoique, des poésies aux discours, et des œuvres scientifiques à l'histoire, ils n'aient aucun lien avec la « sécurité intérieure de l'Empire ».

Autre chose maintenant.

Le « Règlement de la censure » n'interdit pas d'examiner et de juger les œuvres des gouvernements étrangers et leur politique, et le censeur n'a aucun droit de voir, sous le blâme ou l'éloge, une arrière-pensée et une critique indirecte des affaires de la Russie. Et pourtant la censure refuse souvent l'autorisation de traduire des œuvres étrangères, et interdit la critique ou la louange des gouvernements étrangers.

Un censeur, Biroukoff, interdisit une fois la traduction de

la *Jeanne d'Arc*, de Schiller, sous prétexte que cet écrit « ternissait le prestige du roi ».

Un autre ne voulut pas autoriser la représentation de *l'Egmont*, de Gœthe, en disant : « On discute souvent dans cette pièce les droits qu'a le monarque sur ses sujets et, par conséquent, elle est nuisible ». On ne permettait aucun éloge de Napoléon en objectant qu'il était un « ennemi de la Russie » ; on défendait de le blâmer en ajoutant « il était tout de même empereur ».

Si un historien voulait parler des institutions de la République française, on le lui interdisait en disant : « Vous voulez démontrer que la république vaut mieux que la monarchie ».

Un publiciste attaque-t-il le sultan, on lui dit : « Vous n'en avez pas le droit, c'est un monarque, et le blâmer signifie blâmer indirectement notre monarque ».

Un économiste veut-il analyser les lois économiques européennes ou s'arrêter à un mouvement ouvrier quelconque : « Pardon, lui déclare le censeur en biffant son travail, ceci ne peut que donner de mauvaises idées à notre jeunesse. »

Si un journal loue l'Angleterre, on l'interdit en disant : « L'Angleterre est l'adversaire de la Russie ». S'il veut critiquer un acte déshonorant du président de la République française, comme par exemple celui de recevoir une décoration du Grand Assassin, on l'arrête en prétextant que « la France est notre alliée ».

Il y a pire encore.

Un « sujet » veut fonder un journal ou une revue. En apparence le « Règlement de la censure » n'élève pas beaucoup d'objections. Il faut présenter une demande écrite — dûment revêtue du timbre — la remettre au Comité de la censure, qui l'envoie à Pétersbourg, à la Direction principale des œuvres typographiques, par qui elle est présentée au ministère de l'Intérieur ; le solliciteur reçoit alors la réponse qui est presque toujours un refus, très rarement une autorisation. Pour avoir la réponse il faut attendre cinq à six mois, quelquefois un an et plus. Et c'est là qu'est le secret de l'affaire.

Il est intéressant de voir comment les choses se passent. Supposons qu'arrive à Pétersbourg la requête d'une personne habitant Tiflis, et demandant l'autorisation de publier un journal. La requête devra indiquer si le journal sera simplement littéraire ou politico-littéraire, quotidien ou hebdomadaire ; elle devra donner en détail toutes les subdivisions du journal, son prix, son format, et être accompagnée de toute une liasse de « documents » sur la personne du rédacteur ou de l'éditeur — ses date et lieu de naissance, sa religion, sa nationalité, son degré d'instruction, ses occupations, sa position.

A la réception d'une semblable requête, on adresse de Pétersbourg au gouvernement du Caucase trois questions : la première au Comité de la censure, la seconde à la direction de la gendarmerie, la troisième à la police. Le Comité de censure doit déclarer s'il considère comme utile le journal en question et s'il agrée la personne du rédacteur. La direction de la gendarmerie doit s'informer si le candidat-rédacteur est un personnage sûr ou s'il est suspect. La police, de son côté, doit déclarer si le rédacteur proposé a été mêlé ou non à un mouvement quelconque. Et pour obtenir ces renseignements il faut compulser les archives de la gendarmerie, les registres de la police secrète, et jusqu'aux carnets des agents subalternes. Si le rédacteur a eu une fois ou l'autre, des années auparavant, un démêlé quelconque avec la police, même pour une chose tout à fait sans importance et n'ayant aucun caractère politique ou civil ; s'il a une fois dans sa vie écrit un article ou collaboré à un journal jugé dangereux par le censeur, c'est fini, le refus est prêt.

C'est pourquoi, sauf de très rares exceptions, les fonctions de rédacteur sont remplies en Russie par des personnages incolores, incapables, et naturellement absolument à l'abri de toute suspicion. Ils ne sont ni écrivains ni rédacteurs mais simplement des personnages placés là pour la forme, et responsables devant la loi ; ils doivent souvent se présenter devant le tribunal et aller en prison pour des articles que non seulement ils n'ont pas écrits, mais qu'ils n'ont pas même lus et que souvent ils n'approuvent pas. A Pétersbourg il y a même un nom spécial pour désigner ces rédacteurs ; on les nomme « rédacteurs de prison ».

Supposons maintenant que les trois institutions précitées aient exprimé une opinion favorable au sujet du rédacteur proposé — pour cela il a fallu frapper à bien des portes, voir bien des personnes — il y a encore un tribunal supérieur, le tribunal du Caucase. Lui aussi doit déclarer qu'il n'a aucune objection à la publication du nouveau journal, car il peut arriver que, malgré le préavis favorable des trois institutions consultées, le gouverneur trouve qu'un nouveau journal est inutile ; c'est arrivé déjà.

Mais ce n'est pas fini encore. Tout cela peut se répéter à Pétersbourg. Le gouverneur peut avoir déclaré que la publication d'un nouveau journal lui paraissait opportune, mais à Pétersbourg, dans le bureau du ministre de l'Intérieur ou à la Direction principale des œuvres typographiques, un tchinovnik quelconque peut trouver, « pour des raisons supérieures », qu'il n'est pas désirable d'accorder l'autorisation demandée, et c'est de nouveau... le refus.

La question de l'éditeur n'est pas moins compliquée.

D'après l'ancienne loi, le propriétaire d'un journal ou d'une revue pouvait vendre ou céder sa publication, considérée comme sa propriété, à qui il voulait et quand il le voulait. On s'aperçut que, de cette manière, des publications périodiques passaient aux mains de personnes suspectes qui, après avoir choisi un « rédacteur de prison », donnaient au journal son orientation ; le gouvernement remplaça en 1897 cette loi par une nouvelle, qui interdisait à un éditeur de vendre ou de céder sa publication. Autrefois cette vente se faisait ouvertement et simplement ; le propriétaire du journal déclarait à la Direction principale des œuvres typographiques qu'il remettait son périodique à telle ou telle personne qui déclarait de son côté acheter la publication en question.

Après avoir reçu cette double déclaration, la Direction envoyait immédiatement un *bulletin de publication*, c'est-à-dire un document de propriété au nom du nouveau propriétaire, et c'était fini. La « nouvelle loi » a mis fin d'un seul coup à cette facilité. Maintenant il ne suffit pas de donner information du changement de propriétaire, il faut recevoir une autorisation ; pour cela on demande de Pétersbourg au gouvernement de la province si telle ou telle personne qui veut acheter une publication est autorisée à le faire ; en un mot l'on répète toutes les formalités dont on use pour la nomination du rédacteur. Et ce n'est qu'au cas d'une réponse favorable qu'on autorise la transaction, c'est-à-dire le changement d'éditeur. Vous voyez donc que cette nouvelle loi signifie que l'éditeur, quoique propriétaire, n'est pas maître de sa propriété. Par cette mesure injuste et même contraire à la loi, le gouvernement a atteint son but qui est de ne pas permettre qu'une personne déclarée « non sûre » soit à la tête d'un journal, et l'oriente à son gré.

En 1897, à la publication de la loi susnommée, la « Fédération des écrivains russes » se réunit et décida de protester auprès du ministère de l'Intérieur en faisant remarquer toute l'injustice de la loi, et de demander son abrogation. La requête donnait très clairement toutes les raisons qui la motivaient, mais, sans prendre en considération qu'elle venait de la part de presque tous les écrivains de la capitale et qu'elle avait la sympathie de toute la Russie intellectuelle, le gouvernement refusa d'en tenir compte.

De ce jour l'autorisation de publier un nouveau journal, ou celle d'acheter un organe déjà existant, est devenue presque impossible à obtenir ; il faut pour cela avoir une chance exceptionnelle ou un ami ministre — et dans la patrie des censeurs un écrivain respectable n'a ni ceci ni cela. La victoire reste donc à ces héros de Chtchédrine que le célèbre satirique a nommé : « Qu'ordonnez-vous ? ».

Les conditions sont encore plus difficiles au Caucase, dans ce pays où l'on redouble les persécutions politiques.

C'est pendant la vice-royauté du prince Vorontzow, vers 1850, que fut fondée à Tiflis la presse périodique. C'est à ce moment que fut publié pour les Arméniens sujets de la Russie le premier journal en langue arménienne. Le Caucase était alors à peine sorti de l'époque de ses luttes et se préparait à entrer dans une seconde période : celle du développement pacifique. Le vice-roi, en homme intelligent, se rendait parfaitement compte que, parmi un peuple ne connaissant absolument pas la langue russe, les journaux et livres en langue maternelle étaient le seul moyen de répandre les idées de développement et de pacification, et d'attacher le peuple à l'Empire. Aussi non seulement autorisa-t-il les efforts faits dans ce sens, mais encore il les encouragea. Les hommes appartenant à l'école de Worontzow n'avaient peut-être pas la largeur d'idée suffisante pour admettre qu'une nation aussi capable de développement qu'est la nation arménienne a tout avantage à posséder sa propre langue littéraire et sa littérature, mais ils étaient des administrateurs assez prévoyants pour comprendre que, tant que la langue russe n'était pas connue du peuple, il fallait user de la langue du pays pour répandre les idées gouvernementales et civilisatrices.

La bureaucratie russe moderne ne considère pas les choses de cette façon ; elle trouve qu'il est préférable, pour le peuple ne connaissant pas la langue russe, de ne rien lire du tout, que de lire des œuvres écrites dans sa langue. C'est pourquoi, dans les dix dernières années, de « touchants » programmes furent élaborés dans les cercles gouvernementaux, pour discuter la question de savoir s'il ne valait pas mieux en finir avec les publications en langues autres que la langue russe. Et le président du Comité de censure du Caucase, conformément à sa mission, prépara en 1896 un rapport dans lequel il déclarait : « les Arméniens et les Géorgiens connaissant suffisamment la langue russe, il est inutile qu'ils aient des journaux en leur langue, et ils n'ont qu'à lire les publications russes. »

Les « représentants du pays » avaient oublié que si, dans les villes principales, une minime fraction du peuple, la partie cultivée, parle et comprend le russe, cela ne signifie pas du tout que la population entière (surtout les habitants des provinces), connaisse cette langue.

La statistique a prouvé qu'il n'y a que le 3 ou 4 % des habitants du Caucase qui connaisse le russe et c'est

13

grâce à cette circonstance qu'on jugea possible de remettre à plus tard ce « programme gouvernemental. » La mesure fut donc renvoyée, mais il fut décidé de ne pas permettre la publication de nouveaux journaux arméniens ou géorgiens.

On trouve même qu'il y en a trop déjà.

Les *Arméniens* sont au Caucase un million et demi. Ils ont à Tiflis un quotidien : le *Mschak* fondé en 1872; une revue mensuelle, le *Mourtch* qui date de 1889, et deux journaux pour les enfants, *Aghbiour*, de 1883 et son complément illustré, *Taraz*, de 1890, une revue mensuelle religieuse, *Ararat*, fondée en 1868, qui se publie à Etchmiadzin et est l'organe officiel du catholicos. Il n'y a pas d'autres publications périodiques, à moins que l'on ne compte quelques petits recueils qui ne paraissent pas régulièrement.

Les *Géorgiens* comptent 1,600,000 habitants au Caucase. Ils ont à Tiflis les quotidiens *Ivéria* et *Tznobis Pourtzéli*, les revues *Moambé*, *Zetchili*, pour les enfants, avec son supplément illustré *Kvali*. — Le même nombre donc que les Arméniens. Deux autres journaux se publient en géorgien ; l'un est une feuille religieuse, *Mtsghemsi*, qui paraît à Kvirili, l'autre un journal d'agriculture qui s'imprime à Koutaïs ; il y a encore deux recueils non réguliers et qui n'ont pas grande importance.

Les *Turcs*, qui forment la principale population du Caucase, n'ont presque rien en fait de journaux. Il y a quelques années un journal hebdomadaire en langue turque, *Kechkioul*, paraissait à Tiflis, mais il a cessé de paraître. Dernièrement un nouveau journal, *Charki Rouss*, paraissant trois fois par semaine, fut publié à Tiflis avec l'aide de subsides du gouvernement et dans un but politique. On ne fonde pas grande espérance sur le rôle qu'il cherche à remplir.

Pour achever le tableau, nommons aussi les périodiques russes. Il y a maintenant à Tiflis trois journaux quotidiens en russe, *Kavkaz*, qui est l'organe officiel du gouvernement, fondé en 1847; *Novoyé-Abazrénié*, fondé en 1883, et *Tifliski Listok*. A Bakou paraissent deux journaux : *Kaspii* et *Bakinskiia Izvestia*. A Batoum il y a un journal, *Tchernomorski-Vestnik* Presque tous ces journaux sont insignifiants, sans autorité, et comptent pour subsister sur les annonces ou sur des subsides du gouvernement[1].

Erivan, Gandzak ou Alexandropol n'ont pas une seule publication périodique.

L'autorisation est difficile à obtenir, mais la position du rédacteur d'un journal autorisé est plus difficile encore.

Supposons que voici un journal. On se met au travail au nom de l'idée, au nom du progrès. Mais quelles amertumes vous attendent, que d'épreuves décourageantes! Ce n'est pas un labeur littéraire, une œuvre sociale que vous accomplissez, mais bien un travail de forçat qui dessèche

---

[1] Le journal officiel de Tiflis est publié avec l'aide du gouvernement; les deux autres journaux russes appartiennent à des Arméniens. Un des journaux de Bakou est la propriété d'un Turc et l'autre d'un groupe d'Arméniens. Il n'y a pas encore au Caucase même assez de lecteurs des journaux russes pour que ceux-ci puissent exister par le seul fait des abonnements. Ce sont les indigènes qui forment la grande majorité des abonnés aux journaux russes. D'autres journaux russes avaient essayé de prendre jour au Caucase, mais tous ont dû cesser leur publication faute d'un nombre suffisant d'abonnés; de ce nombre sont *Abzor*, *Tiflizski Vestnik* et *Kavkazski Vestnik*. Tandis que les journaux arméniens ou géorgiens qui ont disparu ne l'ont pas fait faute d'abonnés, mais bien parce qu'on les avait supprimés ou forcés à disparaître en exagérant à leur égard les sévérités de la censure.

et vide votre cerveau. Lisez le véridique récit suivant, écrit par une personnalité très au courant des conditions de la presse au Caucase :

D'ordinaire le journal est envoyé au censeur le soir vers 8 heures. Jusque là le rédacteur veille à ce que le journal soit composé à l'imprimerie et court de temps à autre au bureau de la censure pour savoir quels sont les sujets défendus. Généralement le censeur ne dit rien d'avance. Et pourquoi cela? Tout simplement pour avoir l'occasion de saisir des articles qu'il produira le lendemain à l'assemblée de la censure comme des preuves de son zèle, ou comme des titres à obtenir des décorations. On apporte les épreuves au censeur. Il n'est pas à la maison, mais son domestique — le domestique du censeur est un homme important — ordonne de l'attendre. On attend. A la rédaction on est sens dessus dessous. On vient de l'imprimerie pour prendre les épreuves, car si l'on attend trop tard, le journal ne pourra pas paraître assez tôt le lendemain matin et manquera la poste, ce qui occasionnera des plaintes de la part des abonnés. De la rédaction on envoie quelqu'un chez le censeur ; là on ordonne — toujours le domestique — d'attendre encore. Pourquoi cela? Les causes sont très simples : ou le censeur dort, — et dans ce cas il n'est pas permis de le réveiller, — ou bien il fait une visite, ou reçoit lui-même des hôtes avec lesquels il joue aux cartes. On attend à la rédaction, on attend à l'imprimerie, il n'y a que le temps qui n'attend pas. Tous se hâtent, le censeur seul ne se presse aucunement.

Enfin, vers 10 ou 11 heures, il se souvient du journal. Il est d'une humeur exécrable. Pauvre littérature qui dépend des accès de mauvaise humeur d'un censeur! Que peuvent faire les malheureux auteurs ou rédacteurs contre l'humeur de ce terrible personnage? Tantôt c'est sa femme qui est capricieuse, tantôt son collègue reçoit une décoration, tandis que lui est oublié dans la distribution ; ou bien c'est son fils qui rate ses examens, ou son chef qui est mal disposé, ou le plus souvent les cartes qui lui sont défavorables. Et l'encre rouge biffe sans pitié de droite et de gauche, les grands ciseaux sabrent à tort et à travers ! On avait apporté 30 colonnes, il en reste à peine le tiers!

Le rédacteur accourt de nouveau. Ce sont des explications, des supplications, des discussions, le tout en vain. Il n'obtient pas la plus petite concession, pas le moindre changement; souvent même il n'est pas reçu, — le censeur est de très mauvaise humeur...

Et pourtant il faut que le numéro paraisse, non seulement à cause des abonnés qui attendent, mais surtout parce que s'il arrive que le journal manque plusieurs fois de suite à cause de la censure ou, comme on dit au Caucase, « pour des raisons indépendantes de la Rédaction », le Comité de censure considère ceci comme une offense à lui faite et prendra aussitôt des « mesures sévères » à l'égard du malheureux journal.

Il faut donc imprimer le numéro. C'est facile à dire, mais comment faire? La copie ne suffit plus maintenant. On ne peut pas laisser des colonnes en blanc, c'est interdit, car dans ce cas le public saurait que la censure a supprimé des articles et il ne faut pas que le public le sache. Alors comment remplir les vides? — C'est l'affaire de la rédaction. Le résultat de cette méthode c'est que le journal est rempli avec des articles absolument nuls et sans intérêt, pour lesquels il faut encore courir chez le censeur au milieu de la nuit afin d'obtenir l'autorisation d'imprimer, ou bien avec des annonces. Mais vous croyez peut-être qu'il est permis d'imprimer n'importe quelle annonce? — Pas du tout. Pour chaque annonce il faut une autorisation spéciale. Si c'est une annonce au sujet d'un livre, c'est le censeur qui décide. Si l'annonce a rapport à l'école ou à l'instruction en général, c'est à la Direction des écoles qu'il faut l'envoyer. Si c'est un chien qui s'est égaré ou une vieille fourrure qu'on désire vendre, l'annonce sera présentée au chef de police. Les annonces mortuaires mêmes ont besoin, pour être imprimées, de l'autorisation de la police. Malheureux pays où l'on n'est pas même libre après sa mort!

Ce serait de la naïveté que de chercher de la logique dans une semblable institution. C'est pourquoi, pour caractériser son activité, il n'est pas nécessaire de se livrer à un examen détaillé; il suffit d'exposer toute une série de faits réels, qui, sous leur forme anecdotique, donneront au lecteur une idée de ces bourreaux qui tuent la pensée dans notre malheureux pays.

Dévidons l'écheveau des faits :

Un feuilletonniste arménien avait choisi le pseudonyme d' « Indépendant ». Lorsqu'on porta son feuilleton au censeur celui-ci biffa la première syllabe du mot, qui devint ainsi « Dépendant ». L'écrivain, furieux, court chez le censeur. « En Russie il n'y a pas « d'indépendants », lui crie le censeur irrité, tous les hommes *dépendent* de l'Empereur qui a le droit de les pendre tous, vous et moi également ! »

Vers l'année 1880 fut nommé à Tiflis un censeur, Russe par son père, Arménien par sa mère, et connu pour son excessive sévérité ; à ce moment les mots « nation arménienne » disparurent complètement des journaux arméniens et furent remplacés par ceux de « communauté arménienne ». On crut d'abord à un hasard mais on se rendit bientôt compte que c'était un système du censeur qui substituait à dessein le mot communauté à celui de nation, dangereux selon lui. Et fréquemment lorsqu'il rencontrait sous sa plume les mots : maître arménien, paysan arménien, commerçant arménien, il biffait l'adjectif et laissait simplement le substantif. Si l'on demandait la raison de cette manière d'agir il répondait fièrement : « Les Arméniens ne sont plus une nation et ne le seront jamais; si le gouvernement me faisait l'honneur de me demander mon humble opinion, je conseillerais de supprimer les noms de toutes les nations soumises à la Russie et de n'employer que deux mots : *Russes* et *Non-Russes*... »

Un autre censeur, décoré pour son zèle du beau titre d' « Excellence », avait commencé à interdire même les noms de géographie historiques. Si un journal écrivait « Gandzak », il biffait le mot et écrivait «Elisabetopol». Il n'autorisait pas l'emploi des noms arméniens, même dans la poésie, et forçait le pauvre auteur à modifier ses vers et sa rime pour y faire entrer la traduction turque de ces noms, trouvant sans doute que le son en était ainsi moins « dangereux ».

Pendant une chaude journée d'été un rédacteur reçoit une dépêche lui annonçant que son enfant est gravement malade, à la campagne, et qu'il faut promptement amener des secours. Que faire ? Le numéro n'était pas prêt. Il se décide à envoyer à l'imprimerie des articles tout-à-fait anodins sur la propreté des rues, l'eau potable, la culture des arbres fruitiers et enfin, — pour mettre un peu de variété, — sur la question féministe, et il ordonne d'imprimer sans attendre l'autorisation du censeur, persuadé qu'il n'y a rien à supprimer. Comme l'on était en train d'imprimer, les épreuves reviennent de la censure et l'on voit avec désespoir que dans l'article sur l'agriculture le censeur avait biffé le passage suivant :

On peut dire en général qu'il est nécessaire d'introduire une *révolution* complète dans nos méthodes de culture — sans cette révolution fondamentale notre agriculture ne peut progresser.

Que faire ? Il faudrait arrêter l'impression, supprimer les numéros déjà imprimés et corriger l'article. Le malheureux rédacteur, au lieu de pouvoir courir auprès de son enfant malade, se rend auprès du censeur pour le supplier d'autoriser le passage incriminé. « Je n'aime pas le mot de *révolution* et je vous prierai de ne pas l'employer à l'avenir, pas même dans vos articles sur l'agriculture. Mettez un autre mot, « amélioration » par exemple, et j'autoriserai l'impression », lui fut-il répondu.

Mais ce ne sont pas seulement les mots *nation* ou *révo-*

lution qui irritent le censeur, il y a bien autre chose. Ecoutez !... Un jour les journaux de Tiflis veulent publier l'information qui suit :

A Tiflis, dans le quartier de Véra, il s'est déclaré parmi les poules une maladie qui les tue en quelques heures. Nous mettons le public en garde contre la consommation de ces volailles.

On renvoie cette note avec la mention : « A envoyer au bureau sanitaire ». Le censeur avait supposé qu'il pourrait y avoir là une arrière-pensée.

Un des collaborateurs avait écrit :

Le district de Nakhidjévan a des terres, mais manque d'eau, tandis que le district voisin de Zanguézour est riche en eau. Il serait désirable que les habitants fissent des travaux pour amener l'eau dans les terres qui en manquent afin de pouvoir les cultiver.

Le censeur biffa même cette bien innocente proposition, en l'accompagnant de la mention suivante : « Il faudrait pour cela l'autorisation des gouvernements des deux districts. »

Les abonnés, pourtant extraordinairement patients dans ce pays, commencent à murmurer du fait que le journal paraît trop tard et même quelquefois ne paraît pas du tout. Ils s'adressent enfin à la rédaction pour avoir des explications. Ils apprennent alors que le censeur emploie souvent le moyen suivant : — Il garde le journal chez lui jusqu'à une ou deux heures du matin afin de mieux l'étudier et de mieux pénétrer le sens intime et caché des articles. Et, naturellement, l'impression ne peut avoir lieu pour l'heure fixée. Et quelquefois même, après avoir renvoyé le journal au milieu de la nuit et alors qu'on est en train d'imprimer, il arrive en personne à 2 ou 3 heures du matin à l'imprimerie, gesticulant comme un fou et criant : « Arrêtez, arrêtez, j'ai quelque chose à supprimer! » Tout est sens dessus dessous, on murmure, on proteste. Les employés avertissent l'imprimeur qui fait prévenir le rédacteur.

Celui-ci arrive et alors commence une ennuyeuse discussion entre lui et le censeur pour savoir si celui-ci a le droit d'arrêter l'impression. — « Vous n'en avez pas le droit, déclare le rédacteur, du moment que c'était autorisé. » — « J'ai le droit puisque c'est moi le censeur », répond ce personnage. Et il finit par arriver à son but et à faire enlever le passage qu'il visait. Le lendemain le journal ne paraît pas et le rédacteur se rend au comité de censure pour protester contre la manière d'agir du censeur, qui se défend en disant : « Le pape seul est infaillible, ce n'est que tard dans la nuit que je me suis rendu compte de ma faute et je l'ai réparée comme j'ai pu... »

En 1889 Alexandre III devait se rendre à Tiflis. Toute la police était sur pied et l'on chassait de la ville toutes les personnes suspectes. Les mesures de prudence n'avaient pas de fin !

En même temps, la troupe géorgienne de Tiflis, voulant profiter de la venue dans cette ville d'un acteur de talent, décide de donner *Hamlet*, qui n'avait encore jamais été joué sur la scène géorgienne, quoiqu'il eût été représenté de nombreuses fois sur les théâtres russes ou arméniens. La traduction de la pièce est présentée au censeur géorgien. Au temps fixé on vient la retirer et l'on apprend avec surprise que le censeur n'autorise pas la représentation. — « Comment, *Hamlet*, interdit ? » - - « Mais oui », répond tranquillement le censeur. Toutes les explications sont inutiles. La troupe des artistes adresse une réclamation au comité de censure. Le président, étonné, demande au censeur pourquoi il interdit de jouer sur la scène géorgienne une pièce autorisée dans toutes les langues et sur tous les théâtres. L'employé « expérimenté », assis dans son fauteuil, donne fièrement à l'assemblée la profonde explication suivante : « C'est dans *Hamlet* que l'on voit un attentat sur la personne du monarque. Un attentat royal au moment où Tiflis va recevoir la visite de Sa Majesté Impériale le czar Alexandre Alexandrovitch ! C'est un exemple scandaleux qu'on doit éviter et c'est pourquoi, en fidèle sujet et censeur scrupuleux, j'ai interdit la représentation d'*Hamlet.* »

Stupéfaction générale.

Aucune explication ne put convaincre le « fidèle sujet » qu'il avait tort, si bien que le président, à bout de patience, déclara : « Puisque vous refusez votre autorisation, c'est moi qui donne la mienne, sous ma propre responsabilité ». Et l'on dit que le « fidèle sujet » attendit pendant longtemps la punition de l'imprudent président, qui avait pris si légèrement une pareille responsabilité, mais, hélas son attente fut vaine, car aucun des Géorgiens présents à la représentation d'*Hamlet* n'eut l'idée de mettre à exécution ce qu'il avait vu sur la scène et d'attenter aux jours d'Alexandre III.

La « Société pour la propagation de la religion orthodoxe », à Tiflis, envoie aux journaux de cette ville les listes portant les noms des donateurs. Une de ces listes portait un jour le nom de deux donateurs ayant envoyé chacun 500 roubles ; l'un était l'héritier du trône, prince Georges, l'autre un richard turc de Bakou nommé Taghief. Quelques journaux de Tiflis publièrent l'information, mais deux autres, examinés cependant par le même censeur, ne la reproduisirent pas. On demanda la raison de cette abstention et l'on apprit que le censeur n'avait pas autorisé la publication en disant « qu'il n'était pas convenable de placer à côté du nom de l'héritier de la couronne un autre nom ». — « Mais c'est la liste de la société et tous deux ont donné 500 roubles », fit remarquer le rédacteur. — « C'est égal, je ne permets pas l'impression, répondit le censeur, à moins que vous n'imprimiez le nom du prince aujourd'hui et celui du Turc demain...

Autrefois vivait un censeur nommé Krassovski qui était le type des censeurs monarchistes. On lui apporta un jour un petit article intitulé : « Le danger des champignons ». Il défendit l'impression de cet article en disant : « Les champignons sont un des mets maigres des orthodoxes, et parler de leur danger c'est attaquer la religion et répandre l'incrédulité. » Krassowski est mort, mais son école existe toujours. D'autres lui succédèrent, plus stupides encore parfois. Un de ceux-ci était à Tiflis. On lui envoie un jour un article intitulé : « La cueillette des fruits. » C'était en juillet. Il l'interdisit. « La cueillette des fruits a lieu en septembre, déclara-t-il, si cet article n'a pas un sens caché, pourquoi le publiez-vous maintenant ? »

Un autre interdisait des articles en déclarant qu'ils étaient mal écrits ou qu'il y avait trop de points de suspension. Il se basait sans doute sur le droit qu'ont les censeurs de veiller à la pureté de la langue et de ne pas permettre trop de points — pas plus de trois !

— Enfin, demandait un publiciste au censeur, sur quels sujets écrire pour que vous autorisiez nos articles ?

— Je n'en sais rien moi-même, répondit le censeur, rarement aussi sincère, je puis défendre demain ce que j'autorise aujourd'hui, cela dépendra des instructions que je recevrai cette nuit.

Et les instructions et circulaires secrètes se succèdent sans trêve. Quelques exemples :

En 1897 eut lieu en Russie *le recensement d'un jour*. N'aurait-il pas été naturel de voir le gouvernement exprimer le désir que les journaux préparassent à cette importante opération le peuple ignorant. Eh bien, ce fut tout le contraire. On avait à peine commencé à toucher à ce sujet dans les journaux qu'il arriva à Tiflis un télégramme spécial interdisant sévèrement toute allusion au recensemenr projeté. Les raisons de ces ordres demeurèrent secrètes. Le peuple, effrayé et ne sachant ce qu'on lui voulait, cacha une foule de choses et ce n'est que trop tard que le gouvernement comprit son erreur et les conséquences de sa mesure ridicule.

Alors commença l'affaire des « Doukhobors ». Le paisible district d'Akhaltskha fut bouleversé. L'exil, l'emprisonnement, la bastonnade, le fouet, l'assassinat même se succédèrent. Des milliers de personnes quittèrent le pays — ce fut une véritable émigration. Cela resta la question à l'ordre du jour pendant plus de deux ans, non seulement dans ce district, mais dans toute la province. Les nouvelles les plus extraordinaires circulaient. On essaya de protester dans les journaux, mais le télégramme ne se fit pas attendre et le nom même de Doukhobor disparut de la presse, qui ne publia plus une seule ligne au sujet de ces malheureux. On aurait pu croire que les faits ne s'étaient pas passés au Caucase mais bien dans une planète inconnue.

Le choléra arriva — chose fréquente dans ces pays où

règne fréquemment la famine. La presse essaye de mettre le peuple en garde contre le danger et de l'éclairer. Voici encore un télégramme : « Il est sévèrement interdit d'écrire quoi que ce soit au sujet du choléra. » Le fléau fait d'innombrables victimes ; la population, épouvantée, s'enfuit ; dans les rues la foule organise de véritables manifestations contre la police et même contre les médecins ; on s'enfuit des hôpitaux comme d'un abattoir, mais les journaux restent muets. Et ce n'est qu'après plusieurs mois qu'il se forme à Pétersbourg un « Comité contre le choléra », fondé par le gouvernement, et dont le but principal est de cacher le plus possible au public. C'est alors seulement que les journaux sont autorisés à publier des « informations », c'est-à-dire les nouvelles que le dit comité voudra bien leur communiquer. En dehors de cela, pas un fait, pas un mot. C'est ainsi que cela se passa lors de l'épidémie de 1892 et en d'autres cas également.

C'est la grève maintenant. La vie est paralysée dans la ville, le travail attire les menaces des ouvriers. Les fabriques sont fermées, l'on ne trouve pas de vivres dans les boutiques ; l'éclairage manque, l'animation a cessé dans les rues. On sent dans l'air une inquiétude, chacun craint quelque chose. Les baïonnettes se pointent contre les ouvriers. Les hommes courent, cherchent, s'informent. Voici un journal qui vient de paraître — vous n'y trouverez pas un mot ayant rapport à la grève, pas une ligne qui relate les terribles événements. On pourrait croire que rien ne s'est passé !

En 1903, lors de la grève de juillet, les chemins de fer de Bakou furent arrêtés pendant quelques jours. Il n'y avait plus aucune communication entre Bakou et les villes voisines. Des nouvelles menaçantes circulaient au sujet de conflits ouvriers sur la voie ferrée. Toujours pas un seul mot dans la presse. Un journal de Tiflis réussit pourtant à publier, au lieu des faits, l'innocente information suivante :

Hier le chef de l'administration des chemins de fer est parti pour Bakou afin de s'informer de la cause pour laquelle les trains de cette ville n'arrivent pas depuis deux jours.

Les grèves succèdent aux grèves. Le sang coule dans les rues et aux alentours des fabriques. On ferme les écoles. On emprisonne des personnalités connues. Il se passe des événements importants comme celui de la confiscation des biens de l'Eglise arménienne-grégorienne ou la déclaration de l'état de siège dans une ville. Les fonctionnaires accomplissent des injustices criantes, et tout cela sans un mot, sans une information de la presse. Tout se borne à des chuchotements et le plus souvent au silence, un silence général, un silence de mort.

Et pourtant les journaux continuent à paraître !

Les « interdictions officielles » ne font qu'augmenter et, au lieu d'une autorisation, il en faut souvent deux ou trois. Si par exemple un journal veut publier des informations au sujet du conseil municipal, il doit, en plus de l'autorisation du censeur, obtenir celle du préfet. Quelqu'un veut publier un livre médical. L'autorisation du censeur n'est pas suffisante, il faut encore celle de la direction sanitaire.

Un autre a l'intention de publier une critique au sujet de la question scolaire. Outre l'autorisation du censeur il lui faut celle de la commission scolaire, qui ne l'accordera certainement pas, car il n'y a pas en Russie une seule institution qui accepte d'être critiquée. Un théologien préparet-il un livre sur une question religieuse quelconque ; il doit en plus de la permission de la censure s'assurer celle de la direction ecclésiastique, ce qui signifie frapper en vain pendant des mois à des portes qui ne s'ouvrent jamais.

Un autre exemple encore. Le monarque ou son fils a décidé de quitter son palais pour faire un voyage. Aucun journal n'a le droit de publier cette information. Des nouvelles circulent dans le public, on se questionne dans les rues, chacun sait que l'Empereur doit faire un voyage, mais les journaux n'en disent pas un mot. La police est sur pied ; on nettoie les rues, on repeint les vieux murs, mais la presse continue à être muette. Pourquoi cela ? « Afin qu'on ne sache rien d'avance et qu'on ne puisse préparer un attentat », expliquent les tchinovniks. Enfin l'Empereur arrive. Toute la ville est sur pied, les journaux jugent de leur devoir de faire des frais, d'envoyer des correspondants spéciaux, de recevoir des telégrammes afin de satisfaire la curiosité publique. Tout cela en vain. Rien ne paraît. Il faut pour chaque information ou obtenir une permission spéciale du ministre du palais, ou attendre que le journal officiel publie une description officielle que les autres journaux pourront reproduire.

Cette manière d'agir n'est pas l'effet du hasard mais bien la conséquence d'un système soigneusement étudié et préparé par le puissant chef du gouvernement sous Alexandre et Nicolas. Quel est ce personnage ? C'est Pobedonostzev, procureur-général du Synode, grand inquisiteur de l'Empire, personnification et âme de la police, apôtre du *statu quo*, inspirateur de tous les sombres programmes. Il a élaboré bien des programmes et l'un d'entre eux concerne spécialement la presse.

Quel est-il ? — Abolir la presse privée et indépendante et

la remplacer par la presse gouvernementale. Tous les journaux auront, ainsi que cela se pratique pour les journaux officiels, des rédacteurs nommés par le gouvernement, c'est-à-dire que le rédacteur ne sera plus qu'un tchinovnik nommé par l'Etat et que son emploi lui sera retiré dès qu'il s'écartera de la ligne à lui tracée.

Au moyen de ce programme artificieux Podedonostzev comptait atteindre deux buts: avoir une presse afin que l'on ne pût pas dire que le gouvernement avait atteint à un tel degré d'intolérance qu'il supprimait même les journaux, et se débarrasser des derniers vestiges de critique qui parfois se faisaient jour inopinément et éclataient comme des bombes dans les colonnes de la presse. Mais cette proposition, bien qu'elle plût par la forme à son entourage rétrograde, ne fut pas mise à exécution, et cela non pas parce qu'elle n'était pas jugée utile, mais seulement parce qu'on pressentait qu'elle serait un scandale d'Etat et qu'elle exciterait partout les moqueries.

— « Pourquoi abolir, pourquoi irriter le peuple, objecta l'un des ministres « modérés » en examinant le programme de Pobedenostzev, puisque nous pouvons avoir une presse dite indépendante avec le censeur comme surveillant vigilant, des *zemstvos* sans droits, des conseils municipaux sans autonomie. De cette manière les agneaux seront épargnés et les loups seront rassasiés. »

Et c'est ce qu'on fit et ce qu'on continue à faire.

C'est pourquoi la Direction principale des œuvres typographiques, ainsi que les comités de censure, sont remplis de fonctionnaires incapables, dont l'absurdité atteint parfois à la monstruosité. Il y a quelques années on nomma à la tête de la Direction principale des œuvres typographiques, Solovief, un vieillard incapable aux idées arriérées. L'écume aux lèvres, ce vieillard ne savait dire qu'une chose à ceux qui s'adressaient à lui : — « Quoi, un nouveau journal ! il y en a déjà trop, que je n'en entende plus parler ! »

— Un jour, raconte un Caucasien, après être venu exprès à Pétersbourg et avoir attendu toute une semaine pour obtenir une audience, je finis par être reçu dans le cabinet de Solovief.

— « Asseyez-vous », me dit-il. — Je prends place.

— « Votre nom ? » — Je me nomme.

— « Que voulez-vous ? » Je lui racontai qu'ayant adressé sept mois auparavant une demande pour obtenir l'autorisation de publier un journal médical, je n'avais jusqu'à ce jour aucune réponse et que je demandais qu'on voulût bien s'occuper de ma requête.

— « Eh bien moi, déclara le vieillard en frappant du poing la table, je vous refuse l'autorisation ! Si vous voulez répandre les sciences médicales vous n'avez qu'à publier vos articles au dos des calendriers et des almanachs, il n'est pas besoin d'un journal pour cela. Des journaux, des journaux, toujours des journaux ! Vous en avez déjà trop au Caucase, et quels journaux encore ! Des journaux qui se permettent d'être libéraux, d'écrire des articles sur l'égalité des races, les « zemstvos », l'autonomie et bien d'autres bêtises. Ah ! nous en avons assez ici aussi de ces libéraux, cria le terrible vieillard en frappant du poing un numéro des *Novosti* posé sur la table, de ces apôtres de la liberté des juifs ! Je la leur montrerai moi, leur liberté. Adieu, adieu, vous recevrez la réponse à votre requête. Adieu ! »

Et la réponse fut naturellement un refus.

Si les chefs sont ainsi, vous pouvez vous imaginer ce que sont les subalternes. Les tristes exemples ne manquent pas.

Le poste de censeur principal dans le comité de censure de Tiflis fut occupé pendant de longues années par un Russe qui avait été précédemment consul général de Russie à Tauris et qui avait été destitué pour une raison bien innocente: il avait fait dépouiller la poste russe par des brigands à ses gages. Malgré ce haut fait il fut nommé censeur, avec le grade de général. Un autre qui remplit pendant vingt ans les fonctions de censeur, également avec le titre de général, était si peu estimable que lorsqu'il quitta cet emploi il ne put trouver d'autre occupation et devint... espion. De nombreux faits de concussion sont mis à Tiflis à la charge des censeurs. Un de ces personnages unissait à son métier celui d'agent de la police secrète, et était en même temps un dangereux espion. L'espionnage est, du reste, une vertu d'Etat dans le monde des censeurs. On offrit à un Arménien l'emploi de censeur à la condition qu'il donnerait des informations secrètes au sujet du mouvement arménien. Et c'est grâce à ces informations qu'il s'éleva lentement mais sûrement au grade de général.

On apprit un jour qu'un « tchinovnik » garnissait les murs de son salon de tableaux précieux qui lui avaient été remis pour être examinés. Ce voleur était un censeur.

La coupe était pleine. Il n'aurait fallu qu'une protestation, un signe de mécontentement, une plainte, mais hélas ! dans l'empire de la police les rêves de cette sorte sont rares. Au lieu d'une plainte ou d'une protestation un groupe d'écrivains russes représentant diverses opinions et divers camps eut l'audace d'adresser au Czar une « humble » requête provoquée par les espérances que firent naître parfois les édits pleins de belles paroles du jeune monarque.

Voici cette requête :

Majesté,

Dans Votre manifeste miséricordieux du 15 novembre, nous, Vos sujets, avons remarqué avec gratitude que Votre Majesté Impériale considère « la justice comme la base du bonheur du peuple. »

Ces paroles nous ont donné le courage d'attirer Votre attention sur notre très humble requête.

Majesté, parmi Vos sujets, il y a toute une catégorie de gens qui sont en dehors de la justice — ce sont les écrivains.

Nous, auteurs, sommes ou complètement privés du droit de servir notre patrie au moyen de la presse, ou bien, sans accusation légale, sans qu'il nous soit permis de nous défendre, sans examen et sans jugement, nous nous voyons infliger des peines qui vont jusqu'à empêcher la publication tout entière. De simples mesures administratives soustraient à la critique de la presse les questions relatives à notre vie sociale qui auraient le plus besoin d'une étude sérieuse et approfondie. De simples mesures administratives enlèvent des bibliothèques et salles de lectures des livres autorisés par la censure.

Le monde civilisé tout entier reconnaît la grande importance de la littérature russe. Daignez donc, Majesté, la recevoir sous la protection de la loi, afin que, dépendant de la loi seule et protégée par la loi contre l'influence immédiate de la censure, elle puisse, selon ses forces, servir à la gloire, à l'influence et au bonheur de la Russie.

Cette requête était modeste et modérée. Ce n'était pas la liberté de la presse qu'elle réclamait, ni l'abolition de la censure, c'était un désir équitable qu'elle exprimait de voir la littérature protégée par la loi, délivrée des coups brutaux de l'arbitraire.

Et la réponse fut : « Redoubler de sévérité. »

Et la pensée humaine continua à gémir et à souffrir.

Mais de nouveaux jours arrivèrent. A Pétersbourg, après la chute de Plehve, on crut pressentir des « souffles printaniers. » La presse tout entière, l'immense armée des écrivains, voyant la tyrannie vaciller sur sa base, éleva sa voix si longtemps étouffée et condamnée au silence. De toutes les extrémités de l'Empire des protestations se firent entendre contre la censure. Le gouvernement, effrayé, se montra cette fois plus clément, plus disposé à faire des concessions. Il réunit des commissions qui avaient pour tâche la révision du « règlement de la censure » ; il fit des promesses, trompeuses naturellement et destinées à endormir l'opinion.

— Le temps n'est pas encore venu ! — telle fut la conclusion définitive du tout puissant monarque.

— A bas la censure ! cria une voix venant de loin, courageuse et menaçante. Ce n'étaient plus des prières ou d'humbles suppliques cette fois-ci. C'était la revendication impérieuse de la révolution, puissante comme la tempête !

LE MOUVEMENT ARMÉNIEN

(LETTRE SEIZIÈME)

Le charme du passé. — « Protecteur des chrétiens d'Orient. » — Pierre-le-Grand et Catherine. — Programme de l'archevêque Joseph Arghoutian. — Le royaume de l'Ararat. — Les guerres russo-perses et Nersès d'Aschtarak. — Le bataillon arménien. — La Russie manque à sa parole. — Nouveaux faits. — Traités de San-Stefano et de Berlin. — L'enthousiasme au Caucase. — Changement de politique en Russie. — Persécutions contre le mouvement arménien en Turquie. — Sévérités au Caucase. — Quelques preuves.

« Protecteur des chrétiens d'Orient. »

Que l'on essaye, soit dans une assemblée, soit simplement devant un public quelconque, de prononcer ou de lire la phrase ci-dessus, aussitôt l'on verra chaque Russe présent, non seulement les slavophiles, mais aussi les plus libéraux s'écrier avec un accent touchant et le sourire aux lèvres : « C'est la Russie ! »

Cette exclamation est peut-être sincère, mais elle contient une erreur. Longtemps, très longtemps, la monarchie du Nord a rempli, avec des succès divers, le noble rôle énoncé dans cette phrase, qui fut la devise de la Russie. Cette devise la stimula et l'encouragea dans les luttes fréquentes et incessantes qui eurent lieu entre la Russie chrétienne et les pays musulmans voisins, luttes animées de ce fanatisme qui caractérise les combats livrés au nom de la religion.

Pierre-le-Grand fut le promoteur de ce mouvement.

Incliné par ses sympathies du côté de l'Occident, le monarque rebelle ne put voir avec sang-froid la monarchie du Sud, immobile, figée, placée comme un rocher sur le chemin des conquêtes de la Russie, et, en 1722 déjà, le souverain essaya de briser cette muraille et d'ouvrir vers le Sud un chemin à l'armée et aux tendances slaves. Sa vive intelligence lui fit remarquer bien vite le gouffre qui séparait la Perse du Caucase chrétien, et les Balkans chrétiens de la Turquie. On inaugura une ardente propagande ayant pour but d'élargir ce gouffre, et ce fut la source de la sympathie profonde qui s'étendit comme un ouragan sur tout le Caucase et dans les Balkans.

En 1769, une nombreuse armée russe se dirigeait vers la Turquie, enivrée du rêve de faire de Byzance le foyer du christianisme. C'est à ce moment que l'impératrice Catherine lança sa proclamation, adressée spécialement aux habitants du Caucase et des Balkans ; c'était un appel à la révolte, à la rébellion contre le régime des sultans. Un rayon d'espérance brilla aux yeux de malheureuses populations qui n'espéraient plus rien.

Les Arméniens, loin de rester sourds à l'appel, y répondirent en nation aspirant à la vie politique. L'archevêque Joseph Arghoutian (1743-1801), ecclésiastique-politicien de son temps, put incarner les aspirations nationales de ses compatriotes, et, fort de ses relations amicales avec la souveraine, présenta au gouvernement russe un programme de l'indépendance arménienne.

Ce programme n'était pas fondé sur les seuls intérêts arméniens ; il mettait tout d'abord en lumière ce grand avantage qu'aurait la Russie d'élever entre elle et ses voisins mahométans une muraille formée d'un pays chrétien s'appuyant lui-même sur une autre contrée chrétienne, la Géorgie, et qui aurait été, sur les rives de l'Araxe, un gardien fidèle de la monarchie.

Cette idée d'un « royaume de l'Ararat » obtint l'approbation de Pétersbourg. Des pourparlers s'engagèrent et l'on s'arrêta, quoique pas officiellement, aux points suivants :

1° Les provinces arméniennes forment un royaume à part sous la protection de la Russie.

2° Les Arméniens payeront un impôt à la Russie et lui fourniront des troupes en cas de guerre.

3° Le pays se gouverne par ses propres lois.

4° Une certaine quantité de troupes russes resteront dans les provinces arméniennes pendant un laps de temps déterminé, soit pour protéger les habitants, soit pour surveiller le pays.

5° Le droit d'élire le roi d'Arménie revient à l'impératrice de Russie. Celui-ci aura un ambassadeur à Pétersbourg.

6° La capitale sera Erivan ou Vagharchabat. Le drapeau arménien sera tricolore.

7° Les deux pays établiront un traité de commerce et des lois douanières.

Ces « programmes arméniens » ne purent être mis à exécution. La mort de l'impératrice, survenue en 1796, et les changements qui en furent la conséquence, mirent fin aux essais commencés et aux espérances nouvellement nées.

Malgré cela, l'abnégation des Arméniens ne diminua pas et ils en firent preuve encore en bien des cas au commencement du XIXe siècle, parfois même avec une énergie exagérée. Il faut en voir une preuve dans le manifeste suivant, adressé, en 1813, aux Arméniens par l'empereur Alexandre Ier :

A Notre bien-aimée, fidèle et dévouée sujette, la nation arménienne, habitant en Géorgie, et à toutes les classes la composant, Notre faveur impériale.

C'est avec une joie véritable que Nous avons constaté dans le rapport de Notre gouverneur général de nouveaux témoignages chers à Notre cœur des sentiments de reconnaissance de Notre fidèle sujette, sentiments dont toute la population arménienne habitant la Géorgie a toujours fait preuve envers Notre haute protection et Notre sollicitude paternelle qui s'efforcent de travailler à leur bien-être ainsi qu'à celui de toutes les autres nations du pays.

Nos sujets arméniens ont donné dans de nombreux cas des preuves de leurs sentiments de fidélité inébranlable. Ils ont montré une persévérance et une abnégation exemplaires, au moment où la légèreté et la malveillance faisaient tous leurs efforts pour ébranler la paix établie en Géorgie; dans une période d'agitation, ils restèrent fermes et inébranlables et sacrifièrent leurs biens, leurs fortunes et même leurs vies pour Notre service et pour le bien public.

Cette ardeur montrée par toutes les classes de la nation arménienne habitant la Géorgie, leurs services et leurs hauts faits, Nous imposent l'agréable devoir d'exprimer à la face du monde entier Notre juste reconnaissance et Notre approbation. Qu'ils gardent ce témoignage comme un honneur pour eux et un souvenir pour les générations futures.

Nous leur conservons Notre miséricorde Impériale.

ALEXANDRE.

Teplitz, 15 sept. 1813.

Les Arméniens connurent de nouveaux espoirs. Cependant de nouvelles circonstances se produisirent pendant les années 1826-1828. La joute d'armes qui avait lieu au bord de l'Araxe entre la Perse et la Russie allait devenir décisive. La nation arménienne, placée entre les deux concurrents, avait un rôle important à jouer. Captivée par de belles promesses, l'Arménie tourna de nouveau ses regards vers le gouvernement russe et elle confia l'expression de ses désirs au catholicos Nersès d'Aschtarak (1770-1857) qui unissait avec talent la profondeur d'un politicien à une audace guerrière. Nersès, enthousiasmé par l'exemple du rôle joué au ve siècle par le clergé arménien, qui portait à la fois la croix et les armes, se mit à la tête des volontaires et adressa au peuple arménien tout entier un appel à la lutte, à la révolte.

L'enthousiasme populaire s'enflamma. En 1826, se forma à Tiflis le premier bataillon de volontaires arméniens. De nouveaux renforts arrivaient à chaque instant. Trois jours avant le départ de la troupe, Nersès lui-même en passa la revue sur une des places de la capitale de la Géorgie, non loin de la cathédrale arménienne. Il arriva à cheval, tenant d'une main la croix, de l'autre le sabre. Après les salutations, le général-ecclésiastique s'adressa à ses troupes dans un discours enthousiaste. Ce discours à peine terminé, les volontaires défilèrent au son d'une marche guerrière devant leur chef adoré. Cette scène était impressionnante et touchante. Aux paroles de remerciement de leur vénérable chef, les volontaires répondirent par de retentissants : « Qu'il vive ! »

Quelques jours plus tard, une autre scène solennelle eut lieu dans la cathédrale de Tiflis : la bénédiction du drapeau arménien. C'est le même jour qu'on connut la proclamation du commandant en chef de l'armée russe, adressée au peuple arménien et qui se terminait par ces mots :

Arméniens,

Votre énergie est récompensée selon ses mérites. Notre grand Empereur a tourné vers vous ses regards miséricordieux. Vous désiriez des bataillons sous votre propre drapeau. On vous donne des armes, afin que vous vous en serviez pour venir en aide à vos frères opprimés, pour veiller à la sécurité de vos familles et pour que vous deveniez des défenseurs de la patrie, en méritant par cela la faveur impériale.

Le 17 mai de la même année, le bataillon arménien, composé de plus de 2,000 hommes, se dirigea sur Etchmiadzin, et de là vers le champ de bataille. Tout le long de la route, la population arménienne recevait ses frères avec de touchantes démonstrations d'allégresse ; de nouveaux volontaires, tous animés d'un grand enthousiasme, venaient augmenter les rangs.

La lutte prit fin. Les Persans se retirèrent de l'autre côté de l'Araxe. Le 25 janvier 1828, Nersès reçut de l'empereur Nicolas, en même temps que plusieurs décorations, le décret par lequel il lui exprimait ses remerciements et sa reconnaissance pour « l'abnégation dont il avait fait preuve à l'égard des armes russes, en exposant même sa personne au danger » et par lequel il lui exprimait sa « sympathie impériale » envers la nation arménienne.

Mais ni Nersès ni la nation arménienne ne comptaient sur ces déclarations et le décret les accompagnant. Ils attendaient l'accomplissement des promesses impériales au sujet de la question tant caressée de l' « indépendance des provinces arméniennes ».

Cette promesse, au lieu d'être mise à exécution, fut ajournée et subit ensuite bien des orages ignorés. Des années s'écoulèrent. Le catholicos Nersès mit en œuvre toute son habileté, mais en vain. Les plans de Pétersbourg à l'égard du Caucase subirent de grands changements et l'idée de l'indépendance arménienne, qu'on commençait déjà à trouver « étrange et déplacée », finit par rencontrer une opposition déclarée vers 1850, alors que quelques-uns des amis influents de Nersès quittèrent leurs hauts emplois gouvernementaux. On n'épargna aucun moyen pour se débarrasser des réclamations importunes du vieillard. C'est à cela sans doute qu'on doit les bruits persistants qui circulèrent à l'occasion de la mort du vénérable catholicos, mort survenue inopinément en 1857. Pendant longtemps, on répéta dans le public que le gouvernement avait fait empoisonner Nersès, afin d'envoyer en même temps au tombeau le programme de l'indépendance arménienne.

La mise à l'écart de cette question ne suscita aucune inimitié ; au contraire, les années suivantes furent des années de bonne entente. Animée du désir d'un développement pacifique, heureuse des souffles de liberté venus du centre après les réformes de 1860, occupée à travailler et à progresser intellectuellement, la population arménienne du Caucase oublia peu à peu le Royaume de l'Ararat et s'attacha à la Russie comme une fidèle et dévouée sujette.

Mais à côté de cette question du Royaume de l'Ararat, un autre programme se préparait et se développait : c'était le programme de l'indépendance de l'Arménie-turque, conséquence inévitable des conditions économiques et politiques insupportables dans lesquelles était tenue la plus grande partie de la population arménienne sous la domination ottomane.

Tout tendait à la réalisation de ce but : la monstruosité du régime du sultan d'une part; de l'autre, l'éveil de la pensée arménienne, et, enfin, la note menaçante adressée à Constantinople par le « protecteur des chrétiens d'Orient ».

C'est pourquoi, lorsqu'en 1876, après les « atrocités bulgares », la protestation irritée de toute l'Europe se fit entendre, suivie des paroles menaçantes d'Alexandre II à Abdul-Hamid, qu'on n'avait pas encore qualifié de « Grand-Assasssin », les Arméniens du Caucase eurent un nouveau rayon d'espérance.

On était alors en décembre 1876. Il avait été décidé d'adresser à Alexandre II un manifeste préparé au nom de la population arménienne et l'invitant à venir en aide au peuple frère persécuté. Un publiciste arménien bien connu, Grigor Artzrouni, était le chef du mouvement. La députation, composée de neuf membres, représentait les différentes classes de la population. L'adresse fut remise au grand-duc Michel Nicolaïévitch, au palais de Tiflis. Afin de donner à cette démarche un caractère officiel, on avait invité le maire de Tiflis, Dimitri Kipiani, Géorgien de naissance et grand partisan de la cause arménienne. Le grand-duc reçut avec bonté la députation, manifesta sa sympathie pour la cause arménienne, et se chargea de l'adresse qu'il envoya immédiatement à Pétersbourg à son auguste frère.

Voici cette adresse :

Votre Altesse Impériale,

Vivant sous la protection du gouvernement russe et jouissant depuis longtemps, sous les auspices de l'Etat qui nous est cher, de la sécurité et de tous les bienfaits de la paix, nous, Arméniens habitant la ville de Tiflis, poussés par le sentiment chrétien d'humanité, nous ne pouvons rester indifférents aux souffrances inimaginables que supportent nos frères et coreligionnaires habitant les frontières de l'Asie turque où ni l'individu, ni la propriété, ni la religion, ni la vie des chrétiens, ni l'honneur de leurs familles, de leurs femmes et de leurs filles n'est protégé.

Sachant combien notre roi bien-aimé et la Russie entière ont de sympathie pour le sort des chrétiens sujets de la Turquie, nous qui sommes leurs frères par le sang et la religion, nous mettons tout notre espoir d'une amélioration de leur sort dans l'autorité puissante de la Russie et nous nous confions entièrement au tout-puissant Empereur.

Ce sont les sentiments d'humanité chrétienne, de profonde tristesse pour le sort de nos frères, et les liens de race qui nous unissent à eux qui nous ont incité à réclamer l'auguste intervention de Votre Altesse Impériale, et nous vous supplions de porter aux pieds de l'Empereur notre humble requête, par laquelle nous lui demandons de protéger de sa main puissante ces autres chrétiens de Turquie, la nation arménienne, opprimée par les Musulmans, et cela par les moyens que la Providence lui a départis et que Sa Majesté jugera les plus convenables.

Comme expression de sa sympathie, Alexandre II télégraphia ses « remerciements à la population arménienne de Tiflis ».

La guerre commença. L'armée russe, sous le commandement de généraux arméniens, pénétra en Arménie-turque. Toute l'Arménie était animée d'une sympathie fraternelle pour les libérateurs chrétiens. Le peuple opprimé rêvait déjà sa délivrance, tandis que les Arméniens du Caucase, enthousiasmés par l'indépendance prochaine de leurs frères, oubliant leurs blessures passées, bénissaient le jour où l'histoire les avait réunis à la Russie.

En 1878, le 19 février, lorsqu'on put, grâce au sang versé par les armées russes, signer le seizième article du traité de San-Stefano, beaucoup considéraient comme fixées les bases de l'Arménie indépendante.

Cet article dit :

Comme l'évacuation par les troupes russes des territoires qu'elles occupent en Arménie, et qui doivent être restitués à la Turquie, pourrait donner lieu à des conflits et à des complications préjudiciables aux bonnes relations des deux pays, la Sublime-Porte s'engage à réaliser sans plus de retard les améliorations et les réformes exigées par les besoins locaux, dans les provinces habitées par les Arméniens, et à garantir leur sécurité contre les Kurdes et les Circassiens.

Des signes d'allégresse se constatèrent parmi les Arméniens. Ce traité, disaient même les plus clairvoyants, n'était pas seulement une promesse vague, mais bien un acte dans lequel on pouvait avoir confiance, car il se trouvait derrière lui des forces capables de le faire exécuter. Le patriarche Nersès Varjapétian lui-même, peu confiant au début dans la politique russe, présenta personnellement ses remerciements au représentent d'Alexandre II pour ce début plein de promesses.

C'est alors qu'eut lieu le Congrès de Berlin. Dans la capitale allemande, à ce moment où tout était subordonné à la politique artificieuse de Bismarck, le programme anglais rencontra de la sympathie. Ce programme était bien défini. Il tendait à faire reculer le royaume slave, à l'éloigner de Constantinople et à diminuer autant que possible son cercle d'influence. Deux représentants influents de la diplomatie anglaise, lord Beaconsfield et lord Salisbury, fidèles à l'esprit éternellement traître de la diplomatie, firent déchirer le traité de San-Stefano, sans prendre garde aux protestations indignées d'Alexandre II ; ils détruisirent le programme de la Grande-Bulgarie, rendirent à l'auteur des « menaces bulgares » une partie de sa force, firent quitter aux armées russes le territoire de l'Arménie et créèrent l'article 61 du traité de Berlin, qui s'exprime ainsi :

La Sublime-Porte s'engage à réaliser, sans plus de retard, les améliorations et les réformes qu'exigent les besoins locaux dans les provinces habitées par les Arméniens, et à garantir leur sécurité contre les Circassiens et les Kurdes. Elle donnera connaissance périodiquement des mesures prises à cet effet aux puissances, qui en surveilleront l'application.

Ce malheureux article, qui était basé uniquement sur le « bon vouloir réformateur » du gouvernement turc, sans aucune intervention étrangère, fit naître dans toutes les classes de la nation arménienne une sourde inimitié contre l'Angleterre qui en était l'auteur, tandis qu'il rendait plus fervents envers la Russie ces sentiments amicaux apparus après la guerre, et surtout après le traité de San-Stefano.

Cette disposition dura plusieurs années. A Londres, on ne créa aucun mouvement en faveur des Arméniens ; personne n'avait l'air de s'en souvenir au bord de la Tamise, tandis qu'au Caucase, et surtout à Tiflis, la propagande qui avait commencé au moment de la guerre, en faveur des Arméniens de Turquie, se continuait très activement. La presse arménienne du Caucase, bien que soumise à la censure russe, élevait de vives protestations contre le despotisme de la Turquie. Partout des collectes s'effectuaient ouvertement en faveur des Arméniens-turcs victimes de la famine, en faveur des émigrés, et au profit des Sociétés arméniennes de la Turquie.

Ce fut une époque d'ardente activité.

Des volontaires arméniens, des propagandistes, passaient la frontière et portaient les appels à la révolte dans les vallons soumis à l'esclavage. Raffi exposait dans ses charmants romans le programme de cette révolte. Artzrouni popularisait par ses articles enflammés l'idée si séduisante de l'autonomie arménienne, tandis que Rafaël Patkanian ranimait dans les cœurs guerriers le feu qui couvait. Même les écrivains de l'Arménie turque, Tsérentz et Portugalian, se réfugiaient au Caucase pour s'y livrer à une propagande active. C'était une époque de rapprochement, de réunion, pendant laquelle se forgeaient et s'affermissaient l'idée et le programme de la constitution future.

Le gouvernement était parfaitement au courant de cette activité. Il ne pouvait l'ignorer, puisque les consuls de Russie en Arménie-turque étaient à ce moment les plus ardents défenseurs de l'élément arménien, et que souvent même ils excitaient le peuple à la révolte. Les livres et les correspondances les plus suspectes étaient introduits en Arménie-turque par l'entremise de ces consuls, auxquels on envoyait également l'argent et les secours de toute espèce.

Cette époque d'agitation ne dura pas longtemps, hélas! Vers 1880, commença la « grève politique », à laquelle succéda le silence, au Caucase, à Constantinople, en Europe.

Ce silence général était parfois, il est vrai, troublé par les gémissements du peuple agonisant, ou par tel ou tel décret d'ambassade, mais cela passait inaperçu ou à peu près et ne laissait aucune impression.

Dix ans plus tard arrivèrent des nouvelles émouvantes. Le 8 juin 1890, le conflit d'Erzeroum éveilla de nouveau l'attention assoupie des Arméniens du Caucase, d'autant plus que peu de temps auparavant l'assassinat, près de Van, de deux propagandistes arméniens, Golochian et Agripassian, mis à mort par les soldats turcs, avait pris la valeur d'un incident politique important. Ce conflit fut suivi de la première manifestation de Constantinople, accomplie avec l'aide des partis arméniste et hentchakiste. A la suite de quelques interpellations diplomatiques et d'un peu de bruit dans la presse européenne, de nouveau se dressa devant les Arméniens du Caucase l'éternelle question de la délivrance de leurs frères opprimés.

Il se produisit une nouvelle émotion et de nouveaux mouvements ; un nouveau courant de jeunes énergies se porta vers l'Arménie-turque, mais cette fois le mouvement était plus intense et mieux organisé. Il se généralisa bientôt et se répandit dans les villages. Des bandes de combattants apparurent et le besoin se fit alors sentir d'une organisation qui réunirait les forces éparses. C'est au cours de l'été de 1890 que fut fondée une nouvelle association révolutionnaire qui prit le nom de « Dachnaktsoutioun » (Fédération); elle avait pour but de soutenir et d'aider les forces se dirigeant vers l'Arménie-turque, et en même temps de réunir les diverses associations révolutionnaires existant alors : « la Jeune Arménie », fondée à Tiflis ; « l'Association arméniste » qui avait son centre dans le district de Van, et le « Parti Hentchakiste » fondé en Europe. Des représentants connus du public arménien adhérèrent au mouvement, de même que l'élite de la jeunesse. A la même époque apparut près de Kars, aux frontières de l'Arménie-turque, une bande de révolutionnaires commandée par un jeune étudiant, Sarkis Koukounian. L'enthousiasme était si vif que beaucoup de jeunes gens s'empressèrent de se joindre à cette petite troupe et prirent la résolution de pénétrer en Arménie-turque et de déployer ouvertement l'étendard de la révolte.

Mais cet entrain tomba bientôt.

Le gouvernement, qui était parfaitement au courant de tout ce qui se faisait et qui avait jusqu'alors observé d'un œil bienveillant le mouvement, changea tout d'un coup son attitude. Se conformant à un ordre venu de Pétersbourg, la police se montra soudain menaçante. Quelques personnes considérées comme les chefs du mouvement reçurent l'ordre de se tenir tranquilles, « si elles ne voulaient pas encourir de graves responsabilités ». On prit des mesures sévères contre les envois d'armes et d'hommes en Arménie ; quelques perquisitions et arrestations eurent lieu. Enfin, pour couronner tout cela, la bande de Koukounian, qui avait été saisie et emprisonnée après une rencontre à la frontière, fut soumise à des mesures d'une sévérité exceptionnelle et condamnée enfin aux travaux forcés en Sibérie, « pour servir d'exemple aux autres ».

Toutefois, si les rigueurs avaient commencé, on y mettait encore quelques ménagements. C'est pourquoi l'on tâchait de tenir secrètes toutes les mesures prises par le gouvernement contre le mouvement arménien, et l'on veillait à ce que le public n'en sût rien.

En voici une preuve bien caractéristique :

Un Arménien bien connu, qui vivait en 1891 à Tiflis, fut

appelé un jour devant le préfet de la province. Celui-ci l'informa que le gouvernement, ne pouvant à l'avenir considérer avec bienveillance le mouvement arménien, il était prié de s'abstenir désormais de toute propagande.

L'Arménien répondit :

— Les Arméniens du Caucase ont, depuis la guerre russo-turque jusqu'à aujourd'hui, la conviction que le gouvernement russe n'est pas hostile au mouvement arménien-turc ; c'est pourquoi chacun s'efforce, selon ses moyens, de venir en aide à ses frères. Si le gouvernement a maintenant, pour une raison quelconque, changé d'avis, je crois qu'il serait bon d'en avertir *officiellement* le public afin que les Arméniens se tiennent sur leurs gardes et qu'il n'y ait pas de graves malentendus à ce sujet.

Le préfet trouva l'idée bonne, mais déclara qu'il ne pouvait personnellement rien entreprendre et qu'il en référerait au gouverneur pour connaître son opinion. A quelques jours de là, le même Arménien recevait du bienveillant préfet la communication suivante :

> J'ai fait part au gouverneur de votre proposition, mais son Excellence a répondu qu'aucune publication officielle ne pouvait avoir lieu pour la simple raison que la politique du gouvernement à l'égard de la question arménienne était susceptible de changer de nouveau ; pour le moment cette politique nous engage à ne pas considérer d'un bon œil le mouvement arménien, mais il peut en être autrement dans quelques années.

Trois ans s'écoulèrent.

Au cours de l'automne de 1894, retentit l'appel désespéré des courageux montagnards de Sassoun. Enchaînée, mais non réduite à merci, la voix avide de liberté des habitants de Sassoun eut, bien plus que le faible son de leurs vieux fusils, un retentissement profond dans le cœur de tous les

Arméniens. Les regards se tournèrent vers Talvorik. L'Europe elle-même s'émut. Constantinople s'agita... Dans les ambassades, la question arménienne réapparut ; les représentants de l'Angleterre et de la France, accompagnés du délégué de l'Empire russe, Prjévalski, se mirent en marche vers les montagnes inaccessibles, afin d'examiner de *visu* les premières « atrocités arméniennes » et d'entendre les réclamations des montagnards rebelles.

L'Europe entière se préoccupait de la question arménienne. Les Arméniens du Caucase pouvaient-ils demeurer impassibles lorsqu'un devoir impérieux se dressait devant eux — un des devoirs humains les plus sacrés ?

Ils ne se contentèrent pas d'entreprises privées, mais s'empressèrent de donner à leurs désirs un caractère officiel. Des adresses couvertes de nombreuses signatures furent envoyées de plusieurs villes à Etchmiadzin, au catholicos Khrimian ; des délégués s'y rendirent, le priant de partir pour Pétersbourg et de demander à l'Empereur, au nom des Arméniens du Caucase, son appui pour la délivrance des Arméniens de Turquie. Le catholicos acquiesça à ces désirs, et, malgré son âge avancé et les rigueurs de l'hiver, il se mit en route pour Pétersbourg. Là, il se présenta devant le monarque, et, dans un discours public, prononça les paroles suivantes : « Le seul défenseur des Arméniens est l'empereur de Russie ; c'est de lui qu'ils attendent aide et protection ». Le télégraphe répandit bientôt dans toutes les directions les paroles du chef spirituel des Arméniens ; elles avaient été si précises, qu'elles soulevèrent même un petit incident dans les cercles diplomatiques de Constantinople. L'ambassadeur d'Angleterre, sir Philip Currie, ardent partisan du mouvement arménien, s'adressa immédiatement au patriarche arménien, Matthéos Izmirlian, lui exprimant son étonnement au sujet « des paroles du catholicos, prononcées au moment où la question arménienne était soumise à un examen international sous la protection des grandes puissances ».

L'année 1895 est une nouvelle année d'espérance et d'attente... Le mouvement arrivait à sa dernière période. Les Arméniens du Caucase, ne doutant plus de la délivrance prochaine de leurs frères, accomplissaient des miracles. Les Arméniens de Turquie eux-mêmes se sentaient à la veille d'une ère nouvelle et montraient des signes d'impatience. A Constantinople, on élaborait le programme des réformes. Malgré les pièges d'Abdul-Hamid, l'Europe unanime triomphait : le programme des « réformes de mai » était prêt.

Il ne restait qu'une chose, la plus difficile dans le pays des sultans : mettre à exécution ces réformes. Et c'est à ce moment, alors qu'une entente parfaite des divers gouvernements était nécessaire, qu'eut lieu une véritable trahison politique. L'ambassadeur de Russie, Nélidoff, poussé par son gouvernement, prit tout à coup une attitude équivoque, se sépara traîtreusement de ses collègues, et peu après refusa de défendre le projet de l'exécution obligatoire des réformes dans le cas où la Turquie ne les accomplirait pas de bon gré.

Ce fut l'acte précurseur du drame arménien. L'ambassadeur d'Allemagne, fidèle à la politique astucieuse de son gouvernement, jeta de l'huile sur le feu. La désunion augmenta. Dans le palais du sultan, on reprit espoir... De l'Europe occidentale, on s'adressa au ministre des affaires étrangères de Russie, Lobanoff-Rostowski, pour tâcher de le convaincre, mais le ministre du tsar déclara expressément que « le gouvernement russe était absolument opposé à ce qu'on exerçât sur le sultan une pression quelconque ».

De ce jour, tout fut changé.

Les tendances arménophobes qu'on avait plus ou moins dissimulées jusque-là apparurent ouvertement, dans toute leur réalité. On oublia les services rendus jadis à la Russie par les Arméniens. On oublia les promesses officielles faites par les monarques russes et la sympathie manifeste montrée par eux. On oublia toutes les affirmations de l'histoire. Le gouvernement monarchique s'inquiéta, lorsqu'il vit debout devant lui un peuple qui se révoltait contre son passé d'esclavage, un peuple mécontent du présent sanglant, un peuple qui désirait un avenir meilleur.

« Il n'y a pas de question arménienne ! » telle fut la nouvelle devise. Et, fidèle à cette devise, le gouvernement russe commença dès ce jour une répression ouverte et officielle, non seulement contre la question arménienne, mais contre tout ce qui était arménien. Parler, écrire à ce sujet était défendu. Tous ceux qui passaient du Caucase en Arménie-turque et *vice-versa* étaient soumis à la surveillance de la police. On opéra des perquisitions, des arrestations et des emprisonnements sans fin — l'exil devint chose habituelle.

Tout fut sujet à soupçons, tout fut soumis à une surveillance stricte. On interdit même aux Arméniens d'aider leurs frères émigrés en leur offrant du pain, de l'argent ou un abri. D'une œuvre humanitaire, on fit un crime politique. On défendit à la presse russe et aux sociétés de bienfaisance d'adresser des appels et d'ouvrir des souscriptions en faveur des malheureux réfugiés. Afin de calmer un peu l'opinion, on autorisa, par permission supérieure, des collectes en faveur des émigrés — les pierres elles-mêmes se seraient soulevées si on les avait interdites — mais, pour rendre lettre morte cette mesure, on fit savoir que l'argent recueilli devrait être envoyé au gouverneur du Caucase qui, seul, aurait le droit, par l'entremise de la police, de distribuer cet argent à ceux auxquels il était destiné. Or, sait-on ce qu'est la police en Russie? Elle est si sévère et si inabordable que les pauvres émigrés préféraient mourir de faim plutôt que de s'adresser à elle. Cela n'est rien encore, mais il faut se soumettre à mille formalités officielles quand on a affaire à une institution aussi importante que la chancellerie d'Etat. C'est pourquoi, au moment où les malheureux réfugiés mouraient de faim, entassés dans les étables, alors que les maladies contagieuses décimaient leurs rangs, l'argent recueilli pour eux — plus de 60,000 roubles — restait à la chancellerie du gouverneur sous le prétexte « qu'on n'en avait pas besoin ! » Cet argent y restera probablement jusqu'à ce qu'on l'affecte à une œuvre « agréable à Dieu », comme par exemple la construction d'une église orthodoxe à Andijan ou à Bokhara.

Les tendances gouvernementales changèrent à un tel point, qu'on fit plus qu'interdire d'écrire quoi que ce soit au profit des Arméniens de Turquie ; la réimpression de livres publiés plusieurs années auparavant avec l'autorisation de la censure russe fut aussi interdite. De ce nombre, sont *Les Etincelles*, de Raffi, ainsi que *Le Fou* et *Samuel*, du même auteur ; ces livres avaient été publiés à Tiflis et ne contenaient naturellement pas un seul mot contre la Russie ; on n'autorisa pas leur réimpression, pour laquelle on dut s'adresser à Vienne. On pourrait citer beaucoup d'autres ouvrages qui subirent le même sort. On essaya d'imprimer quelques livres à Pétersbourg et à Moscou, qui possèdent aussi des imprimeries arméniennes et où les conditions de la censure sont moins sévères, mais cette tentative échoua. Le censeur de St-Pétersbourg reçut bientôt l'ordre d'être très sévère à l'égard des publications arméniennes ; aussi, aujourd'hui, ne faut-il pas penser à réimprimer même la plus insignifiante brochure arménienne. Il fut interdit de faire la moindre allusion au drame qui se déroule de l'autre côté de la frontière du Caucase.

Les mesures les plus rigoureuses sont prises contre les publications venant d'Europe. La lecture du journal révolutionnaire arménien *Droschak* est considérée comme un crime politique. Et ce ne sont pas seulement des journaux révolutionnaires qui sont mis à l'index, mais des publications telles qu'*Arménia* (l'Arménie), bien qu'elles n'écrivent absolument rien contre le gouvernement russe. Il suffit qu'un journal soit arménien pour qu'on l'interdise. Ce qui peut être publié en russe, même en géorgien et en turc, ne peut l'être en arménien, car, pour ces Arméniens qui sont devenus la « croix » de la Russie, il y a toujours et partout des « mesures spéciales ».

Pour la même raison, il est permis de faire à Tiflis ou dans toute autre ville du Caucase une conférence en russe, mais en arménien jamais ! — Encore une chose interdite !

Le sort du théâtre arménien n'est pas plus enviable. Beaucoup de pièces, surtout celles traitant de sujets historiques, sont défendues. Il y a environ un quart de siècle, le théâtre arménien de Tiflis, représentait, à l'occasion de la fête de Vartan, qui est une fête historique et, en même temps, religieuse, une tragédie très goûtée du public intitulée : *La guerre de Vartan*. Cette pièce fut interdite. Pour justifier cette interdiction, on prétendit que le héros de la pièce, Vartan Mamikonian, qui vécut il y a quatorze siècles, pouvait inspirer aux spectateurs des sentiments patriotiques.

Pour la même raison, on fit défendre également la représentation d'une autre tragédie, *Chouchanik*, pièce particulièrement aimée du peuple de Tiflis, car l'héroïne dont elle représente la vie a encore aujourd'hui dans cette ville une église élevée à sa mémoire qui est environnée de légendes. Pour qu'on puisse se faire une idée de ce que ces précautions ont d'enfantin, il suffira de dire que *La guerre de Vartan*, qui relate l'histoire des guerres ayant eu lieu au ve siècle entre les Arméniens chrétiens et les Persans idolâtres, est mise librement à la scène aujourd'hui en Perse, et que plusieurs fois l'héritier du trône, accompagné de hauts personnages, se rendit à Tauris, au théâtre arménien, pour voir jouer cette « pièce dangereuse ».

Les sévérités « locales » ne suffisant pas encore, paraît-il, l'ambassadeur de Russie à Constantinople, Nélidoff, écrivit pour proposer au gouverneur du Caucase, par l'entremise du ministère et sur la prière du gouvernement turc, de recourir aux moyens « nécessaires » pour obtenir que la presse arménienne du Caucase cessât « d'attaquer la Turquie » et « d'exciter les Arméniens-turcs à la révolte », cette conduite « nuisant aux relations amicales des deux puissances voisines ». C'est ce que désirait le gouvernement arménophobe du Caucase. La sévérité décupla, et l'on peut voir comment, depuis 1895, les poursuites contre les Arméniens se multiplièrent et prirent à la fin le caractère d'un véritable fléau politique.

Les années de crime, 1895-96, arrivèrent.

Des injustices telles que l'histoire n'en avait pas vu de pareilles se commirent. Pendant que le Grand-Assassin mettait à exécution dans toute l'Arménie-turque son effroyable programme — massacrer les Arméniens pour en finir en même temps avec la question arménienne — tandis que des fleuves de sang coulaient à Trébizonde, à Erzeroum, à Akn, Ourfa, Constantinople, alors que l'odeur du sang et des cadavres se répandait jusqu'au Caucase, lorsque le sabre de l'oppresseur portait la mort jusqu'aux extrémités d'un pays habité par un peuple paisible, il était défendu aux Arméniens du Caucase, non seulement de protester contre ces atrocités, mais même de montrer des signes de tristesse ; on ne leur interdisait pas seulement de tendre à leurs frères une main secourable, mais encore de pleurer sur leurs malheurs. Et ce peuple esclave dut dévorer ses larmes en silence, cacher à tous les yeux son incommensurable douleur !

Quel tableau différent en Europe !

Là, au même moment, les massacres d'Arménie devenaient la question du jour : interpellations dans les Parlements, conférences publiques, innombrables articles dans la presse se succédaient. A Londres, des meetings favorables aux Arméniens avaient lieu, pendant qu'à Pétersbourg régnait un silence de mort. Les émigrés de Sassoun, après avoir franchi des milliers de verstes, arrivent à Londres où ils sont reçus à bras ouverts, même au palais d'Howarden où Gladstone accueillit avec des paroles réconfortantes les malheureux débris d'un peuple persécuté, tandis qu'à Pétersbourg les pauvres réfugiés arméniens ne trouvaient pas même à se reposer à « l'asile de nuit ». A Paris, les appels succédaient aux appels ; on publiait des livres, on recueillait de l'argent au profit des affamés et des orphelins, tandis qu'à Tiflis on ne permettait même pas de parler d'eux. En Suisse, des comités arméniens se formaient. En Danemark, la reine elle-même prenait la direction des souscriptions. En Amérique, en Allemagne même, des sociétés de missionnaires se fondaient dans le but de venir en aide aux malheureux survivants d'un peuple massacré, tandis qu'en Russie, dans cette même Russie qui avait fait établir en 1878 le traité de San-Stefano, et aux frontières de laquelle le sang arménien s'était si souvent mêlé au sang des soldats russes dans les luttes pour la prospérité commune, l'émigré arménien ne trouvait pas de place où reposer sa tête, n'avait même pas le droit de pleurer ses malheurs...

L'Arménien pouvait-il oublier tout cela?

Il y a des douleurs qui ne s'oublient pas! Pendant les massacres d'Erzeroum, dans cette même ville où, en 1828, la bulle du catholicos invitait les habitants à aider et à guider l'armée russe, où en 1856, en 1877 et en 1896, la population arménienne immolait sa vie et son honneur pour l'amour de la Russie, dans cette même ville, disons-nous, le consulat russe, avec une cruauté inhumaine, fermait impitoyablement ses portes devant les femmes et les enfants qui fuyaient le sabre de l'oppresseur, restait sourd à leurs cris de détresse. Et cela se passait dans le même quartier où un musulman, le consul de Perse, les larmes aux yeux, donnait asile aux chrétiens fuyant devant le yatagan meurtrier!

Ne sont-ce pas là des choses inoubliables?

Les faits qui suivent ont encore dévoilé bien des secrets, bien des menées d'une politique méprisable. Lorsque le programme de mai, bien qu'approuvé par les puissances, rencontra les tergiversations puis l'opposition et enfin le refus du gouvernement turc, refus qui provoqua un mécontentement général dans les provinces arméniennes, le ministre des affaires étrangères de Pétersbourg donna pleins pouvoirs au sultan pour étouffer définitivement ce mécontentement, qui était considéré comme le résultat des menées révolutionnaires.

« Il faut en finir avec le mouvement arménien par n'importe quels moyens », tel fut le sens de la communication secrète que Lobanoff-Rostowski adressa au gouvernement turc. C'était un encouragement détourné, une approbation diplomatique donnés au programme du sultan. Et, encouragé par ces « pleins pouvoirs », le démon d'Yldiz-Kiosk envoya ses ordres infernaux.

Le sang coula par torrents...

Lorsque, peu de temps après, le ministre Lobanof revenant de Vienne avec l'empereur Nicolas, mourut subitement dans le train royal, l'ambassadeur de France à Constantinople, Cambon, au courant de sa honteuse conduite, prononça avec une indignation bien justifiée le jugement suivant : « Lobanoff a été étouffé par le sang des Arméniens ».

Cet homme d'Etat eut des successeurs divers, mais toujours animés de la même haine envers le mouvement libérateur commencé dans les Vallées Sanglantes, parmi un peuple pacifique, aspirant à une vie humaine. Cette haine redoubla encore. Le peuple, épuisé, affaibli, n'avait plus aux yeux de la Russie l'importance politique qu'il avait eue auparavant. L'idée de l'autonomie arménienne, même un modeste programme d'amélioration du sort des Arméniens, programme sans aucun caractère politique, qui se bornait à garantir l'existence et les biens du peuple, devinrent dangereux aux yeux de la Russie et furent poursuivis.

Et, chaque fois que les forces vitales du peuple expirant tentaient un effort désespéré pour faire parvenir aux oreilles de l'Europe indifférente et sans conscience leurs cris d'indignation et de protestation — protestation qui partit un jour des montagnes de Zeïtoun, pendant l'insurrection de 1896 et se fit entendre peu après au centre du despotisme, à Constantinople, dans les murs de la Banque ottomane, puis dans le villayet de Van en juin 1897 — quand l'Europe émue essayait d'élever la voix en faveur du peuple opprimé, c'était toujours et partout le « protecteur des chrétiens d'Orient » qui se dressait comme adversaire, souvent comme ennemi déclaré — aujourd'hui comme bourreau.

Une Arménie sans Arméniens, une nation arménienne sans tendances générales, tel est le programme actuel du tsarisme en Asie-Mineure, sa profession de foi politique au Caucase, programme aussi pernicieux pour le peuple arménien qu'il est honteux pour la Russie.

ENTRE DEUX FEUX

(LETTRE DIX-SEPTIÈME)

Les émigrés arméniens à la frontière. — La misère personnifiée. — Fuite et retour. — Circulaires officielles. — Question de la naturalisation russe. — Le « knout » du despotisme. — La caravane des persécutés. — Un peuple dispersé. — La chaîne des mécontentements.

Ils s'en vont par longues files. Pieds nus, hors d'haleine, la nudité de leur corps brûlé par le soleil et durci par le travail à peine couverte par des haillons, ridés avant l'âge, rassemblant leur reste de force pour l'effort suprême, ils marchent... Leur démarche est ferme, décidée. Leurs yeux enfoncés brillent de joie et d'espérance.

Ils marchent !... Ils marchent vers ce pays dont les frontières sont là-bas, dans le lointain, vers la contrée où, parmi la brume des souffrances indicibles, l'espoir luit à leurs yeux.

Qui sont-ils, ces pèlerins ? Qui sont-ils, ces pauvres êtres — hommes, femmes, enfants, jeunes filles, vieillards — qui, tous, se dirigent du pays du despotisme vers le pays de la monarchie absolue ; eux qui livrés à une misère indescriptible, à des souffrances et à des privations sans nom, ont encore tant de courage, tant d'espoir ?

— Qui sont-ils donc ?

— Ce sont les malheureux fils de l'Arménie !

Il y a quelques années — au moment des massacres — alors que la sanglante tempête soufflait d'un bout à l'autre de l'Arménie, tandis que dans le palais de Constantinople le despotisme n'éprouvait plus ni retenue ni crainte et qu'un fleuve de sang innocent coulait dans tout le pays, à ce moment commença cette grande fuite dont l'histoire asiatique n'avait donné depuis longtemps aucun exemple. Ce n'étaient pas des émigrés ni des gens poussés par le désir de l'argent, du bien-être ou voulant obtenir simplement un changement de situation et de pays, ainsi que le font certaines peuplades nomades. C'étaient des fuyards. Ils aimaient leur pays, mais on les en chassait. C'étaient de braves gens laborieux, mais il n'y avait plus pour eux de travail dans leur patrie. Ils adoraient la terre, mais on les forçait à errer loin de leur patrie!

Ils étaient ainsi 50.000 qui ne voulaient pas se laisser égorger, 50.000 qui se réfugièrent au Caucase, dans le pays autrefois accueillant aux fugitifs, mais qui est devenu aujourd'hui si inhospitalier. Ce furent des jours sombres, des jours terribles...

— Voici là-bas la frontière, voyez!... cria un paysan d'Alachkert, maigre, à peine vêtu, en tendant la main vers l'Orient. Et, debout sur la colline qui dominait la frontière, la poitrine gonflée par l'émotion et le chagrin, il regarda une dernière fois en arrière. Les paroles expiraient sur ses lèvres.

— Adieu, vallons et montagnes, et vous, vertes prairies, s'écria-t-il encore; ne m'oubliez pas, moi je ne vous oublierai jamais!

Et il n'oublia pas. Il attendit des années, les yeux fixés dans la même direction. Et chaque soir, sa triste journée finie, il murmurait : « Adieu, vallons et montagnes, ne m'oubliez pas, je ne vous oublierai jamais! »

Vain espoir!

Le repos qu'ils croyaient avoir trouvé n'était qu'une illusion. Un jour, le télégraphe apporta un « ordre supérieur » concernant les pauvres persécutés. Conformément à cet ordre, le gouverneur du Caucase publia en novembre 1901 la circulaire suivante :

Pour exécuter les ordres reçus les 1er février et 29 juillet 1901, concernant la question des réfugiés arméniens sujets turcs, qui, à plusieurs époques à partir de 1893 ont émigré dans notre pays, je propose à Votre Excellence d'annoncer aux réfugiés arméniens qui se trouvent dans la province que vous administrez, ce qui suit :

1° Les Arméniens sujets turcs venus de leur propre chef et à partir de 1893 au Caucase, et qui désireraient, volontairement et à leurs frais, quitter l'Empire russe, recevront dans ce but l'aide du gouvernement.

2° Aux réfugiés qui ne désireront pas quitter l'Empire, il sera permis de rester dans les lieux qu'ils habitent et de se faire inscrire dans les communes si celles-ci sont consentantes. (Art. 141-146. Vol. IX du *Supplément spécial*). Dans le cas contraire et conformément à l'article 564, chapitre 9, volume IX de la publication de 1889, ils sont autorisés à se faire inscrire comme citoyens des villes. En même temps, ceux des réfugiés qui désireraient se fixer dans les provinces intérieures seront autorisés, après s'être fait naturaliser russes, à se rendre, par chemin de fer et à prix réduits, dans les lieux qu'ils auront choisis, en dehors du Caucase, et il leur sera délivré sans difficulté les passeports nécessaires.

3° La naturalisation russe est obligatoire pour tous les réfugiés arméniens, soit qu'ils restent au Caucase soit qu'ils se rendent dans l'intérieur de la Russie. Ceux qui ne voudraient pas de cette naturalisation doivent quitter promptement le territoire russe. Les réfugiés ont le droit de recevoir immédiatement la naturalisation russe à titre d'exception aux articles 837 et 839 de la publication de 1899.

4° A partir de 1902, les émigrés seront soumis au service militaire comme le reste de la population de l'Empire.

5° A l'époque de la *vérification* des terres des villageois, il ne sera pas permis aux personnes citées dans l'article 2, dans le cas où elles se seraient fixées dans des villages qui ne sont pas soumis à cette mesure, de recevoir une part de terre.

———

6° Les réfugiés arméniens ou leurs descendants n'auront le droit d'acquérir des immeubles, en dehors des villes, qu'à partir de vingt ans après leur naturalisation russe.

7° Les mesures ci-dessus s'étendent aux émigrés arméniens qui sont venus en Russie jusqu'au 1er février 1901 ; quant à ceux qui pourraient chercher à s'y réfugier à partir de cette date, ils seront chassés de l'Empire.

J'ajoute que vous recevrez des instructions spéciales, quant à la manière de mettre à exécution l'ordre supérieur concernant la question des dispositions à prendre au sujet des réfugiés arméniens.

Sénateur-général, Adjudant,

Prince GALITZINE.

« Vous recevrez des instructions spéciales », là se trouve la partie importante de la circulaire, là est la vraie loi, la loi décisive... Les autres parties ne sont que des mentions pour la forme et qui ne signifient absolument rien pour des gens tels que Galitzine, pour des gens qui ne se souviennent de la loi que lorsqu'il s'agit d'en dissimuler le véritable sens, lorsqu'il est nécessaire de troubler la vue du malheureux peuple qui ne voit déjà pas trop sans cela.

Les instructions furent données, mais en secret, naturellement, et elles restèrent inconnues des simples mortels ! C'est comme conséquence de ces « instructions » que fut publié par le chef de police de Tiflis, le terrible édit du 5 août 1902, qui enjoignait aux réfugiés arméniens de rentrer en Turquie dans le délai de dix jours, faute de quoi ils seraient considérés comme sujets russes.

Les malheureux n'hésitèrent pas. Epouvantés à l'idée de de cette russification forcée, ils résolurent de reprendre le chemin de leur malheureuse patrie.

Et voici maintenant le retour, ce retour si désiré, mais si effrayant, si plein de dangers... Ce n'était pas le pays qui leur ouvrait ses portes ; ce n'était pas le gouvernement turc qui, ému par cet exil, les invitait à rentrer. Non, c'était un retour forcé, une persécution diplomatique, un procédé artificieux caché sous les formes trompeuses de la légalité. Les détails reçus de la frontière russo-turque forment un tragique tableau aux sombres couleurs, si sombres qu'il pourrait paraître faux aux gens peu au courant de la barbarie orientale, et exagéré même aux personnes bien informées. Pourtant ceux dont nous tenons ces descriptions sont tout à fait dignes de foi.

Récit d'un témoin.

C'était le 11 août 1902. La gare du chemin de fer de Tiflis présentait un spectacle émouvant. Le quai et la salle d'attente de troisième classe étaient absolument envahis par une foule pressée. C'étaient les malheureux réfugiés arméniens qui retournaient en Turquie, tous joyeux, tous pleins d'espoir. Voici le deuxième signal de départ du train de Kars. Les cris d'adieu éclatent de toutes parts. Le troisième signal résonne, le train se met en mouvement. Les hourras ébranlent la gare... C'est le premier départ des émigrés ; ils sont environ trois cents.

Le lendemain, le départ des réfugiés formait le sujet de toutes les conversations. Le soir et les jours suivants, même foule à la gare, même tableau animé, même enthousiasme. Pendant plusieurs jours, une foule immense composée de femmes, de jeunes filles, de jeunes gens, se réunit à la gare pour accompagner de ses vœux et de ses hourras les frères qui retournaient dans leur patrie.

La joie était grande. Les réfugiés arméniens retournaient dans ce pays auquel tant de souvenirs et tant d'espérances les attachaient....

La police perdait la tête et se trouvait prise au dépourvu. Elle n'avait jamais cru que les réfugiés arméniens quitteraient le Caucase. Elle ne pouvait rien faire, n'ayant pas reçu d'ordres. Lorsqu'on informa le chef de la police qu'en deux jours huit cents émigrés avaient quitté Tiflis, il ne voulut pas le croire. Le courant ne fit qu'augmenter de jour en jour.

Les émigrés arrivèrent à Kars. A leur descente de wagon,

la police les fit conduire en prison. Pendant trois jours, on fit comparaître leurs représentants, et, par des menaces et même des voies de fait, on essaya de les obliger à se faire recevoir sujets russes. Lorsqu'on vit que tout était inutile, on les mit en liberté, de guerre lasse. Jusqu'au 26 août, le chemin de fer amena chaque jour à Kars des groupes nombreux de réfugiés. A ce moment, le consul de Turquie commença lui aussi à s'émouvoir. La Turquie n'avait pas l'intention de laisser rentrer les émigrés dans leurs foyers. Persuadé qu'une foule aussi nombreuse passant à la fois la frontière ne pouvait manquer de soulever des incidents et d'attirer l'attention et peut-être l'intervention de l'Europe et de la Russie, le consul turc mit tout en œuvre pour empêcher cet exode vers la frontière turque, et offrit aux réfugiés de télégraphier en leur nom à Constantinople pour demander au Sultan l'autorisation de rentrer dans le pays.

Mais les malheureux, qui savaient bien que la réponse serait négative, ne voulurent pas permettre de télégraphier en leur nom, et, le lundi 15 août, une première troupe composée de deux cent soixante-dix personnes quitta Kars et se dirigea vers la frontière turque. Tout le long de la route, ces pauvres gens rencontraient un accueil enthousiaste dans les villages arméniens qu'ils traversaient. En quelques jours les villages-frontière arméniens de Bachghiough, Stahan, Tchilakhli, Armetlou, Tchourouk, Ghioulantap et Gharapounghar furent remplis d'émigrés. La place manqua bientôt. Chaque maison avait reçu en moyenne quatre fugitifs et les braves villageois nourrissaient de grand cœur leurs frères malheureux.

Il fut décidé que le mercredi tous ces gens se réuniraient dans le village de Bachghiough, d'où ils partiraient ensemble pour passer la frontière. Il y avait plus de mille réfugiés rassemblés dans les villages susnommés. Près de quinze cents Arméniens turcs qui s'étaient fixés dans ces villages après leur fuite, manifestèrent également l'intention de rentrer en Turquie, de sorte qu'environ 2.600 Arméniens, hommes, femmes et enfants, se préparaient à passer la frontière. Avant de quitter Kars la première troupe d'émigrés avait fait avertir le préfet de cette ville de son départ et ce fonctionnaire avait fait répondre qu'il avait donné des ordres afin que les émigrés ne fussent pas inquiétés pendant leur voyage ; il ajoutait que personne n'avait le droit de leur demander qui ils étaient ni où ils se rendaient.

En même temps, les malheureux avaient appris que le commandant des troupes de frontières cantonnées dans le village de Stahan avait dit qu'il tirerait sur le premier qui ferait mine de passer en Turquie. Le commandant du bataillon avait donné des ordres très sévères au sujet de la surveillance de la frontière, tant que les réfugiés seraient dans les villages environnants.

Ces nouvelles épouvantèrent d'abord les émigrés, mais ils se calmèrent bientôt et se dirent que cela ne pouvait être que de faux bruits, car, pourquoi les aurait-on laissé parcourir l'immense distance de plus de quatre cents verstes qui sépare Tiflis de la frontière pour les arrêter ainsi au dernier moment ? Ne leur aurait-on pas dit au départ qu'il était inutile de se mettre en route, qu'on ne leur permettrait pas de passer la frontière ?

Se souvenant que le préfet de Kars leur avait recommandé de s'adresser à lui au cas où ils rencontreraient des difficultés, ils envoyèrent un télégramme à ce fonctionnaire. La réponse se fit attendre deux jours. Le troisième jour, le gouverneur du district arriva à Bachghiough, fit rassembler les chefs des réfugiés et leur communiqua les ordres reçus du gouverneur Galitzine, ordres qui intimaient aux émigrés ou de devenir sujets russes, ou d'évacuer immédiatement les villages qu'ils occupaient et de trouver un autre endroit pour passer la frontière. La demande qu'ils firent pour obtenir l'autorisation de passer là où ils se trouvaient fut repoussée.

Le lendemain, un télégramme fut adressé par les malheureux au gouverneur du Caucase. Ils énuméraient encore une fois les motifs qui les empêchaient de devenir sujets russes et, rappelant les promesses de faciliter leur rentrée dans leur pays, que contenait la circulaire officielle, ils priaient le gouverneur de donner des ordres afin qu'on leur laissât passer la frontière.

Quatre jours plus tard, arriva un télégramme signé du chef de la chancellerie du gouverneur et qui disait : « La réponse à votre demande vous sera transmise par le préfet de Kars ».

Plusieurs jours s'écoulèrent dans l'attente. Puis, on apprit enfin que le préfet arriverait à Bachghiough le dimanche suivant. Les chefs des émigrés se réunirent et attendirent, le cœur plein d'inquiétude. Le préfet arriva enfin ; il annonça aux malheureux que la réponse du gouverneur n'avait pas changé, c'est-à-dire qu'ils n'avaient que deux alternatives : recevoir immédiatement la naturalisation russe ou bien vider les lieux. A toutes les supplications, à toutes les prières, il répondit : « Ce sont mes ordres et je suis venu pour les faire exécuter ! » Désespérés, à bout de patience, les malheureux émigrés répondirent au préfet : « Si même vous nous mettiez le couteau sur la gorge, nous ne deviendrions pas sujets russes. Faites ce que vous voudrez ! » Le préfet repartit.

Une semaine passa ainsi. D'après divers bruits, certaines personnes allaient être arrêtées comme propagandistes. Puis on apprit de source sûre que le directeur de la police de Bassen avait reçu l'ordre de chasser les réfugiés des villages où ils se trouvaient, en dirigeant une partie sur Ardahan et l'autre sur Kars ; ils devaient être alors inscrits comme sujets russes dans ces deux endroits. On racontait que le préfet avait fait arrêter trente-quatre des réfugiés se trouvant à Gharapounghar et les avait fait conduire sous escorte à Kars. Peu après, arriva le vicaire de Kars qui lut un ordre du catholicos où il était enjoint aux émigrés de devenir sujets russes ou bien de se rendre par petits groupes en Perse et de là en Turquie. Ce conseil de passer en Turquie par la Perse avait été donné, paraît-il, au catholicos par le vice-gouverneur Frézé. Ce fut à cela que se résolurent les malheureux.

Cent-vingt personnes environ se réunirent et se dirigèrent vers Etchmiadzin, pour passer ensuite en Perse. Ce voyage dura quatre jours. Affamés, épuisés de fatigue, malades, incapables de prendre un instant de repos, mais pleins de courage et convaincus qu'ils allaient entrer dans un nouveau pays et qu'ils seraient enfin délivrés de leurs souffrances, les malheureux allaient, allaient...

Vains espoirs, rêves irréalisables !

Même sous les murs de leur métropole religieuse, où ils pouvaient espérer ne pas rencontrer les représentants du knout, ils trouvèrent des cosaques postés qui leur crièrent : « La naturalisation russe, la naturalisation ! » Mais ils n'entendaient plus ; ils étaient devenus inébranlables comme la douleur, indomptables comme l'injustice.

A Etchmiadzin, on prit les noms de tous les émigrés ; deux d'entre eux répondirent de la bonne foi de tous et promirent que personne ne chercherait à s'éloigner du village tant qu'on n'aurait pas reçu les ordres du préfet d'Erivan.

Ces ordres arrivèrent le lendemain et ordonnaient de reconduire les malheureux, sous bonne escorte, à Kars, par le même chemin qu'ils avaient suivi pour venir. Sur la prière des émigrés, le catholicos envoya quelqu'un à Erivan pour intercéder auprès du préfet et pour obtenir de lui qu'au lieu de faire faire à ces malheureux, déjà à bout de forces, un immense détour à pied pour les ramener à Kars, on leur permît de prendre le chemin de fer, à leurs frais bien entendu. On ne voulut pas même faire droit à cette simple requête et les pauvres gens durent faire cette longue route par étapes.

Les deux cents émigrés restés à Bassen se mirent en route à leur tour cinq jours après le départ de la première troupe.

A Kagzvan, alors qu'ils s'apprêtaient à repartir après une étape, ils furent entourés par les cosaques, qui les conduisirent à Kars. La rentrée dans cette ville fut un spectacle émouvant. Cette troupe immense composée de malheureux, affamés, exténués, de femmes et d'enfants à bout de forces, entourée par des cosaques à cheval fut conduite vers la caserne et y fut enfermée. Tous les habitants de la ville, même les plus insensibles, étaient émus à cet aspect. Qui aurait osé leur tendre une main secourable?

Le jour suivant la même comédie se répéta. « Vous devez accepter la naturalisation russe », leur répétait-on sans cesse. Même refus. Alors on remit à plusieurs d'entre eux des billets imprimés en leur disant que c'était une affaire faite et qu'ils étaient désormais sujets russes. Ils déchirèrent les billets. Quand on vit que cela non plus ne réussissait pas on les mit en liberté, mais on fit faire défense aux habitants de la ville de leur venir en aide, espérant les réduire par la faim. On ne leur permettait même pas de travailler, exigeant d'eux des passeports avant de les autoriser à accepter du travail. Quelle affreuse situation!...

Que faire? Où aller?

On leur défendait de rester au Caucase, et on ne les en laissait pas partir! Même le chemin de la Perse leur était fermé! Il ne leur restait que les provinces de l'intérieur de la Russie. Un jour, le secret fut dévoilé. Le sous-préfet de Vagharchapat s'adressa aux malheureux et leur dit: « Il n'y a rien autre à faire pour vous que d'aller en Sibérie. Alors seulement vous recevrez des passeports et on vous facilitera le voyage. »

Mais ils s'y refusèrent.

Et sans cesse les pauvres fugitifs sont chassés comme un vil troupeau d'un district à l'autre, d'Etchmiadzin à Kars, de Kars dans les vallons de Bassen, de Bassen dans les montagnes environnantes.

C'est une réalité poignante, c'est le martyre arménien qui dure depuis dix ans, c'est un fantôme terrifiant qui rôde sur les frontières du Caucase, c'est le dernier acte de cette tragédie populaire dont les acteurs ne sont plus les Kurdes cruels ni les Kaïmakams avides, mais les têtes couronnées qui s'appuient sur leur trône inébranlable pour accomplir leurs crimes.

Et ils continueront sans doute longtemps encore à errer sur les frontières de leur patrie, ces malheureux fugitifs poursuivis par l'amour du foyer, voulant à tous prix revoir ce pays où pourtant ils ont épuisé la coupe de la souffrance.

Mais les portes en sont fermées par le despotisme féroce et elles ne s'ouvriront pas. Les pauvres fugitifs l'ont très bien compris ; ils ont senti que, pris entre ces deux tyrannies, entre ces deux feux, ils étaient impuissants à renverser ces formidables obstacles ; ils ne virent pas d'autre salut que de tourner leurs regards vers le lointain, vers cette nation qui fut le pionnier de la liberté, la libératrice de l'humanité persécutée.

Ces espérances prirent la forme d'une supplique adressée par les pauvres émigrés au ministre des Affaires étrangères de la République française par l'entremise du consul français de Tiflis ; elle était rédigée dans des termes « officiels » choisis pour ne pas exciter le courroux du gouvernement russe.

Voici cette supplique :

Votre Excellence,

Nous, Arméniens de Turquie, sujets du Sultan, obligés, en 1894-96, après les grands massacres, de nous enfuir de notre patrie et de nous réfugier, au nombre de 40 à 50.000, sur le sol de l'hospitalière Russie, nous venons, par cette requête, supplier le gouvernement de la grande nation française, ainsi que nous avons déjà supplié le gouvernement de Sa Majesté l'Empereur de Russie, de bien vouloir venir à notre aide et nous protéger dans notre situation difficile.

Nous ne sommes pas des criminels ; nous n'avons commis aucun forfait ; nous nous sommes vu forcés de quitter notre patrie, poussés par la misère et la crainte des massacres.

Pendant sept ans nous avons trouvé en Russie un asile hospitalier et des occupations qui nous permirent de vivre et d'aider nos familles restées en Turquie. Notre reconnaissance envers Sa Majesté l'Empereur Nicolas II et envers sa Maison est immense. Le produit de notre travail nous a permis d'acquitter toutes les dettes et tous impôts dus au gouvernement turc par nos familles depuis notre départ du pays.

Le temps de rentrer dans notre patrie est venu ; il nous est impossible d'accepter la proposition généreuse que nous fait la Russie de devenir sujets russes, puisque nos familles restées en Turquie n'ont pas la possibilité de venir nous rejoindre. Ayant quitté les villes et les villages où nous avions trouvé un abri, nous sommes réunis en ce moment à la frontière russo-turque, mais le gouvernement turc refuse de nous recevoir, quoique pendant ces sept années il ait continué à nous considérer comme ses sujets et nous ait forcé à acquitter tous les impôts. L'hiver approche et notre situation devient de plus en plus difficile.

C'est pourquoi nous nous voyons obligés de recourir à vous et de demander la protection de la République française en la suppliant, au nom des sentiments d'humanité, de bien vouloir intercéder en notre faveur auprès du gouvernement turc afin qu'il nous autorise à rentrer dans notre patrie, à rejoindre nos familles, à recommencer à cultiver nos terres et nos champs.

Les Représentants et Délégués des Arméniens-Turcs réfugiés en Russie et rassemblés à la frontière russo-turque.

(SIGNATURES.)

Frontière russo-turque, 10 sept. 1902.

Ils attendirent, attendirent longtemps... Des nouvelles consolantes leur parvenaient, mais ce n'étaient que de faux bruits. Bien avant la requête ci-dessus, le ministre des Affaires étrangères français, prenant en considération l'opinion publique, adressa une demande au Sultan, le priant de permettre aux émigrés de rentrer en Turquie, persuadé que cette démarche serait approuvée par le gouvernement russe.

Le Sultan répondit à cette demande par un refus et accompagna ce refus de la mystérieuse information suivante : « La question des émigrés est depuis longtemps réglée entre moi et le gouvernement de Pétersbourg ». Le ministre de la République française fut étonné de cette réponse, mais comprit d'où venait l'ordre cruel qui chassait d'une manière si impitoyable le misérable troupeau vers sa perte, vers la faim, vers l'anéantissement...

L'ordre venait de Pétersbourg.

Il y eut un temps où c'était l'Arménien qui suppliait qu'on lui permît d'entrer en Russie et de devenir sujet russe. Sur ces mêmes frontières où siffle maintenant le knout, on entendait autrefois le bruit des baisers fraternels. Mais, en même temps que le siècle, la scène a changé. Maintenant l'Arménien tourne le dos à ses espérances d'antan et s'éloigne avec effroi de cette nation russe qui lui semblait devoir être son salut. Voici une poignée d'hommes qui préfère retourner à ses foyers ensanglantés, offrir sa poitrine à l'ennemi séculaire, boire le calice amer de l'humiliation et de la persécution, plutôt que d'accepter la naturalisation russe.

Cela n'est-il qu'une fuite inconsidérée, irréfléchie, ou bien est-ce un pressentiment, une métamorphose politique, qui secoue comme une force électrique ces débris d'un peuple massacré? Est-ce une frayeur inexplicable inspirée par le régime actuel, ou bien cela ne veut-il pas dire que ce peuple, qui se sent renaître politiquement, préfère périr dans la lutte, plutôt que mourir d'une mort politique ; qu'il aime mieux tomber en martyr, plutôt que de se montrer sans énergie et sans résistance ? Entre les deux maux, il préfère se sacrifier au despotisme absolu plutôt qu'au régime de la tyrannie qui dévore les peuples d'une autre façon et leur fait subir la mort politique.

C'est un triste problème, un problème insoluble...

Et les preuves en sont là, vivantes et irréfutables.

Les années passeront mais ces preuves ne passeront pas. Les nations qui souffrent ont une mémoire qu'on ne peut mettre en défaut. Les fils n'oublieront pas les horreurs qu'ont souffertes leurs pères ; l'amour et l'obéissance des générations passées se changeront en haine et en révolte ; et, un jour, lorsque la coupe sera pleine, les anneaux solitaires de l'injustice et de la persécution se souderont et formeront une chaîne de mécontentements qui arrivera à mettre à bas le despotisme cruel.

LES PRISONS

(LETTRE DIX-HUITIÈME)

Récit d'un prisonnier. — Perquisitions nocturnes. — Dans l'antre de la police. — Vers la prison. — Le cabinet du directeur. — Dans le cabinet de toilette. — La cellule du condamné politique. — Derrière une porte verrouillée. — La nourriture du prisonnier. — Les visites. — Autorisation de correspondre. — Communications secrètes. — A la gendarmerie. — Les procédés d'interrogatoire. Interminables souffrances. — La Bastille contemporaine.

— Racontez, racontez, répétait-on de tous côtés.

Le jeune homme nouvellement sorti de prison fit un signe d'assentiment à ses interlocuteurs, et, après un instant de silence, il entama son récit.

En 189..., au mois de décembre, on avait commencé, parmi la jeunesse, des arrestations si fréquentes et si nombreuses que, lorsqu'on se rencontrait dans la rue, la première question formulée était celle-ci : « Qui a-t-on arrêté ? »

Au milieu de la nuit, à l'heure où la sonnette ne peut vous annoncer qu'un télégramme inattendu ou une visite désagréable, on sonne... Une minute s'était à peine écoulée, que le domestique, pâle et le visage défait, entra dans la chambre en annonçant à voix basse :

— La police vous demande.

Sans hésiter et avec le calme de l'amour-propre je passai dans l'antichambre où, au lieu d'un agent de police, je trouvai six personnes : deux officiers de gendarmerie, le commissaire de police du quartier, deux agents et un témoin soi-disant pris dans le public, mais qui était tout simplement un espion au service de la police...

— Nous avons à perquisitionner dans votre appartement, me dit le commissaire.

— Sur l'ordre de qui ?

— Sur l'ordre de la Direction de la gendarmerie, répondit l'officier d'un ton qui signifiait clairement : « Ce n'est pas votre affaire ».

Après avoir placé un planton auprès de la porte, ils commencèrent en silence une minutieuse perquisition qui dura trois heures entières. Ils visitèrent d'abord les livres et les papiers, puis passèrent à l'armoire aux vêtements et au lit. Un des agents décousit la couverture et le matelas ; un autre, armé d'une tige de fer, sondait les murs et le plancher dans l'espoir de découvrir une cachette. Cela n'a rien d'étonnant, car il y a eu des cas où l'on démolissait le plancher, le plafond, les murs et les cheminées. Au cours d'une perquisition qui avait lieu à deux heures du matin, la maîtresse de la maison, qui était au lit, pria les agents de sortir quelques minutes pendant qu'elle s'habillerait. Ils refusèrent et forcèrent cette dame à sortir de son lit, qu'ils commencèrent immédiatement à fouiller ainsi que ses vêtements et son linge. Qu'une femme s'évanouisse, que des enfants crient de frayeur, qu'une mère épouvantée perde la tête, rien de cela n'arrête les sévérités, ni ne désarme les brutes.

— Où sont vos lettres ? me demanda-t-on.

— Les voici, vous les avez vues déjà, je n'en ai pas d'autres.

— Nous savons pertinemment que vous avez une grande correspondance, remarqua l'officier, vous devez avoir caché vos papiers.

— Non, je ne les ai pas cachés, je les ai détruits et cela sciemment. Vous avouerez vous-mêmes que, pour de simples lettres, il faut rester parfois des mois en prison, jusqu'à ce qu'on les ai traduites et examinées ; une phrase un peu obscure ou une allusion innocente suffisent pour créer de graves soupçons et des accusations sérieuses. Pour éviter cela, j'ai l'habitude de détruire mes lettres.

Mécontents et soupçonneux, ils écoutèrent cette explication, mirent sous enveloppe les lettres qu'ils trouvèrent, emportèrent quelques papiers, quelques journaux reçus de l'étranger et me firent signe de les accompagner.

— Donnez-vous la peine de nous suivre jusqu'au poste afin de signer votre déclaration, me dit le chef en évitant mon regard et en tenant les yeux fixés au plancher.

Je savais bien ce que signifiait cette invitation polie. Sans la plus petite question, qui aurait été vraiment par trop naïve, je sortis de la chambre en disant au serviteur de ne pas m'attendre et je suivis en esclave soumis mes maîtres « politiques ».

Dehors, l'obscurité était profonde, la nuit opaque et triste. « Si je rencontrais seulement une personne de connaissance », me disais-je. Mais, au lieu d'un ami, toute une troupe de policiers sortirent en un clin d'œil de l'ombre d'un mur où ils se cachaient et entourèrent la voiture.

— Il n'est pas besoin de tant de monde, monsieur l'officier, déclarai-je, je vous suivrai sans la moindre résistance.

La voiture partit sans que je pusse savoir où elle allait ni quelles rues elle traversait. C'était une voiture fermée et les deux agents assis en face de moi ne me permirent pas même de scruter l'obscurité : ils masquaient les portières.

Après une demi-heure de parcours, nous arrivâmes au bureau de police. Il n'y avait naturellement aucun papier à signer et trois minutes s'étaient à peine écoulées, que je me trouvais dans un cachot. Lorsque la porte se fut refermée, je regardai autour de moi... Mon amour-propre blessé, mêlé à un sentiment de frayeur et d'inquiétude, me fit frissonner. Mon nouveau logis était creusé sous le sol, sans fenêtres, humide, avec une odeur de moisi, le plancher et les murs faits de boue. La lanterne aux vitres couvertes de suie éclairait à peine. Ici et là étaient jetés des croûtes de pain, des os, des débris. Les angles avaient servi de latrines. Suffoqué par l'affreuse odeur, saisi de dégoût, je n'osais faire un pas et restais comme cloué à ma place. Une femme aurait sangloté, un enfant se serait soulagé par des larmes, tandis que moi, que pouvais-je faire?

Dès qu'il fit jour on vint me chercher. Dans le bureau, en présence de quelques agents, on commença à me fouiller. Mes poches, les moindres plis de mes vêtements, la doublure de mon pardessus, furent palpés soigneusement par des doigts expérimentés.

Dès que l'opération fut terminée, le chef de police remit au surveillant le mandat d'amener de la Direction de la gendarmerie, papier qui contient l'avenir du prisonnier.

Un peu plus tard, la voiture qui m'emmenait s'arrêtait devant une porte cochère. C'était le Métek, le Petropavlosk de Tiflis, une ancienne église géorgienne dont le passant s'écarte aujourd'hui, poursuivi par le bruit lugubre des chaînes qui se heurtent.

— « Prisonnier! »

La porte s'entrouvrit une seconde. Le soldat de garde jeta sur nous un regard inquisiteur et s'éloigna. Bientôt la porte se rouvrit, toute grande cette fois-ci, et engloutit comme un monstre avide cette nouvelle proie, encore un de ces « êtres étranges » qui, dans l'empire du despotisme, cherchent la liberté derrière des portes verrouillées, dans des cachots. Puis la porte se referma victorieusement, attendant de nouvelles victimes...

Nous traversâmes une cour vide sur laquelle s'ouvraient des quatre côtés d'innombrables petites fenêtres semblables à des yeux éteints, et nous entrâmes dans la chambre du directeur. Ce personnage est un roi tout-puissant dans les limites de la prison. Personne ne peut y entrer ni en sortir sans l'autorisation de cet être mystérieux qui ne parle pas, qui ordonne seulement, qui ne regarde pas, mais qui observe toujours.

A notre vue, ce personnage s'écria :

— Mon Dieu, mon Dieu, ils ne font qu'envoyer sans cesse des gens et moi qui n'ai plus une chambre libre! Du jour où commença ce mouvement arménien ma maison se remplit. Ils m'ont envoyé treize personnes cette semaine et nous attendons encore du monde demain !

C'est ainsi que de nouveaux malheureux arrivent sans cesse, et le directeur, mécontent, fait des prodiges d'habileté et parvient à les caser tous. Les voleurs, les assassins, les faussaires, tout cela est pêle-mêle. Où il y a place pour dix, on en met vingt, entassés dans un air vicié, irrespirable. Quant aux condamnés politiques — ces gens dangereux — on les enferme dans des chambres réservées, séparées les uns des autres par des murs épais.

— Remettez-moi tout ce que vous avez, vos lettres, vos papiers et surtout votre argent, me dit le directeur en prenant place derrière sa table.

On ne laisse jamais aux prisonniers le moindre chiffon de papier — cela pourrait servir à des communications — on leur prend aussi leur argent, contre lequel on leur remet un reçu. Le reçu n'a pas d'emploi, tandis que l'argent pourrait servir à corrompre le gardien, les soldats, à entrer en relation avec le dehors et même à préparer une évasion. L'argent ne perd pas sa force corruptrice, même derrière des portes verrouillées.

Au bout d'une heure, on me conduisit dans une autre chambre. C'était la garde-robe des détenus. Je ne savais pas ce qu'on allait me faire. Dans un coin de la salle deux hommes préparaient des vêtements avec une hâte fiévreuse. Ils avaient l'air de coudre des linceuls. Au milieu de la chambre, autour d'une table étaient assis le sous-directeur, un sous-officier et deux secrétaires. Le sous-directeur était un Arménien à la figure méchante, le sous-officier un Russe aux yeux limpides et au regard sympathique.

— Déshabillez-vous, me dit le sous-directeur d'un ton de commandement. On vous donnera l'uniforme de la prison pour remplacer vos habits.

— Mais ce n'est pas la loi. J'aimerais...

— La loi est ce qu'on vous ordonne de faire.

Je vis que je n'avais qu'à obéir.

— Pardon, me hasardai-je à demander, n'y a-t-il pas un endroit où je puisse changer de vêtements.

— Non, dépêchez-vous de vous déshabiller, répondit le même personnage d'un ton encore plus dur.

Quels pénibles moments ! Je me mis à trembler, quand, en levant les yeux, je vis tous les regards fixés sur moi, ironiques, pleins de dédain. Ils avaient l'air de dire : « Laissez vos folles chimères, à partir d'aujourd'hui vous n'êtes plus qu'un objet entre nos mains, un objet que nous pétrirons à notre gré, que nous jetterons de côté quand cela nous plaira ». Et c'est ce qu'ils firent. Vêtu des mêmes vêtements que les assassins et les voleurs, coiffé du chapeau que vous voyez aux condamnés dans la salle du tribunal, sur le dos les mêmes lettres que portent tous les malheureux voués à l'opprobe, à la main un morceau de papier portant mon numéro, je sortis de la garde-robe. J'y étais entré comme un homme ayant des droits, j'en sortais comme une chose qui ne comptait plus. Et c'est comme tel qu'ils m'enmenèrent et m'enfermèrent dans cet enfer qui porte le nom de « cellule des condamnés politiques ».

C'était une petite chambrette avec une fenêtre grillée tout près du plafond ; on n'apercevait de cette ouverture qu'un petit morceau de ciel, seul horizon du malheureux prisonnier. Il n'y avait ni table, ni chaise. Dans un coin, un bois de lit, sans matelas ni couverture. Vers le soir seulement, les gardiens apportèrent une paillasse, un coussin rempli de foin et une couverture d'une saleté dégoûtante faite des vieux pardessus des soldats. La chambre elle-même était sale, froide, humide ; le plancher plein de trous, repaires à souris qui forment avec de nombreux insectes la seule société du détenu.

Ce cachot était peu tentant, mais il y en a qui sont mille fois plus terribles et dont on ne peut se figurer l'horreur : des fosses sans lumière, la moisissure aux murs, le plancher boueux parsemé de quelques poignées de paille servant de couche au prisonnier, qui, enchaîné, ne peut faire de mouvements et ne voit personne ; des fosses qui sont en même temps des tombeaux, des logis, des lieux d'aisance et des chambres de torture.

Le cachot est toujours fermé. Le détenu ne voit jamais personne, à l'exception du geôlier qui, jour et nuit, à toute heure regarde par le guichet ménagé dans la porte et surveille tous les mouvements, tous les pas du malheureux. La nuit, il est interdit d'éteindre la lumière et de se soustraire ainsi à la surveillance insupportable qui pèse sur vous. La clef du cachot est suspendue à la ceinture du geôlier, à côté d'un pistolet, celui-ci devant servir à garder celle-là. Le soir, à neuf heures, lorsque le directeur, entouré de ses employés, fait sa tournée d'inspection dans les cellules de ses « sujets », la clef passe solennellement dans ses mains. Qu'à partir de ce moment le prisonnier tombe malade, qu'il s'évanouisse, qu'il ait besoin de secours, peu importe, personne n'a plus le droit d'ouvrir son cachot. Il peut mourir, la porte ne s'ouvrira qu'au matin, à l'heure fixée pour la visite.

Au bout d'un jour, alors que la première émotion est un peu calmée, l'éternelle question — aussi brûlante dans la prison qu'au dehors — la question du pain quotidien se pose. Un petit cercle fermé, les « nobles », ont seul le droit de bien manger, avec leur argent, de prendre soin de leur corps. Les riches achètent ce droit, et corrompent les employés à force d'argent. Les autres doivent se passer de ces privilèges. Quant aux condamnés politiques, leur traitement change suivant les prisons. Certains directeurs bénévoles, surtout s'ils tirent des bénéfices de leur indulgence, les autorisent à profiter des privilèges susdits, tandis que d'autres s'y opposent absolument. Le Trésor n'est pas très généreux : il donne pour chaque prévenu et par jour trois kopeks dont le directeur prélève naturellement sa part ; l'économe en fait autant et il ne reste rien pour le malheureux prisonnier qui reçoit un os au lieu de viande, une assiette d'eau sale qui porte pompeusement le nom de soupe et un morceau de pain où la terre remplace généralement la farine. Et c'est qu'avec cette nourriture que des hommes doivent vivre !

Ayant été transporté un jour, pour une indisposition, à l'infirmerie de la prison, triste et abattu je regardais dans la cour par une petite fenêtre grillée. C'était l'heure de la promenade. Les prisonniers, les assassins, les voleurs, les vagabonds, les uns enchaînés, les autres « libres », se promenaient mélancoliques et hâves. Il y en avait quelques-uns cependant dont le visage était joyeux : c'étaient ceux, point exigeants, qu'un peu d'air frais, après l'atmosphère viciée des cellules, suffisait à réjouir. Cela leur donnait l'illusion de la liberté ! Quelques-uns nettoyaient les corridors, d'autres les cabinets ; d'autres lavaient leur linge dans de petits baquets.

Tout à coup une cloche sonna. C'était l'heure du repas. Une partie des prisonniers courut vers la cuisine, où, par une large ouverture, un cuisinier distribuait l'eau sale décorée du nom de soupe. Très peu possédaient des ustensiles. Plusieurs tendaient au cuisinier les baquets dans lesquels ils lavaient leur linge quelques minutes auparavant ; et, à peine avaient-ils reçu leur part, qu'ils couraient à leur cellule pour jouir avec leurs compagnons d'infortune de ce pauvre repas.

Deux fois par semaine, c'était fête pour cette multitude affamée ; c'était le jour de la visite des parents et connaissances qui apportaient, l'un, quelques pains ; l'autre, de la viande, des œufs ; d'autres plus fortunés, un peu de thé, de sucre, de tabac.

Ces entrevues étaient émouvantes.

On tendait au milieu de la cour deux cordes éloignées l'une de l'autre de quelques mètres. D'un côté d'une des cordes se tenaient les prisonniers, tandis qu'en dehors de l'autre se rangeaient les visiteurs. Entre les deux cordes, des surveillants circulaient, afin d'empêcher les conversations secrètes ou les échanges d'objets. Voici une vieille mère qui a fait de longues verstes pour voir son fils unique. Elle se précipite vers lui, voudrait le caresser, lui prendre les mains, le regarder dans les yeux... « Ecartez-vous ! » crie la voix rude du gardien. « Ecartez-vous ! » répète un autre en repoussant les malheureux qui brûlent du désir d'approcher les leurs. Les autres gardiens sont occupés de leur côté ; l'un partage un pain, le deuxième ouvre une boîte de bonbons, celui-ci casse un œuf dur. Ils ont peur qu'on y ait caché un papier, d'importantes instructions secrètes, et, animés de ce soupçon, ils fouillent tout. Comme récompense de leur travail, ils s'emparent de la moitié du thé, du sucre et du tabac et donnent les restes aux malheureux prisonniers. A qui se plaindre? Le directeur lui-même prend sa part de l'aubaine !

Le prisonnier politique, lui, est privé de cette innocente distraction. Il n'a le droit de voir personne et personne ne peut s'approcher de lui. Sa femme, sa mère, son frère adressent pendant des mois des requêtes, frappent en vain à la porte de la direction de la gendarmerie ou à celle de la sous-préfecture et reçoivent bien rarement l'autorisation de voir celui qui leur est cher. Si, par hasard, une entrevue est accordée, elle a lieu dans le bureau du directeur de la prison, sous la surveillance de quelques paires d'yeux. Il n'est permis de parler qu'en russe. On surveille chaque mot, chaque mouvement, chaque allusion du visiteur, et gare à lui si quelque soupçon s'élève ! Le sort du prisonnier en deviendra plus difficile, la surveillance se fera plus étroite.

Les mois succédaient aux mois ; le doute et l'incertitude me rongeaient; pas une ligne de mes amis ou de mes parents. J'étais persuadé pourtant qu'on m'écrivait, et je savais que les lettres étaient sans aucune importance, mais le gouvernement les interceptait tout de même. Moi-même j'aurais voulu écrire, par l'entremise du procureur naturellement, mais on répondait toujours à ma demande par un refus. Quelquefois, on affectait de me permettre d'écrire, on donnait même l'argent des timbres, mais ce n'était qu'une feinte. Je sus plus tard que pas une de mes lettres n'avait été envoyée à son adresse.

— N'avez-vous rien à dire ? me demanda un jour le préfet au cours d'une de ses visites officielles.

— Je vous prie de m'autoriser à adresser une requête au gouverneur.

— Faites votre requête, la loi vous y autorise.

— Mais le directeur me refuse cette autorisation.

— Pour quelle raison ?

— Les prisonniers arméniens nous inondent de leurs requêtes, cela n'en finit plus, répondit le directeur.

— Mais je n'en ai pas encore présenté une seule, c'est une erreur, fis-je remarquer.

— Laissez-les écrire, Monsieur le directeur, intervint le préfet.

Le directeur prononça un mot d'assentiment, mais il se garda bien de mettre sa promesse à exécution. « Allez vous plaindre au préfet ! » nous disait-il avec une ironie tranquille.

Et naturellement les plaintes et les protestations, les appels et les réclamations n'arrivaient pas au préfet et ne traversaient même pas la muraille derrière laquelle étaient enfermés des compagnons d'infortune, malheureux aussi et muets par force. Vous pouvez crier, hurler de toute la force de vos poumons, vous n'éveillerez aucun écho. Vous entendrez seulement le gardien frapper à la porte pour vous signifier de vous taire. Et c'est ainsi que s'écoulent les tristes jours, les mois de souffrance. Que se passe-t-il dans les autres parties de la prison, les interrogatoires ont-ils commencé, les camarades sont-ils morts ou vivants? Personne n'en sait rien. Et pourtant on veut le savoir, on désire être au courant de ce qui se passe.

Un jour qu'on m'avait fait sortir dans la cour pour prendre un peu l'air, je vis avec étonnement l'un de mes camarades qu'on emmenait à la hâte. « — Il est aussi enfermé », me dis-je, et, à partir de cette minute, mon désir le plus vif fut de communiquer avec lui. Le gardien, qu'il était aisé de corrompre, me donna quelques renseignements. Au bout de quelques jours, nous communiquions. Voici comment : le directeur m'avait prêté un Ancien-Testament. Ecrire dans ce livre ou y glisser un papier était impossible, car tous les livres étaient soigneusement examinés dans le greffe de la prison. J'eus recours au moyen suivant. Je voulais communiquer à mon ami l'information qui suit : « Je suis ici ; toutes les lettres sont aux mains de la police ». Je soulignai au crayon, d'une manière presque imperceptible, à la première et à la dernière ligne de chaque page, toutes les lettres de la phrase précitée, dans leur ordre naturellement, une seule lettre par ligne. Puis je priai le gardien de remettre le volume au destinataire. Mon ami examina le livre avec la plus grande attention et découvrit ma ruse — les prisonniers ont du flair. Deux jours plus tard, au moyen du même livre et du même stratagème je reçus le renseignement suivant : « On m'a interrogé, les autres sont également arrêtés ». Dès ce moment nos relations furent continues et régulières.

Une autre fois, alors qu'on venait de me ramener de la direction de la gendarmerie et que, fatigué, triste, nerveux, je parcourais mon cachot d'une extrémité à l'autre en essayant de me remémorer mon interrogatoire et de pénétrer le sens des questions qui m'avaient été adressées, j'entendis des coups frappés au mur de ma cellule. Je m'arrêtai et écoutai. Les coups se répétèrent. Je m'approchai du mur et répondis à ce signal. L'inconnu répéta son manège. « — C'est un ami ! » m'écriai-je tout ému. Ce fut un heureux moment. Une heure plus tard, j'avais appris quel était mon voisin, pourquoi il avait été arrêté et bien d'autres choses intéressantes.

Voulez-vous savoir comment ?

C'est très simple et très facile. Mon voisin frappait au mur avec sa montre ou avec un crayon. Les coups, que j'entendais distinctement, indiquaient les lettres de l'alphabet. Le nombre des coups correspondait à la place de la lettre, suivant l'ordre de l'alphabet, c'est-à-dire, *A*-1, *B*-2, *C*-3, *D*-4, etc. Mon interlocuteur commença par me demander mon nom, puis me dit le sien et de ce moment nous fûmes de vieux amis. Mon compagnon d'infortune me fit part des nouvelles récentes, m'informa de l'insurrection de Zeïtoun et des nouvelles arrestations, m'annonça la mort d'un ami et d'autres choses gaies ou tristes.

Le lendemain matin, lorsque nous reprîmes notre causerie, j'informai mon camarade qu'il était nécessaire d'apporter un léger changement à notre mode de correspondance afin de pouvoir communiquer plus facilement et plus rapidement. Il s'en réjouit naturellement. Le changement fut le suivant : il s'agissait de diviser l'alphabet en cases disposées de la manière suivante :

	1	2	3	4	5
1	A	B	C	D	E
2	F	G	H	I	J
3	K	L	M	N	O
4	P	Q	R	S	T
5	U	V	X	Y	Z

Cette grille avait l'avantage de faciliter beaucoup le travail; ainsi, si je voulais indiquer la letttre V, qui est la vingt-deuxième de l'alphabet, au lieu de frapper vingt-deux coups, ce qui est long et ennuyeux, je frappais d'abord cinq coups, puis deux, ce qui signifiait deuxième case de la cinquième colonne.

Comme amusement et exercice, je frappai 3-2, 1-5, 4-4, 5-1, 3-2, 4-5, 1-1, 3-4, 1-5, 4-4, 4-5, 2-4, 3-2, 4-5, 5-1, 1-5, ce qui signifiait : « *Le Sultan est-il tué?* »

A quoi mon ami répondit : 4-1, 1-1, 4-4, 1-5, 3-4, 1-3, 3-5, 4-3, 1-5, c'est-à-dire : « *Pas encore* ».....

Cette découverte donna bientôt des fruits; une semaine plus tard, tous les détenus arméniens communiquaient entre eux. Un des plus audacieux la popularisa davantage en la faisant servir à la correspondance écrite. Dès ce moment on vit apparaître sur tous les livres de la prison des quantités de chiffres qui avaient l'air innocents et sans lien précis. Le directeur eut pourtant des soupçons.

— Qu'est-ce que cela signifie ? demanda-t-il un jour à un prisonnier aux mains duquel il trouva l'alphabet chiffré.

— Ce n'est rien, Monsieur le directeur, pour me distraire je résous des problèmes d'arithmétique. Quand j'étais à l'école j'aimais beaucoup les problèmes compliqués.

Et c'est une lutte incessante entre les prisonniers et l'administration de la prison. Ceux-là tâchent de créer des communications entre eux pendant que celle-ci s'efforce de les empêcher et de les détruire. Si l'on découvre l'un des subterfuges, les détenus en inventent un nouveau, pouvant être mieux dissimulé. Et le cerveau de ces hommes arrive souvent à déjouer l'habileté policière, figée dans sa toute-puissance.

Mais notre « correspondance » ne devait pas durer longtemps.

— On vous demande au greffe, me dit un jour le gardien.

Là, je trouvai le directeur, entouré d'une pompe peu habituelle. Il était clair qu'il avait à me communiquer quelque chose d'extraordinaire.

— Préparez-vous à partir dans une demi-heure, me dit-il.

— Où me conduit-on ? demandai-je.

— Je n'en sais rien, je ne puis vous le dire.

Je n'essayai pas de renouveler ma question, cela signifiait que l'ordre était secret. Exactement une demi-heure plus tard, sous la surveillance étroite de gardiens, je franchis la porte de la prison, aussi ignorant du sort qui m'attendait que je l'étais trois mois auparavant lorsque j'y étais entré.

Ainsi qu'à ce moment, une voiture fermée m'attendait. Elle roula silencieusement à travers des rues écartées, mais où la circulation était déjà active. Assis dans un angle de la voiture, replié sur moi-même, j'étais incapable de surveiller les visages des allants et venants, de surprendre peut-être un sourire, un coup d'œil ami. Et pourtant je brûlais du désir de revoir des visages humains. Tout à coup, la voiture s'arrêta sur des places de la ville pour laisser passer un convoi funèbre.

— Qui enterre-t-on? demandai-je machinalement.

— Un mort, me répondit le gardien avec le plus grand sérieux.

Puis, il voulut bien ajouter aussitôt :

— Il est défendu de parler...

Vingt minutes plus loin, la voiture s'arrêtait devant la gare du chemin de fer. Le train s'apprêtait à partir. Un sombre pressentiment m'envahit. « C'est le chemin de l'exil », me dis-je. Des heures de silence suivirent. Une heure dans le cabinet particulier de la gendarmerie, dix-huit heures dans le wagon secret, plus d'une heure dans l'antichambre de la gendarmerie à la station suivante, ensuite au greffe du directeur de la prison. Et, dans cette prison, je restai toute une semaine sans prononcer une parole.

Le silence cessa pourtant. On me conduisit à l'interrogatoire, d'abord une fois par jour, puis deux fois ; à la fin, j'arrivai à y passer la journée entière, et au silence succédèrent de nouveau des questions sans fin, des discussions, des perquisitions, puis des menaces, des dépositions et encore des menaces.

Assis dans son fauteuil, le colonel, impérieux et courroucé, se croyait le maître absolu de toute la Russie. En face de lui se tenait un officier de gendarmerie, un énorme gaillard chargé de sauter à la gorge des prisonniers, s'il en eût été besoin. Dans un angle, les traducteurs à l'odorat fin, aux têtes humblement baissées, puis le représentant du silence, le procureur, muet, mystérieux...

— Si j'étais le ministre, s'écria le colonel dès qu'il m'aperçut, en s'agitant comme un fou dans son fauteuil, je supprimerais la langue, la littérature et l'église arméniennes; je fermerais les théâtres et je disperserais les Arméniens aux quatre coins de la Russie; ce serait la fin du mouvement arménien, de ce mouvement qui nous amène tant de soucis et qui nous enlève le sommeil!

— Ce n'est pas vous qui souffrez, monsieur le colonel, répondis-je, mais bien nous qui sommes devenus les victimes politiques, qui sommes voués à la prison et à l'exil, simplement pour avoir montré des idées humanitaires, pour avoir exprimé nos sympathies à un peuple opprimé et persécuté.

Le procureur intervint. L'orage s'apaisa.

— Vous êtes coupable des trois chefs suivants, expliqua alors immédiatement le colonel devenu calme : vous avez acheté et envoyé des armes en Turquie par des moyens illégaux; vous avez organisé des bandes armées; vous avez fondé une imprimerie secrète dont vous êtes membre.

Cette triple accusation constituait une formule bien connue, préparée à l'avance à la direction de la gendarmerie et qu'on présentait à tous les prisonniers. Son origine est claire. Quand commença le « mouvement arménien », ceux qui représentent au Caucase la sécurité de l'Empire informèrent le gouvernement que le mouvement avait sa source dans la Transcaucasie et que le logis de chaque jeune Arménien était un dépôt d'armes, de munitions et de proclamations. L'ordre arriva de Pétersbourg de faire des perquisitions et des arrestations. On commença à perquisitionner, comptant découvrir des fusils par milliers, des cartouches par centaines de mille, des bombes et de la dynamite, des imprimeries secrètes, et même l'organisation d'une conspiration dirigée contre la Russie.

Les espérances des policiers ne se réalisèrent pas.

C'est ce qui expliquait la rage de la police.

Lorsque je vis la tactique de mon juge, je protestai :

— Si vous nous faites soumettre à l'interrogatoire simplement pour nous jeter à la face des accusations sans fin, sans jamais écouter nos explications, tout cela est bien inutile, monsieur le colonel, enfermez-nous en prison ou envoyez-nous en exil, comme, du reste, vous...

— Retournez à la prison ! ordonna le colonel en m'interrompant.

Le jour suivant, le procureur était absent et le colonel en humeur de plaisanter. Il me reçut par ces mots :

— Je sais que vous voulez fonder une Arménie indépendante et, de même que nous autres Russes, régner sur d'autres nations. Mais vous êtes dans l'erreur. L'amitié de l'Angleterre ne vous servira à rien et nous ne vous donnerons pas l'Arménie. Nous nous en emparerons et nous la réunirons au Caucase. Vons voyez que le chemin de fer de frontière est déjà prêt et nous n'attendons qu'une occasion pour envoyer des troupes.

Après une petite pause il continua :

— Hier, pendant l'interrogatoire, j'ai posé cette question à l'un de vos camarades : « Quand l'Arménie sera libre, me donnerez-vous un emploi ? » Il me l'a promis...

Je protestai contre cette « raillerie officielle ». Le colonel, irrité, se mordit les lèvres et commença l'interrogatoire, qui prit fin au bout de deux heures sur cette menace :

— Si d'ici trois jours vous n'avez pas tout avoué, je vous enfermerai en prison pour une année entière ; je vous ferai jeûner et coucher sur la dure, et ne vous permettrai pas la plus petite réclamation, la moindre requête ; j'interdirai toute entrevue et je finirai bien par atteindre mon but !

Et ils continuèrent, en effet, à faire tout leur possible pour atteindre ce but méprisable. Ce soupçon qui pesait sur tout le Caucase, valut à toute une génération la prison, l'exil, la surveillance de la police — le plus dur impôt que puisse payer une nation soumise. Ni une ville ni une classe de la population n'y échappèrent. L'artisan et le professeur, le paysan et l'avocat, l'écrivain et l'agriculteur, l'étudiant et le commerçant, les femmes et les ecclésiastiques même goûtèrent à leur tour, et avec une égale sévérité, les rigueurs de la prison et les amertumes des persécutions.

On trouve des faits épouvantables dans les annales des prisons. Lesquels citer ? En voici quelques-uns, pris au hasard : Un jour, la direction de la gendarmerie apprend qu'un envoi de dynamite, fait au nom de Ghévorkian, est en route pour Tiflis. On arrêta un nommé Ghévorkian, qui n'avait rien de commun avec la personne en question, et qui, naturellement, ne savait rien. Après l'avoir enfermé et battu pour le faire avouer, on le garda sept mois en prison ; au bout de ce temps, on le déclara innocent et il fut relâché. On enferma pendant quatre mois une Arménienne qu'on soupçonnait d'avoir eu des entrevues avec des condamnés politiques. En 1898, pendant la nuit du 3 février, on perquisitionna dans les appartements de cinquante-et-un étudiants arméniens ; on en emprisonna quelques-uns et on finit par reconnaître que les soupçons étaient sans fondement. Une famille de Tiflis fut la victime de perquisitions, et l'un des fils fut arrêté simplement parce qu'on avait trouvé chez un prisonnier qui leur était apparenté une lettre de ce jeune homme, lettre n'ayant du reste aucune importance quelconque. La police n'avait aucune preuve contre la plus grande partie des personnes qui, pendant l'hiver de 1898, furent arrêtées à Tiflis, Bakou, Erivan et emprisonnées pendant des mois sur de simples soupçons. Et encore ces soupçons étaient-ils le résultat d'informations intéressées vendues par des espions! La plupart des prisonniers furent soumis à une surveillance extrêmement sévère, simplement parce qu'ils refusaient d'avouer des crimes qu'ils n'avaient pas commis, dont le nom même leur était inconnu !

Ce sont ces innombrables actes d'injustice criante qui créèrent, dans le profond silence des prisons et dans toute la Russie, depuis la forteresse de Pierre-et-Paul jusqu'au plus infime donjon, les scènes tragiques qui restent le plus souvent inconnues du public. Les âmes sensibles ou les âmes rebelles, celles qui ne savent pas plier ou celles qui qui refusent d'accepter la vie avec ses laideurs et ses injustices, ont souvent eu recours à l'acte suprême, seul libérateur, au suicide. L'on vit ainsi se jouer d'affreuses tragédies, dans ces souterrains où la liberté et le despotisme se livrent un combat désespéré.

— Je ne veux pas vous les conter, ces faits émouvants, ils sont trop tristes, trop affreux. Je ne mentionnerai que le testament sacré d'un malheureux détenu, testament écrit en captivité et dont l'auteur se donna la mort : « La prison m'a usé, écrivait-il, et je n'ai plus l'espoir de voir cette aurore brillante dont nous parlions si souvent et avec tant de ravissement dans les jours de rêve. Je n'ai plus qu'une prière : Lorsque Pétropavlosk — le tombeau de la liberté de la Russie entière — sera anéanti, ce Grand jour-là, n'oubliez pas, camarades, de visiter aussi mon tombeau couvert de mousse. C'est de ce jour seulement que mes os trouveront le repos et que j'oublierai les longues souffrances ».

La Bastille russe détruite, et, à sa place, un énorme obélisque élevé à la liberté et portant cette inscription : *Respect aux souffrants !*

Quand viendra ce jour tant espéré ?

L'histoire était terminée. Les auditeurs se dispersèrent, émus et tristes. Et dès lors, chaque fois que je passe devant une prison — une petite ou une grande Bastille — d'où le souvenir de mes camarades torturés crie vengeance, en proie à une douleur inexprimable, je murmure toujours ces mots :

— Quand viendra ce jour tant espéré ?

DOCUMENTS SECRETS

(LETTRE DIX-NEUVIÈME)

L'ordre secret du gouverneur général. — Les communications secrètes du gouverneur de Kars. — La circulaire du département militaire. — Les documents de la gendarmerie d'Erivan. — Autres papiers officiels.

Les documents ci-dessous, que nous donnons à titre de démonstration, éclairent d'une lumière nouvelle et révélatrice la politique qui règne sur les frontières du Caucase.

Les mesures secrètes de cette sorte ne sont pas des exceptions. Depuis l'époque où a commencé la nouvelle politique, les chancelleries de l'Empire en sont inondées ; c'est une continuelle invite à surveiller cette fraction de la population dont chaque pas est considéré comme le signe d'un mouvement révolutionnaire.

Il ne s'écoulera sans doute pas longtemps avant que le mécontentement latent ne s'ouvre un chemin et n'amène à jour des documents secrets d'un caractère tel, qu'ils causeront, en même temps qu'une réprobation profonde, un grand bouleversement parmi le public trompé.

Les documents cités ici sont la traduction fidèle et textuelle des originaux russes. Ils proviennent de différentes villes du Caucase, et ceux qui ont réussi à se les procurer l'ont fait dans le but de les livrer à la publicité.

GOUVERNEUR GÉNÉRAL
DU
CAUCASE

Chancellerie

N° 480
4 Avril 1903
TIFLIS

SECRET

Au gouverneur militaire de la province de Kars.

D'après les informations officielles du gouverneur, informations reçues de la Turquie d'Asie, les Arméniens-Turcs, excités par les agents des comités révolutionnaires, se préparent à la révolte. Leur but est, avec l'aide de leurs frères de la Transcaucasie, de fournir aux Turcs l'occasion de recourir aux voies de fait, afin d'attirer ainsi sur les Arméniens l'attention de l'Europe, qui exige l'exécution des réformes dans les villayets de la Turquie d'Europe, mais qui oublie que le Sultan a promis des réformes semblables dans les villayets d'Asie également.

Le gouvernement turc a recours à diverses précautions pour empêcher ce soulèvement de ses sujets arméniens, et tâche de couper toute communication entre ceux-ci et les Arméniens du Caucase qui ont une grande part dans les préparatifs du soulèvement ; les Turcs sont persuadés que tous les ordres viennent de la Transcaucasie.

D'après d'autres informations, le gouvernement turc aurait entre les mains des documents prouvant d'une manière irréfutable que les Arméniens habitant les villayets de la Turquie d'Asie se préparent à la révolte et entretiennent de continuelles relations avec les comités révolutionnaires du Caucase. On suppose que les troubles commenceront au printemps, alors que les chemins conduisant du Caucase en Turquie seront praticables.

D'après les Turcs, les points principaux par lesquels les Arméniens du Caucase comptent pénétrer en Turquie sont Kaghzvan et Olthi.

Nous avons l'honneur d'informer Votre Excellence des faits ci-dessus, comptant que vous prendrez en cas de nécessité, les mesures convenables.

(Signature.)

LE GOUVERNEUR MILITAIRE
DE LA
PROVINCE DE KARS

Division judiciaire

N° 143
13 Avril 1903
KARS

TRÈS IMPORTANT

Absolument secret.

Au préfet de Kars.

Dans son rapport n° 67 du 11 avril, le chef de police de Kars nous communique les informations recueillies par ses agents, informations qui montrent que les réfugiés arméniens se préparent, dès qu'il y aura possibilité, à rentrer en Turquie par la Perse, où les comités secrets leur feront distribuer des cartouches, des vêtements et même de l'argent. Ils supposent pouvoir passer la frontière à Sourmalou. Des soldats arméniens, cachés dans des maisons et des étables des villages de Batch-Choraghial (?), Batch-Katiklar, Segh-Katiklar, Ghezl-Kiurik-Déré, Paldervan, Choraf et Khass-Zivtlik du district de Kars, et dans ceux du district de Kaghzvan, Tizar, Ghezl-Ghoch et Batch-Kilissa, enseignent l'emploi des armes à feu à des groupes de réfugiés composés chacun de six hommes. Ils reçoivent pour cela une somme payée par une association. Dans tous les villages arméniens on procède à des collectes. Chaque nuit de petites bandes composées de dix à quinze hommes armés vont d'un village à l'autre pour récolter de l'argent.

Quelques-unes des informations ci-dessus étant confirmées par votre rapport du 11 avril (n° 67) — rapport traitant des mouvements remarqués parmi les Arméniens et des collectes faites dans presque tous les villages arméniens de votre district — nous vous ordonnons, comme confirmation de vos propositions n°s 120 et 123 des 2 et 5 avril, ainsi que comme complément aux ordres que nous vous avons donnés verbalement :

1° De fonder dans les villages arméniens des postes de surveillance pour veiller sur les faits et gestes des Arméniens et pour les empêcher de préparer des bandes armées, de recueillir de l'argent, et, en général de troubler l'ordre. Si, pour cause d'un manque d'hommes il ne vous était pas possible de préparer des commissions, formez des patrouilles qui visiteront continuellement les villages arméniens, ainsi que les endroits où vous remarquerez des signes de mouvement ou des préparatifs suspects.

2° De vouer une attention toute particulière à l'information fournie par Kirakos Pétrossof, du village de Paraguète, qui prétend que les collectes sont faites à Kiodik-Satelmche par Avétis Sarkissof, et à Paraguète par Nahapète Aroutof; savoir à qui sont remises les sommes recueillies et transmettre sans délai le résultat de votre enquête aux autorités et à la Direction de la gendarmerie.

3° Lorsque vous serez revenu du voyage officiel que vous devez faire à Kaghzvan, je vous prie de vous rendre immédiatement dans les village arméniens afin de vous rendre compte par vous-même de l'état de choses et de prendre les mesures indispensables nécessitées par les circonstances, afin que les moyens nécessaires pour parer aux éventualités ne soient pas différés.

4° Faire le nécessaire afin que, le 19 avril, à dix heures du matin, on amène devant moi les représentants des maires des villages de Matsra, Zaïm, Kiotik-Satelmche, Paraguète, Bélki-Achmèt, Dolbantli, Berna et Zermal.

Une somme destinée à payer les frais d'entretien des agents engagés en vue du mouvement arménien vous sera envoyée sous peu; pour le moment, nos moyens étant limités, nous vous adressons deux cents roubles.

Chef de la Chancellerie:
POLSKI.

Général-major:
SAMOÏLOFF.

D. M. P.
Le Préfet
DU DISTRICT DE KARS
—
N° 172
12 Avril 1903
KARS
—

PRESSÉ

Secret.

Au sous-chef
de la Direction de la gendarmerie
de la province d'Erivan.

D'après les informations que j'ai recueillies dans divers villages de ma circonscription, des collectes non autorisées ont lieu par l'entremise d'anciens émigrés. Les sommes recueillies sont destinées à venir en aide aux agitateurs arméniens qui forment des bandes armées de dix à quinze hommes, bandes qui comptent passer la frontière turque dans le courant de mai et susciter des soulèvements. D'après des renseignements sûrs, les collectes sont faites dans les villages de Kiotik-Satelmche, par l'émigré Avétis Sarkissov ; dans le village de Paraguète, par Missak Satourov, habitant d'Alexandropol et par l'émigré Nahapète Aroutov.

J'ai l'honneur d'informer Votre Excellence des faits ci-dessus, afin que vous preniez les mesures nécessaires.

KISÏLIOV.

U. M. G.

DÉPARTEMENT MILITAIRE
DU CAUCASE

Division secrète

N° 4593
8 Décembre 1903
TIFLIS

COPIE

Circulaire secrète.

Au commandant des troupes
du Caucase.

Moyens de préserver l'armée du Caucase de la propagande révolutionnaire arménienne.

Depuis quelques années, parmi la population arménienne du Caucase, on commence à remarquer un réveil particulier de l'idée irréalisable d'une autonomie de l'Arménie.

Des comités arméniens prirent naissance, qui, par des sollicitations et par des menaces, cherchèrent à répandre cette idée et travaillèrent à éveiller la haine contre la Russie en général et contre tout ce qui était russe en particulier.

Les troupes du Caucase, dans les rangs desquelles les soldats arméniens servaient avec fidélité et attachement, restèrent longtemps à l'abri de cette propagande. Cependant, depuis quelque temps, les jeunes intellectuels qui s'occupent de propagande, dirigent leurs efforts vers l'armée.

Le prêtre, l'instituteur, le fonctionnaire de l'Etat lui-même, s'unissent pour tâcher de détruire chez le soldat arménien la conviction de la sainteté du serment prêté à ses chefs, et pour l'amener à déserter l'armée et à s'emparer d'armes et de munitions.

Bien qu'il se soit trouvé parmi les soldats arméniens des individus, qui, non seulement résistaient aux fauteurs de désordre mais les dénonçaient même à l'autorité, il s'en trouva pourtant d'autres, qui, écoutant les mauvais conseils des agitateurs, quittèrent l'armée en emportant leurs armes et formèrent même des associations secrètes.

Reconnaissant la nécessité absolue et immédiate d'une lutte acharnée contre ce nouveau fléau, le commandant temporaire des troupes du Caucase m'a chargé de prier les chefs de tous les bataillons de consacrer leurs efforts et toute leur attention à tenir à l'écart de toute propagande de cette sorte les soldats arméniens restés jusqu'ici fidèles au Czar. Son Excellence le général-lieutenant Frézé a bien voulu, en même temps, recommander à l'armée toute une série de moyens, qui auront sans doute d'excellents effets dans la question qui nous occupe.

Voici ces moyens :

1° Pour lutter contre la propagande précitée, les chefs des bataillons pourront demander l'aide des officiers arméniens, et les charger d'user de leur autorité sur leurs compatriotes simples soldats ;

2° Il est indispensable d'encourager et de récompenser les soldats arméniens qui auront rempli le devoir que leur imposent leur serment et leurs fonctions, et dénoncé aux autorités les agitateurs qui s'efforcent de jeter le désordre dans l'armée ;

3° Il est nécessaire, dans des causeries intimes, d'expliquer aux soldats arméniens le but des propagandistes et le danger de leurs doctrines, et de leur faire bien saisir en même temps la sainteté de leur serment et le rôle secourable qu'a joué la Russie envers leur nation, qu'elle a, par ses efforts, délivrée du sort lamentable qui lui était réservé en Turquie et en Perse, et dont elle a, en même temps, assuré la sécurité;

4° Essayer d'agir sur eux de telle manière qu'ils sachent se garder eux-mêmes des propagandistes et de leurs manœuvres coupables, et les amener à se surveiller les uns les autres en rappelant que la culpabilité de l'un d'eux peut entacher tous les autres aux yeux de l'autorité ;

5° Tout en montrant aux soldats arméniens toute la confiance possible, instituer dans les différentes parties de l'armée une surveillance très sévère qu'on leur dira avoir pour but de les préserver des influences dangereuses ;

6° N'autoriser qu'avec la plus grande prudence les visites d'Arméniens dans les casernes ;

7° Le chef du bataillon devra s'informer où et chez qui se rendent, pendant leurs permissions, les soldats arméniens qu'il a sous ses ordres ;

8° Redoubler d'efforts pour obtenir que tous les soldats arméniens parlent le russe ; pour cela, il sera nécessaire d'exiger que les soldats indigènes n'emploient pas entre eux d'autre langue que la langue russe :

9° Séparer les soldats indigènes, soit dans le rang, soit à la chambrée, et les disperser parmi leurs camarades russes sans permettre qu'ils se réunissent et forment des groupes à part ;

10° Surveiller tout particulièrement et très strictement les soldats arméniens qui habitent des divisions particulières, comme les boulangers, les artisans, les lettrés, et, en général, tous ceux qui font partie de l'administration de l'armée ;

11° Exercer une surveillance sérieuse afin que, conformément au paragraphe 47 du règlement sur le service intérieur, il ne soit mis en circulation dans les casernes et parmi les soldats que les livres et publications qui portent la signature du commandant des troupes ;

12° Lorsqu'on soupçonnera que des brochures ou proclamations dangereuses ont trouvé entrée dans les casernes, il ne faudra pas manquer de faire une perquisition sévère parmi les effets des soldats ;

13° Traiter suivant les besoins et d'une manière avisée les éléments se trouvant en dehors de l'armée et qui pourraient avoir une influence dangereuse sur les soldats arméniens ; vouer une attention spéciale aux prêtres arméniens, aux instituteurs et aux membres de la classe instruite qui peuvent avoir des rapports avec ceux-ci ;

14° Pour la surveillance des individus qui pourraient avoir une influence dangereuse sur l'armée, les divers commandants devront s'entendre avec l'administration locale et avec la police, afin que, par ces institutions et suivant les besoins, ils soient au courant des agissements des propagandistes, et puissent surveiller les maisons arméniennes que fréquent leurs soldats ;

15° Les soldats seront envoyés à l'église par groupes et sous la surveillance d'un sous-officier (peu importe qu'il soit arménien ou russe). L'église aura été désignée par le commandant qui se sera assuré que le service divin est célébré par un prêtre auquel on peut se fier ; après le service divin, les soldats retourneront dans le même ordre à la caserne ;

16° S'efforcer de diminuer le nombre des soldats arméniens qui reçoivent des congés de longue durée ;

17° Faire connaître au commandant les personnages qui auraient pu devenir suspects de propagande révolutionnaire parmi l'armée.

Au cas où ces moyens préventifs ne seraient pas couronnés d'un succès complet et définitif et où des agitateurs se montreraient dans telle ou telle partie de l'armée, le commandant en chef devra couper le mal à sa racine, soit en arrêtant les coupables, soit par tout autre moyen à sa convenance.

Les autorités seront en même temps informées des faits qui se seraient produits, et, au cas où ceux-ci seraient particulièrement importants, la direction de la gendarmerie serait également mise au courant.

Le commandant temporaire des troupes du Caucase, en me chargeant, comme complément à ma circulaire n° 4834 du 4 décembre de cette année, de communiquer à Votre Excellence les mesures ci-dessus, exprime l'espoir que chaque chef de bataillon saura trouver outre les moyens indiqués par nous, d'autres manières d'empêcher une propagande néfaste de se faire jour dans l'armée et de détourner le soldat de ses devoirs ; il espère également que les soldats arméniens resteront à l'avenir les mêmes serviteurs fidèles et dévoués qu'ils étaient autrefois.

L'Adjudant en chef : V. Aktovitch.

Le Chef d'armée, Lieutenant général : Béliavski.

M. A. I.

CHANCELLERIE de la PRÉFECTURE
DE
KAGHZVAN

N° 123
27 Février 1904
KAGHZVAN

Absolument secret.

Au préfet militaire de la province de Kars.

Le gouverneur du district de Nakhitchévan, dans une communication n° 33, datée du 20 février, m'informe qu'il a appris, oralement mais de source sûre, que quatre Arméniens inconnus sont arrivés le 11 février de Kars dans le village de Zibna. Ils prévenaient secrètement les jeunes gens de se tenir prêts, ajoutant qu'on les informerait ultérieurement de l'endroit et de l'époque où ils devraient se réunir. Puis ces individus se rendirent du village de Zibna à Nakhitchévan, et visitèrent plusieurs villages arméniens de la contrée. Ces personnages prêchent entre autres choses que le temps est venu de commencer l'œuvre préparée par les comités révolutionnaires, la Russie ayant les yeux tournés vers l'Extrême-Orient où elle envoie ses troupes, et de graves désordres se produisant en Turquie. Ils prétendent que l'Angleterre les pousse à commencer promptement leur mouvement, qui partirait de la Russie pour passer ensuite en Turquie.

Si l'on en croit les renseignements reçus, les comités rassembleraient leurs bandes dans les villages de Bagran et d'Ani, district de Kars, et dans le village de Kourtoukli, district d'Etchmiadzin.

En informant Votre Excellence des nouvelles ci-dessus, j'ai l'honneur de vous annoncer que j'ai envoyé aux fonctionnaires qui dépendent de moi, les ordres nécessaires pour qu'on renforce la surveillance dans les villages habités par les Arméniens qui se trouvent dans ma circonscription. J'ai chargé en outre le gouverneur du district de Nakhitchévan de commencer une enquête sévère pour savoir quels étaient les Arméniens arrivés le 11 février dans le village de Zibna.

De plus, j'ai ordonné de former une patrouille de sept hommes destinée à surveiller le village de Bagran et de renforcer celle qui a la surveillance du village de Zibna en supprimant temporairement la garnison de Nakhitchévan.

(Signature.)

M. A. I.

La Direction
de la gendarmerie
d'ERIVAN

—

29 Avril 1904
ERIVAN

—

SECRET

D'après les renseignements reçus, plus de deux cent cinquante Arméniens de Sassoun ont passé la frontière turque et sont arrivés dans la province d'Erivan.

Cinquante d'entre eux sont restés dans les villages arméniens du district de Sourmalou, tandis que les autres se sont rendus dans les autres districts de la province d'Erivan. Tous ces Arméniens sont armés, et leur but est de former des bandes révolutionnaires composées de jeunes gens de leur nationalité. Retourneront-ils en Turquie, resteront-ils dans la province d'Erivan pour y susciter des troubles ? On ne le sait pas encore.

Les principaux agitateurs, dont la tâche est de former des bandes révolutionnaires et de collecter de l'argent, sont : dans le village d'Igdir, district de Sourmalou, le commandant Artachès-Sassounof et Vagharchak, fils de Sahak Baghdassarian, qui est en même temps président d'un comité du district de Sourmalou.

Je vous informe des faits ci-dessus, afin que vous fassiez exercer la surveillance nécessaire dans la contrée qui se trouve sous votre direction, lorsque les Arméniens de Sassoun arriveront à Erivan dans le but de former des bandes révolutionnaires.

(Signature).

M. A. I.

Chancellerie
du Gouverneur d'Erivan

—

12 Janvier 1904
N° 34

—

Absolument secret.

Suivant les renseignements reçus à la chancellerie du gouverneur civil du Caucase, le gouvernement turc fait tout son possible pour créer des relations amicales entre les populations arménienne et turque et les autorités, en même temps qu'il s'efforce d'éveiller la haine des Arméniens et des Turcs sujets russes contre notre gouvernement.

Dans ce but, des agents dévoués à la Turquie sont envoyés dans les différentes parties du Caucase; c'est à eux qu'on doit l'attentat qui eut lieu contre le gouverneur d'Erivan. On envoie en même temps au Caucase des agitateurs turcs porteurs de proclamations et de bannières saintes.

Par ces moyens, le gouvernement turc s'efforce de soulever contre la Russie toute la population arménienne et turque du Caucase, afin de l'avoir à sa disposition lorsque, suivant la conviction répandue parmi les Turcs, la guerre sera déclarée au mois de mars de cette année, entre la Turquie et la Russie.

En vous communiquant ces informations, je vous prie de surveiller sérieusement l'apparition dans votre circonscription des personnages dont il est parlé plus haut, et de m'informer immédiatement de leur arrivée.

Le Chef de la chancellerie : VARZENKO.

Le Gouverneur : TIZENHAUSEN.

D. M. P.

PRÉFECTURE MILITAIRE

Division secrète

9 Avril 1904

KARS

Absolument secret.

D'après des renseignements obtenus de source sûre, le gouvernement turc a appris, l'hiver dernier déjà, que, dans les provinces de l'Asie-Mineure habitées par des Arméniens, ceux-ci avaient pu se procurer d'immenses quantités d'armes, de cartouches et de bombes explosibles, dans le but de susciter des troubles et de commencer, au printemps de cette année, la guerre contre le gouvernement. Le centre du mouvement, considéré comme le point le plus dangereux et le plus inexpugnable, parce qu'il est couvert de forêts et de montagnes, est Sassoun, où sont actuellement rassemblés plus de 17.000 Arméniens armés.

Le gouvernement turc a décidé de se débarrasser des Arméniens de Sassoun, si ceux-ci se refusent à déposer leurs armes après les pourparlers engagés avec les chefs des partis.

C'est dans ce but que les troupes turques sont rassemblées autour de Sassoun, et, d'après nos informations, les hostilités s'engageront probablement vers le milieu du présent mois ou un peu plus tard. Cet état de choses est connu des chefs du mouvement qui sont en Russie, ainsi que de la population arménienne du Caucase ; ces chefs ont décidé d'envoyer au secours de leurs frères d'armes de Sassoun des bandes armées. Lorsque celles-ci rencontreront des troupes turques, elles leur livreront bataille, avec l'aide de la population arménienne de la contrée, et chercheront de cette manière à détourner de Sassoun l'attention des soldats turcs et à affaiblir ainsi le coup qu'on compte porter aux rebelles sassouniotes.

Ces bandes armées, composées chacune d'environ 3.000 hommes, se préparent à passer en Turquie vers le milieu du présent mois ou un peu plus tard, quand les chemins seront débarrassés de la neige. Deux d'entre elles comptent passer par le district de Kaghzvan (dont une par le Khorassou) et la troisième par Olthi. Les bandes qui comptent passer par Kaghzvan se forment à Alexandropol, Kars et ses environs, et les membres les composant se réuniront près de la frontière, à l'époque désignée pour entrer en Turquie, ainsi que cela se passa l'automne dernier. Les armes leur seront distribuées en route, mais nous ne savons pas où se fera la distribution. Le projet est de passer la frontière en deux ou quatre endroits et au même moment.

En vous informant des nouvelles ci-dessus, je vous charge de veiller sévèrement à ce que des bandes de soldats arméniens ne puissent se former dans votre rayon et se diriger vers la frontière. En outre, les Arméniens ont l'intention de susciter des troubles à Kars, au commencement de mai ; j'ai chargé le chef de police de Kars de prendre à ce sujet des mesures sévères, et de surveiller strictement les Arméniens.

Je désire être informé de toutes les mesures importantes que vous prendrez au sujet des divers points indiqués plus haut.

Le Gouverneur militaire :

SAMOÏLOFF.

M. A. J.

Le Gouverneur d'Erivan

—

10 Avril 1904

N° 305

—

Secret.

Aux gouverneurs de districts.

Dans un des districts de la province, un Arménien qui cherchait à réunir des hommes parmi ses jeunes compatriotes, dans le but de former une milice nationale, a été arrêté.

Donnant une importance militaire à cette tentative, je vous invite à veiller à ce qu'une pareille propagande ne puisse avoir lieu dans votre district. Dans le cas où des faits semblables se produiraient, il est nécessaire de donner immédiatement à l'affaire un cours légal.

Le Gouverneur : Tizenhausen.

D. M. P.

Le Gouverneur de Kars

—

Division secrète

28 Avril 1904

—

Absolument secret.

(A faire circuler.)

Aux préfets de la province de Kars.

Le chef de la direction de la gendarmerie de la province d'Erivan, par sa communication n° 702 du 10 avril courant, informe le gouverneur militaire de la province, que, d'après les ordres du délégué des organisations révolutionnaires arméniennes, cent cinquante hommes appartenant aux dites organisations se sont réunis à Tiflis, et, après y être restés quelques jours, se sont dirigés vers Nakhitchévan.

D'après ses informations, plus de 35.000 personnes des provinces d'Erivan et de Kars auraient manifesté le désir de s'enrôler dans les bandes révolutionnaires dont une partie doit passer en Turquie, soit directement, soit par la Perse, tandis que le reste aura pour tâche de susciter des troubles en Russie le 1er mai de l'année courante.

En vous informant de ces faits, je propose aux gouverneurs de districts de la province de faire tout leur possible pour découvrir les bandes qui sont en train de s'organiser et pour les empêcher de susciter le moindre désordre.

M'informer de ce qui se passera.

Le Gouverneur militaire : SAMOÏLOFF.

M. A. I.

LE GOUVERNEUR D'ERIVAN

16 Février 1904

N° 24

Secret.

Au préfet d'Alexandropol.

D'après les informations reçues par moi, les membres du parti terroriste arménien essayent de persuader la population de ne pas s'adresser pour ses différentes affaires aux autorités villageoises, mais bien aux membres de leur organisation, qui se chargeront de juger les cas et de punir les coupables en cas de nécessité.

Je vous informe de ces faits et vous prie de vouer toute votre attention à cette sorte de propagande et, en cas de nécessité, de tâcher par tous les moyens en votre pouvoir de vous emparer des coupables.

M'informer immédiatement de ce qui pourrait se passer.

Le Gouverneur :

Comte TIZENHAUSEN.

LE VOL POLITIQUE

(LETTRE VINGTIÈME)

I

Un télégramme inattendu. — Le projet de l'assemblée du Comité des ministres. — Compte rendu secret. — Galitzine et Plehve. — Explications trompeuses. — La loi du vol. — Ordre supérieur.

C'était en juillet 1903.

Pendant une brûlante matinée, alors que la population arménienne du Caucase, en proie à un cauchemar politique, méditait sur ses douleurs passées, un télégramme arrivant du centre de l'Empire lui apporta une nouvelle cause de chagrin.

Voici ce que disait ce télégramme :

> L'ordre supérieur ordonnant de confisquer les biens des églises arméniennes grégoriennes a été promulgué.

On eût dit qu'une bombe venait d'éclater, tellement le coup était rude et inattendu. Il était inattendu surtout parce que, à cette époque où la Russie entière était en effervescence, alors que dans les rues et dans les assemblées on entendait les cris de : « A bas la monarchie ! » le peuple arménien pouvait se croire, du moins dans ses affaires intérieures, oublié et à l'abri de nouveaux déboires.

Mais les organisateurs de complots n'oublient pas volontiers. Bien cachés derrière le rideau gouvernemental difficile à percer, berçant d'illusions le patriarcat arménien, ils préparaient à leur aise un nouveau coup, définitif celui-là et sans pitié.

Les détails préparatoires de ce complot sont dignes d'attirer l'attention. Pendant sept mois entiers, le prince Galitzine — ce triste gouverneur du Caucase — fixé à Pétersbourg, préparait les esprits à l'acceptation de son projet tant caressé. Pobédonostsèv, l'éducateur des monarques, l'encourageait, naturellement. D'autres personnages puissants le soutenaient en secret. Enhardi par ce concours, il se présenta au conseil des ministres. Chose extraordinaire, il y rencontra une certaine résistance. — « Il est déplacé et dangereux, disaient les modérés, de soulever à une époque aussi agitée une question nouvelle et surtout aussi délicate que celle des biens des églises ».

La majorité des ministres se rallia à cette opinion. Cependant le principal auteur du projet ne se découragea pas; Plehve, le maître du maître, était de son côté. Il abandonna le comité des ministres et chercha une autre voie, allant supplier les « personnages influents », qu'ils fussent ou non du palais.

La politique de chuchotement fut une fois de plus victorieuse et le projet porté pour la seconde fois devant l'assemblée des ministres, qui l'examina à nouveau. Le *compte rendu* de cette assemblée est intéressant ; il était naturellement secret, mais il arriva cependant à la lumière ; il nous présente l'histoire succincte d'un complot. Voici ce compte rendu :

En 1897, à l'époque où les écoles primaires ecclésiastiques arméniennes passèrent aux mains du ministère de l'Instruction publique, les biens de ces écoles furent en même temps remis à ce même ministère. Le clergé arménien présenta alors, par la voie des tribunaux, toute une série de réclamations tendant à prouver que les biens confisqués appartenaient non aux écoles, mais bien aux églises et aux couvents.

Se basant sur ces réclamations, en même temps que sur l'activité polique du clergé arménien, le gouverneur du Caucase, prince Galitzine, souleva en 1898 la question de la confiscation des biens des églises. Cette proposition de Galitzine rencontra de l'opposition de la part des ministres des Finances et de l'Agriculture. Ces deux ministres justifiaient leur opposition en disant qu'un acte aussi sévère ne pouvait manquer de provoquer parmi la population arménienne un mécontentement profond. Le ministre des Finances proposait que la Direction des biens ecclésiastiques arméniens fut remise à une commission spéciale, les Vakoufs. La commission des Vakoufs, qui comprend des représentants du clergé musulman, a pour tâche la gérance des biens ecclésiastiques appartenant aux musulmans de Crimée. La commission aurait été formée de représentants du ministère de l'Intérieur, de la Direction locale du Caucase et du clergé arménien. Le ministre de l'Agriculture, lui, proposait d'administrer les biens ecclésiastiques arméniens de la même manière que ceux des couvents russes de l'Europe gérés en Bessarabie, c'est-à-dire de confier la surveillance générale des biens au ministère de l'Intérieur.

Le prince Galitzine et le ministre de l'Intérieur Sipiaguine furent d'avis qu'on pouvait accepter la proposition du ministre de l'Agriculture, Yermolof. Le projet préparé conformément à cette proposition fut présenté, par ordre supérieur, à l'examen d'une commission présidée par le secrétaire d'Etat, Frichi.

La commission déclara que, selon elle, le moyen proposé portait un coup rude à l'Eglise arménienne et pouvait changer les relations entre la Russie et les Arméniens de l'Empire et de l'étranger. Ce moyen aurait bien pour conséquence de modifier l'activité illégale du haut clergé arménien ainsi que de la jeunesse instruite, mais la commission pensait qu'il était possible d'arriver à ce but par d'autres moyens. On pourrait par exemple limiter l'autonomie de l'Eglise arménienne et instituer une surveillance sérieuse des recettes et des dépenses des églises.

Conformément aux objections précitées, la commission déclara prématurée la mise à exécution de l'entreprise soumise à son examen. Le ministre Sipiaguine arriva à la même conclusion. Le prince Galitzine, lui, ne voulut pas modifier son opinion. En entendant la lecture du compte rendu des travaux de la commission, l'Empereur voulut bien charger le ministre de l'Intérieur de lui présenter, après avoir conféré avec le gouverneur du Caucase, ses observations personnelles et les moyens préconisés par lui pour mettre fin à l'activité illégale du clergé arménien, à l'exclusion toutefois du moyen déjà examiné.

Mais le ministre, après un entretien avec Galitzine, déclara humblement que le seul moyen vraiment radical était, présentement, de soustraire les biens des églises à l'autorité du clergé arménien. En même temps Sipiaguine donnait — sous réserve de l'approbation impériale — sa haute autorisation pour porter l'affaire devant le comité des ministres.

Le 26 juillet 1901, l'Empereur donna son approbation et la proposition fut soumise au comité des ministres. Le ministre de l'Intérieur et secrétaire d'Etat Plehve expliqua entr'autres que le projet présenté était mûr et que, parmi les moyens étudiés et à étudier par le ministère de l'Intérieur, c'était lui qui répondait le mieux au but qu'on poursuivait : limiter l'autonomie de l'Eglise arménienne. Plehve fit remarquer en même temps qu'en soumettant à une surveillance impériale les revenus du clergé arménien (tout en respectant ses droits de propriété) on aurait la facilité d'exercer un contrôle régulier sur les dits revenus et qu'on pourrait alors régler l'activité de ce même clergé et le maintenir dans les limites de la légalité. Enfin, toujours d'après l'opinion du secrétaire d'Etat Plehve, le projet présenté était également avantageux et utile pour le clergé arménien qui, d'après le témoignage du prince Galitzine, administrait ses revenus et biens d'une manière peu sensée et même nuisible.

Voici quelle était la substance du projet :

« Tous les biens appartenant à l'Eglise arménienne ou aux établissements en dépendant, c'est-à-dire aux écoles (aussi bien en Russie d'Europe qu'au Caucase) seront remis à la Direction du ministère de l'Agriculture, tandis que les sommes d'argent seront remises au ministère de l'Intérieur. Le département des cultes chrétiens non orthodoxes, qui fait partie du dit ministère, aura la haute main sur le produit de ces biens et sommes d'argent, ainsi que sur les dépenses ; c'est ce département qui est chargé également de tenir les comptes de ces biens. »

Une fois examinée par le conseil des ministres, cette question passa au palais impérial. Plehve s'empressa de s'y rendre. Et Nicolas II, après avoir écouté les très humbles explications de son très fidèle ministre, signa de sa main auguste le décret et institua ainsi la loi du vol.

Cela se passait le 12 juin.

II

Les biens des églises et le Polojénia. — Nouveaux vents politiques. — Quel est le but réel? — Le programme de l'annexion des églises. — Le clergé arménien et le mouvement arménien. Nouvelle erreur. — Le mécontentement populaire.

L'Eglise arménienne possède en Russie de vastes propriétés; des terres, des forêts, des immeubles et des sommes d'argent, le tout provenant de legs reçus au cours des temps et légalisés par le gouvernement. Ces biens sont encore considérables aujourd'hui et atteignent la valeur de 90 millions, malgré les pillages répétés qu'a dû subir l'Eglise arménienne alors qu'elle gémissait sous le joug des despotes turcs et persans. Cette fortune est l'impôt offert à l'Eglise par de pieux Arméniens; c'est la preuve du respect de la nation convertie au christianisme envers ses prélats, c'est le fruit de son travail et de ses sueurs, dont elle a fait don à l'autel.

Le gouvernement russe, après qu'il se fut emparé de la Transcaucasie et d'Echmiadzin, reconnut par le Polojénia de 1836 le droit de propriété de l'Eglise arménienne-grégorienne, en même temps que sa légitimité.

Voici ce que dit la loi :

Art. 117. — Tous biens, meubles ou immeubles destinés ou appartenant soit à un monastère soit à une église ou à toute institution en dépendant, seront considérés comme propriété générale de l'Eglise arménienne-grégorienne.

Art. 121. — La gérance des biens de l'Eglise arménienne dépend directement des trésoriers (élus par le peuple) de chaque église.

Conformément à l'arrêté ci-dessus, la direction des biens ecclésiastiques ainsi que toutes les opérations pécuniaires se trouvèrent pendant de longues années aux mains du clergé et du peuple arméniens, sans qu'on élevât jamais la moindre réclamation au sujet de soi-disants abus ou qu'on parlât de confiscation. Cependant, lorsque de nouveaux vents gouvernementaux soufflèrent, et que, dans les chancelleries, on eut créé la « question arménienne », on vit apparaître le programme de la « confiscation des biens ecclésiastiques », précurseur d'un autre programme, plus compliqué celui-là et qui devait commencer par l'*annexion des églises.*

Cette question a son histoire :

Vers 1885, lorsqu'eut lieu la première fermeture des écoles arméniennes, la question des biens qui en dépendaient fut soulevée à Pétersbourg, mais différentes raisons politiques firent qu'elle fut renvoyée à des « temps plus propices ». Cette question revient sur l'eau chaque fois qu'à Pétersbourg ou à Tiflis, dans les « hautes assemblées » siégeant au palais de l'ancien vice-roi, on aborde le grave problème de « la « suppression » définitive des Arméniens ». D'après l'opinion de ceux qui penchaient pour la fusion, l'Eglise arménienne était un solide piédestal sur lequel s'appuyait l'autonomie de l'élément arménien du Caucase, et, par conséquent, lorsqu'on songe à porter un coup à cette autonomie, il faut tout d'abord lui enlever son piédestal — l'Eglise arménienne. Mais, comme la liberté de croyance est un des points fondamentaux du code russe, et que la Russie orthodoxe cherche souvent à se glorifier de cette « largeur d'idée » aux yeux de l'Europe, il serait imprévoyant de s'attaquer directement à la question de croyance et l'on trouve plus diplomatique de soulever d'abord celle de la « confiscation des biens ecclésiastiques ».

Le gouvernement monarchique espère atteindre ainsi d'une manière détournée à son but qui est d'affaiblir l'Eglise arménienne. Toujours d'après l'opinion du gouvernement, le clergé arménien constitue une grande force, un élément agissant puissamment sur le peuple, surtout par le fait que l'Eglise arménienne possède d'immenses biens, dont le clergé retire des sommes énormes grâce auxquelles il fortifie sa position indépendante, autonome. Pour enlever au clergé cette position indépendante — se dit le gouvernement, qui trouve dangereux tout ce qui n'est pas l'orthodoxie — il faut lui retirer cette richesse ou plutôt ces biens d'où provient la force pécuniaire des églises arméniennes. En confisquant ces richesses — continuent à penser les Metternichs de Pétersbourg — nous supprimons l'indépendance du clergé arménien, nous en faisons un corps *dépendant* auquel il sera facile de dicter ce que nous voudrons. Voilà tout le secret.

Mais c'est un de ces « secrets d'Etat » comme il y en a beaucoup en Russie, qui non seulement n'est basé sur rien mais qui ne mérite que l'ironie et les sourires de tous les hommes un peu au courant de la question, car il n'y a pas un élément plus faible, au point de vue politique, et plus dénué de vie que le clergé arménien-grégorien. Loin d'avoir une « immense influence sur le peuple », ainsi que se l'imaginent les auteurs des « rapports secrets », il cesse de plus en plus et d'une manière sensible de jouer le moindre rôle dans la vie arménienne. Dans le rapport présenté à l'Empereur, en 1898, le gouverneur du Caucase dit entr'autres : « L'idéal du clergé arménien est l'Arménie unie », ajoutant : « C'est le clergé qui est à la tête du mouvement arménien ». Ceci n'est pas une simple erreur, c'est un mensonge flagrant ; et c'est un mensonge artificieux, car quelle que pauvre que puisse être notre opinion de l'intelligence de ces sortes de faiseurs de rapports, il est impossible de croire qu'ils sont assez aveugles et assez bornés pour ne pas voir que le clergé arménien a cessé depuis longtemps de jouer le rôle que lui attribue la politique arménophobe.

Il y a bien des années déjà que la presse arménienne, pas seulement au Caucase où elle est muselée par la censure, mais à Constantinople, en Europe, en Amérique, partout enfin où il y a des journaux arméniens, élève une protestation unanime contre le clergé arménien qu'elle accuse d'être ignorant, inactif, avide, incapable de soulager les misères du peuple, de comprendre ses désirs. Dans toute l'Arménie-turque, des quantités de conversions ont lieu ; les Arméniens chrétiens deviennent mahométans. Tout près d'Etchmiadzin, la principale métropole religieuse des Arméniens, les Arméniens grégoriens passent à l'orthodoxie, au catholicisme, au protestantisme ; le clergé arménien n'a ni le pouvoir ni l'énergie d'empêcher cette dispersion de son « troupeau ». Et à Pétersbourg, les politiciens préconisent les mesures sévères, sous prétexte que ce même clergé est à la tête du mouvement arménien et prépare même la reconstition de la Grande-Arménie...

Quelle folie !

Il y a une autre erreur encore : c'est de croire que l'Eglise arménienne consacre chaque année des sommes considérables au mouvement arménien et qu'elle contribue ainsi à soutenir et à favoriser ce mouvement politique. Les agents du Czar ont la ferme conviction qu'il ne se passe pas d'année sans que chaque couvent et chaque église n'affecte une partie de ses revenus à la cause des Arméniens de Turquie. Le catholicos donne un demi-million, chaque membre du Synode cent mille francs, chaque évêque diocésain cinquante mille, les moines et les prêtres quelque mille francs, et ces sommes énormes s'en vont vers les frontières de l'Arménie d'où, transformées en armes et en bombes, elles arrivent à Van, Mouch, Sassoun, Constantinople même, créant cet ouragan politique qui effraye tant les trônes et les monarques. C'est avec cet argent que s'impriment les journaux révolutionnaires en Europe, grâce à lui que des manifestations se préparent sur les frontières du Caucase; c'est lui qui fait vivre les associations révolutionnaires et les terroristes, lui qui est la source de tous les maux!

Et c'est en proie au mirage causé par cette erreur funeste que la monarchie égarée suit pas à pas son « dangereux » ennemi dont l'anéantissement final est son principal souci politique.

« C'est aiguillonné par ces craintes — font remarquer bien des gens naïfs — que le gouvernement du Czar a décidé de couper le mal à sa racine, de réunir l'Eglise arménienne à l'Eglise orthodoxe et, pour y arriver, de confisquer d'abord les biens ecclésiastiques, afin que, au bout d'un certain temps, alors que l'Eglise n'aura plus aucun moyen de payer le clergé, le gouvernement offre de s'en charger, ce qui aurait naturellement comme conséquence de lui livrer à merci le clergé arménien. Ensuite viendrait bientôt et fatalement la réalisation de son plus grand désir — la réunion de l'Eglise arménienne à l'Eglise russe ».

Le programme de cette réunion a beaucoup occupé les deux gouvernements de Pétersbourg et du Caucase. On s'est souvent adressé, dans ce but, directement ou indirectement, au catholicos, à divers représentants de la Direction religieuse arménienne, mais toujours inutilement. Ces dernières années, la façon de s'y prendre a changé. Au lieu de chercher à convaincre et à attirer l'Eglise à soi, le gouvernement s'est mis à ordonner, à opprimer. Autrefois, tout cela se faisait secrètement ; maintenant on le fait ouvertement.

En mars 1904 l'organe du synode orthodoxe imprimait les lignes suivantes :

Le Saint-Synode considère que le plus cher devoir de l'Eglise orthodoxe est de chercher à s'annexer l'Église arménienne-grégorienne qui est depuis longtemps séparée.

S'annexer ! Quel moyen admirable ! Et la confiscation des biens ecclésiastiques, accomplie dans les larmes et le sang, est sans doute la réalisation prudente de ce programme tant caressé.

Mais cette fois-ci le peuple ne s'inclina pas devant la volonté du gouvernement. Il décida de résister. Et cela parce que, ni la requête plusieurs fois répétée du catholicos, ni les explications données par la population, ni les protestations adressées à l'Empereur par les Arméniens de Turquie, de Perse et de toutes les colonies fixées en Bulgarie, en Amérique, en Egypte, aux Indes, n'avaient réussi à changer les dispositions prises par les politiciens perfides de Pétersbourg. Le peuple longtemps connu pour sa fidélité et sa résignation, se révolta.

— « A la résistance ! » cria-t-on de toutes parts. De hardis lutteurs se dressèrent en face des baïonnettes. Les larmes de l'esclave se changèrent en cris de guerre !

LES MANIFESTATIONS POPULAIRES

(LETTRE VINGT-ET-UNIÈME)

Signes précurseurs de la rébellion. — Par les armes et le sang ! — Télégramme de Plehve et réponse de Galitzine. — Appel à la résistance pacifique. — On commence à protester. — Manifestations dans les grandes villes. — Dans les provinces. — Dans les villages.

Au commencement d'août, tandis que les hauts fonctionnaires jouissaient de l'agréable fraîcheur de leurs stations d'été, le premier signe de protestation éclatait dans les milieux arméniens. La police, bien que préparée d'avance, envoya à Tiflis des nouvelles graves et inattendues : l'annonce d'une prochaine révolte.

C'était exact. Les indices précurseurs étaient sérieux. Prise au dépourvu par la rapidité des mesures gouvernementales, la foule se jeta néanmoins dans la mêlée — on vit apparaître des bandes de cavaliers armés; des troupes armées prirent leurs positions de combat dans les cours des églises; les symptômes de résistance et de conflits devinrent partout menaçants.

Ces nouvelles inquiétantes furent bientôt connues au centre de l'Empire. Vers la fin d'août on savait, non seulement à Tiflis, mais à Pétersbourg, qu'au pied de l'Ararat des mouvements s'étaient produits qui y étaient inconnus jusqu'alors. La perspective était sombre et pleine de responsabilités. Et c'est pourquoi Plehve lui-même, qui pourtant avait soif du sang du peuple, s'empressa de mettre en garde le prince Galitzine par le télégramme suivant : « Si la résistance est très forte, différez, pour le moment, l'exécution de vos mesures ». Mais le satrape de la monarchie ne se découragea pas et ne voulut pas reculer. « L'ordre supérieur sera exécuté d'ici à deux semaines », telle fut sa réponse à Pétersbourg, persuadé qu'il était de la toute-puissance du bras du despote et s'imaginant que le sabre tranche tout...

Sous cette hardiesse était cependant cachée une profonde terreur ; c'est ce qui fit qu'on doubla toutes les mesures de précaution. Dans les grandes villes, comme dans les petites bourgades sans importance, les forces militaires reçurent l'ordre de se tenir prêtes à tout événement. La police ne dormait plus. Dans les endroits habités par une population arménienne, ce ne furent plus seulement les assemblées qu'on suspecta et qu'on surveilla, mais toute réunion, même familiale, telle qu'une noce, un baptême, un banquet.

C'est pendant ces jours d'inquiétude que devait avoir lieu une grande cérémonie religieuse, annoncée depuis longtemps, *la bénédiction des saintes huiles*, qui attirait chaque année une foule considérable à Etchmiadzin. Galitzine, craignant que cette foule ne fût la source de manifestations politiques, prépara aux événements possibles son illustre protecteur, et adressa en même temps au catholicos la lettre suivante :

Votre Sainteté,

Le Synode d'Etchmiadzin, par sa communication n° 675 du 13 juin de l'année courante, m'a informé que Votre Sainteté, par sa bulle du 5 avril de la même année, avait fixé la cérémonie de la bénédiction des saintes huiles au 28 septembre, à Etchmiadzin.

C'est pourquoi, prenant en considération le désir du ministre de l'Intérieur qui juge peu désirable la réunion de pèlerins cette année-ci à Etchmiadzin, à l'occasion de la cérémonie susnommée, j'ai l'honneur, conformément à la proposition du secrétaire d'Etat Plehve (n° 3695, du 23 juin dernier) de vous prier de bien vouloir renvoyer la cérémonie de la bénédiction des saintes huiles à un temps plus convenable.

Veuillez m'informer de vôtre décision le plus vite possible.

N° 11.677
23 août 1903.

Le sénateur, adjudant général :
Prince GALITZINE.

Il y eut également d'autres empêchements à cette cérémonie. Cependant ni ces empêchements ni les menaces, pas plus que le fouet ou les armes, n'atteignirent leur but. La rébellion était étendue et les mesures de répression du gouvernement, au lieu d'inspirer la crainte au peuple, ne servirent qu'à l'exciter. Les événements de la fin de juillet menaçaient de se répéter dans d'autres parties du pays, plus graves peut-être cette fois-là. Le gouvernement le comprit et s'efforça d'adoucir l'impression éprouvée par le peuple. A Tiflis, à Erivan, et dans d'autres villes encore, la police distribua au public des avis, composés dans la chancellerie du gouverneur, et dans lesquels on exhortait le peuple arménien à ne pas prêter l'oreille aux « agitateurs mal intentionnés », à « avoir confiance dans le gouvernement », et à rester calme. Personne ne prit garde à ces conseils : c'était trop tard...

On entendit du reste bientôt une autre voix.

Ces mêmes « agitateurs mal intentionnés » adressèrent à la foule des appels au calme, inattendus à cette époque agitée. En plusieurs endroits déjà, dans les villes surtout, le sang avait coulé ; l'odeur de la poudre se répandait de plus en plus et de sombres pressentiments se faisaient jour. La foule prêtait volontiers l'oreille aux discours guerriers. La classe instruite, au contraire, d'où sortaient ces « agitateurs mal intentionnés », en partie satisfaite de l'impression produite par les événements accomplis, en partie inquiète en songeant aux victimes futures, commença à changer d'opinion, à se tourner du côté des exhortations modérées. On prêcha la résistance pacifique, sans armes, sans troubles, sans effusion de sang. *La résistance pacifique*, tel fut le mot d'ordre qui, en peu de temps, au moyen des comités et des proclamations, fut répandu partout et calma d'une manière sensible les dispositions combattives.

Voici quelle était la véritable signification du nouveau programme : ne livrer volontairement aucun immeuble ni aucune terre, ne prendre part à aucun des actes de la confiscation, ne donner aucune signature ; en outre, il était recommandé d'éviter tout conflit à main armée. Dans de nombreux endroits, cette modération excita des murmures et des mécontentements ; il y eut même des protestations véhémentes parties des couches essentiellement populaires, qui menaçaient de ne jamais déposer les armes. Mais peu après l'idée de l'union dans le travail, idée si nécessaire et si essentielle, calma les esprits excités, inclina chacun vers le programme d'une protestation uniforme, réunit les éléments mécontents, et eut comme conséquence immédiate de rendre général et populaire le programme de la résistance pacifique.

Ce changement ne passa pas inaperçu aux yeux du gouvernement. Il s'était convaincu, au début du mouvement, que le peuple était prêt à verser son sang pour la défense de ses droits. L'exhortation à la résistance pacifique, adressée à toutes les couches de la population arménienne, n'avait pas d'autre but que d'empêcher l'effusion du sang, d'éviter que des cadavres fussent entassés autour des lieux de prière. Cette politique n'était pas inspirée par la crainte, mais bien par l'amour du prochain. L'armée des tyrans méconnut, cette fois encore, le mobile de l'acte. Encouragée par cette attitude, persuadée que l'arme était remise définitivement au fourreau, elle en devint plus cruelle, et continua à frapper, à fouler aux pieds, à faire couler les larmes, pour prouver que le despotisme ne cédait pas, mais qu'au contraire il affirmait sa puissance.

Voici quelques-unes des manifestations qui se produisirent :

A ALEXANDROPOL. — Le premier jour de la publication du décret de juin déjà, la ville perdit l'aspect paisible qui lui est habituel et devint houleuse. Les murmures se changèrent bientôt en protestations véhémentes, les protestations en un véritable mouvement populaire. L'émotion passa de la foule aux autres classes de la population et n'attendait qu'une occasion pour éclater. Celle-ci se présenta bientôt : le chef suprême de l'Eglise arménienne, vieux, abattu, découragé, passait par Alexandropol pour rentrer à Etchmiadzin. Le peuple saisit cette occasion pour porter à la connaissance du vénérable prélat sa douleur et ses réclamations.

C'était le 29 juillet. Les cloches des églises arméniennes se mirent à sonner pour annoncer la réunion prochaine. A dix heures, presque tous les magasins étaient fermés. Près de 5.000 personnes, hommes et femmes, groupées à la porte de l'évêché, attendaient la sortie du catholicos afin de faire entendre leurs justes protestations. Ces protestations furent d'abord exprimées par la voix de délégués. Le catholicos les écouta, sentit toute la force des revendications populaires, et promit de ne rien signer, ne ne rien livrer volontairement et de protester contre les mesures gouvernementales. Peu après, il quitta l'évêché pour se rendre à la gare, entouré de sa suite. A ce moment un grand désordre s'empara de la foule. Tous criaient d'une seule voix : « Saint-Père, proteste ! refuse ! ne remets pas les biens des églises ; courage, nous sommes avec toi ! » La foule, émue, entoura la voiture du catholicos et la suivit jusqu'à la gare en répétant : « Protester, il faut protester ! » Le substitut du sous-préfet essaya à un certain moment de monter dans la voiture pour lui faire prendre une allure plus rapide, mais la foule l'en empêcha en criant : « Ce n'est pas la place des gens malpropres ! » A la gare, la foule, excitée, assaillit les gendarmes à coups de pierres...

Les jours suivants ne furent guère plus calmes. Les dispositions peu pacifiques des habitants des villages arméniens environnants et les nouvelles reçues d'autres endroits ne firent qu'augmenter l'irritation, qui devint continue et dangereuse. Les fonctionnaires étaient dans les transes. On informa le préfet d'Erivan et le gouverneur de Tiflis qu'on avait résolu, à Alexandropol, de résister par les armes à la commission chargée de la confiscation. Les fonctionnaires modérés conseillaient la prudence et proposaient de différer l'envoi de la commission susnommée.

Ce fut le 5 octobre seulement que celle-ci osa enfin se présenter à Alexandropol, alors que les comités avaient prêché le calme au peuple, l'engageant à ne pas avoir recours aux armes et à se contenter des manifestations pacifiques.

Le lendemain, 6 octobre, tous les magasins et tous les ateliers de la ville, sans exception, étaient fermés. Les ouvriers et même les cochers avaient cessé le travail.

Dans les rues principales, de nombreux drapeaux noirs flottaient. Sur le toit de la Direction de la police on pouvait voir un grand drapeau noir qui portait en russe l'inscription suivante : « C'est une honte de voler ! » Sur un autre, fixé au fronton d'un édifice gouvernemental, on lisait : « Honte et opprobe au gouvernement ! » La foule, entassée dans les rues et autour des églises, faisait tous ses efforts pour se contenir et rester calme, mais elle n'y parvenait qu'avec difficulté.

Le même jour, le président de la commission, le prince Nakachidzé, fit appeler auprès de lui le vicaire du diocèse et lui proposa, dans un langage tout à fait conciliant, de se soumettre à l'ordre supérieur et de lui remettre tous les documents qu'il avait en sa possession. Le vicaire, archimandrite Sahak Baghdassarian, répondit ce qui avait été répondu partout : « Je ne puis rien faire sans l'autorisation du catholicos et nous avons reçu de lui l'ordre de ne pas remettre à la commission les biens des églises ».

Voici la conversation qui s'engagea entre eux :

Nakachidzé. — Vous nous montrerez peut-être où se trouvent ces biens ?

Le vicaire. — Montrer ces biens c'est vous les livrer. Pardonnez-moi, je ne le puis.

Nakachidzé. — Conseillez au moins au peuple de ne pas se livrer à des manifestations « stupides » qui pourraient provoquer dês massacres.

Le vicaire. — Le peuple arménien n'a absolument pas envie de se faire massacrer si la police ne le provoque pas maladroitement.

Ce fut tout ce que fit la commission ce jour-là. Le 7 octobre elle prit les voitures des fonctionnaires russes — il n'y avait pas une seule voiture particulière dans la ville — et se fit conduire partout, relevant à mesure les numéros des immeubles appartenant à l'Eglise et désignés dans une liste qu'elle possédait. C'est ainsi que se termina la confiscation des biens ecclésiastiques.

Et il ne pouvait en être autrement. Les menaces du peuple étaient la meilleure garantie contre un acte maladroit.

Plusieurs mois plus tard, alors que bien des choses étaient oubliées, un des membres de la commission, poltron ou prévoyant, ne pouvait chasser de sa pensée ce qu'il avait vu et entendu, et ne cessait de répéter : « Un peuple pareil est capable de tout ».

Respect au premier révolté !

A ERIVAN. — Ce fut bientôt le tour du chef-lieu de la province de l'Ararat. Cette ville, qui avait été souvent taxée d'indifférence et qu'on accusait d'être neutre, se joignit cette fois-ci à la protestation générale par une manifestation énergique.

Voici ce qui se passait le 3 août :

Au centre de la ville, dans l'église de Saint-Grégoire, un *requiem* devait avoir lieu à la mémoire de Mouradian, évêque de Smyrne. L'archevêque diocésain, Soukias Parzian, devait y assister. Une grande foule s'était rendue à la cérémonie. A l'issue de celle-ci, alors que l'archevêque se préparait à quitter l'église, la foule l'arrêta, lui demandant de se rendre immédiatement à Etchmiadzin, et de s'y faire l'écho auprès du catholicos de ses justes réclamations. L'archevêque refusa, prétextant qu'il avait déjà été à Etchmiadzin. La foule insista, criant : « Il faut y retourner, nous l'exigeons ! » L'entêtement du prélat produisit une telle agitation parmi le peuple que l'archevêque fut forcé de se retirer dans l'église jusqu'à l'arrivée du commissaire de police. Mais ce dernier fut incapable de faire revenir le peuple sur sa décision. Peu après, la porte de l'église s'ouvrit et l'archevêque sortit ; au milieu de l'émotion et des cris de la foule, il s'approcha de sa voiture et y monta. Aussitôt et sur un signe convenu, un groupe s'avança, entoura les chevaux dont on saisit les rênes, et la voiture se mit lentement en marche vers la rue principale, sans prendre garde aux sollicitations du commissaire de police qui demandait qu'on laissât passer la voiture. La foule qui suivait l'équipage criait sans trêve : « A Etchmiadzin ! à Etchmiadzin ! » Arrivée à la rue principale, elle s'écoula dans la direction du jardin public, puis se dirigea vers la place de la police, et, toujours manifestant, se porta vers la rue habitée par le préfet. D'abord la police, prise au dépourvu, perdit la tête. Les ordres se contredisaient et on n'aboutissait à rien.

Le jour même, le préfet était revenu de la campagne pour affaires et avait fait appeler chez lui le chef de la police. Les cris de la foule les effrayèrent. Le chef de police, pâle et inquiet, sortit au-devant des manifestants, échangea quelques paroles avec l'archevêque, toujours assis dans sa voiture et pressé par la foule, et essaya d'arrêter le courant populaire. On ne lui laissa pas même finir la phrase commencée. La foule s'élança impétueusement, quelques bâtons se levèrent dont l'un atteignit un agent au bras. Entraînant toujours la voiture épiscopale, elle passa comme un ouragan devant la maison du préfet et se dirigea, en traversant le mur en planches et l'entrée principale du grand jardin de l'église russe, vers l'archevêché. Avant d'y arriver, la foule se détourna et marcha, toujours criant et manifestant, vers le pont du Hrazdane. L'enthousiasme ne faisait qu'augmenter et les agents de police qui accompagnaient la foule, effrayés, oubliaient qu'ils devaient l'empêcher d'avancer. Arrivée au pont, le peuple excité le passa, et prit la grande route conduisant à Etchmiadzin.

Découragé et impuissant, le chef de police retourna à la ville pour informer le préfet de ce qui se passait. Celui-ci, le comte Tizenhausen, courut en personne au bureau du télégraphe pour donner des instructions à la police d'Etchmiadzin. Puis le chef de police d'Erivan, ayant pris avec lui un groupe d'agents, se dirigea à son tour vers la métropole religieuse des Arméniens. On envoya derrière eux deux bataillons. La foule, de son côté, poursuivait son chemin en augmentant peu à peu, car elle emmenait avec elle tous les Arméniens qu'elle rencontrait.

Le chef de police eut bientôt rejoint les manifestants et voulut essayer de les arrêter, mais ceux-ci répondirent par des volées de pierres et les agents de police tournèrent le dos. A deux heures, la foule atteignit le village de Parakar. Jusque-là, elle avait été calme, mais elle rencontra alors un bataillon qui fermait le chemin ; les soldats furent bientôt au nombre de trois cent cinquante, les bataillons d'Erivan s'étant joints à eux. La situation était grave. Le courroux populaire éclata une fois de plus. Les sabres sifflèrent dans l'air, les soldats reçurent l'ordre de faire feu. Des coups de pistolet partirent de la foule, qui ne recula pas, mais au contraire réussit à rompre les lignes des soldats et à continuer sa route, laissant derrière elle quelques victimes, soit manifestants, soit soldats. Plusieurs essais infructueux furent faits pour arrêter la foule. Cinq heures plus tard, quelques milliers de manifestants arrivaient à Vagharchapat[1], et pénétraient, par la porte de l'Académie, dans l'enceinte du couvent d'Etchmiadzin.

Le silencieux monastère fut témoin de scènes inouïes. « Protester, il faut protester ! » criaient toutes les bouches. Les soldats qui gardaient la porte de l'appartement du ca-

[1] Village auprès duquel est situé Etchmiadzin et qui fut autrefois la capitale de l'Arménie indépendante.

tholicos s'écartèrent en tremblant. Le peuple avança. Une députation composée de dix membres entra chez le catholicos, emmenant avec elle l'archevêque. La réception du vénérable prélat fut touchante et bien faite pour calmer les esprits. S'inclinant devant la volonté du peuple, il promit de faire son devoir. L'air retentit de vivats.

Le même jour, à sept heures du soir, les manifestants rentrèrent à Erivan, des cris de victoire aux lèvres.

Cette manifestation populaire, bien qu'accomplie sans armes, agit puissamment sur les esprits. Le préfet essaya plusieurs moyens pour calmer le peuple. Son substitut, le prince Nakachidzé, en proie à une frayeur terrible, déclara à plusieurs reprises aux Arméniens « qu'il n'était qu'un simple fonctionnaire, obligé d'exécuter les ordres de ses supérieurs ». Les policiers-espions mirent un frein à leur énergie...

Comme conséquence de cette agitation, on changea plusieurs fois la date de la main-mise sur les biens ecclésiastiques, car on craignait une sérieuse résistance et l'on voulait se rendre compte d'avance de quelle manière elle allait s'exprimer. Le 5 septembre arriva. Le comité révolutionnaire s'adressa au peuple et lui proposa de fermer en signe de deuil — le lendemain 6, jour désigné pour la confiscation — tous les magasins et de ne pas paraître dans les rues. Le même soir, dans les rues principales, autour de la nouvelle église russe, en face du bureau de police et sur divers points importants, des drapeaux blancs ou noirs parurent, portant diverses inscriptions telles que : « A bas la monarchie ! » « Vive la liberté ! » « Vivent les droits séculaires des Arméniens ! » Le jour suivant, la police fut longtemps occupée à faire disparaître les drapeaux « révolutionnaires » qui furent conservés à la Direction de la gendarmerie comme pièces à conviction.

Des scènes du même genre se produisirent le 23 septembre, deuxième date fixée pour la confiscation. Cette fois encore elle n'eut pas lieu, tant on craignait la fureur populaire. Ce jour-là tous les magasins se fermèrent de nouveau, les ouvriers arméniens mêmes, eux qui vivent à grand'peine au jour le jour du produit de leur travail, refusèrent spontanément de se rendre au travail. Le gouvernement essaya secrètement d'effrayer les réclamants ; beaucoup d'entre eux furent appelés devant le préfet où on les menaça ; on procéda à des arrestations, on eut même plusieurs fois recours à l'armée pour intimider le peuple, mais tout cela en vain : l'on ne parvint pas à étouffer les protestations. Ceux qui faiblirent n'eurent pas d'imitateurs ; la haine du peuple fut leur châtiment.

A AKHALKALAK. — C'était le 23 août, un samedi matin. Au premier tintement des cloches, tous les magasins se fermèrent, jusqu'aux cafés qui ne se ferment en aucune occasion, pas même pour la plus grande fête. L'ordre avait été reçu de célébrer un service ce jour-là et la grand'messe le lendemain. En dix minutes, les rues se remplirent d'une foule pressée qui se dirigeait vers l'église. Faute de place, de nombreux fidèles durent rester sous le porche. Les assistants, à genoux, silencieux et pensifs, mêlaient leurs voix aux mélodies tristes et plaintives. La police, effrayée, contemplait de loin ces prières et cette « fête » inattendue. Cette journée se passa sans incidents. Le lendemain, 24 août, un dimanche, de nombreux groupes de paysans arrivèrent de bonne heure à la ville, plusieurs d'entre eux accompagnés de leurs prêtres. Des femmes et des enfants se voyaient parmi eux. Tous apportaient des protestations écrites, adressées au catholicos et le priant de ne pas remettre au gouvernement les biens des églises. Tous ces documents, au nombre de cinquante, portaient de nombreuses signatures. Malgré le conseil qu'ils avaient reçu des comités de ne pas prendre d'armes, beaucoup d'entre eux portaient sous leurs vêtements des poignards ou des pistolets; d'autres étaient armés de bâtons et de massues. Cette foule, jointe aux citadins et formant un total de près de 6.000 personnes, remplit l'église, puis le porche et la cour.

Cet immense concours de peuple ne ressemblait guère à une foule ordinaire; tous étaient tristes et pensifs. Les prières et les chants étaient tous émouvants et pleins de tristesse. L'indignation était si grande qu'on ne permit pas à l'officiant de nommer comme de coutume l'empereur de Russie dans ses prières. Un des prêtres prononça un sermon très énergique qui augmenta encore l'émotion de la foule. Avant le *requiem* qui devait avoir lieu à la mémoire de Melchissédek Mouradian, une jeune fille lut un discours suivi d'un chant mélancolique intitulé : « O Dieu des Arméniens ! ». Une émotion indescriptible s'empara du peuple. On entendait de temps à autre des sanglots étouffés qui augmentaient sans cesse. Un des assistants prononça un discours enflammé et enthousiaste. A chaque phrase on entendait des sanglots ; tous pleuraient, femmes et hommes, jeunes et vieux. A un certain moment, alors que l'orateur, dans une phrase interrogative, s'adressait à la foule, tous s'écrièrent d'une voix formidable : « Nous sommes prêts, nous sommes prêts ! » — prêts à défendre au prix du sang des droits séculaires.

La cérémonie prit fin, mais la foule émue et électrisée ne

voulait plus quitter l'église. On pria enfin les villageois de sortir pour permettre aux citadins de s'approcher et de signer l'adresse de protestation destinée à être remise au catholicos. Les paysannes reprochaient aux femmes de la ville de s'être parées pour venir à l'église. « Pourquoi n'êtes-vous pas vêtues de noir, disaient-elles, vous n'êtes pas venues à une noce ».

On conseillait aux femmes de se disperser en prétextant que les signatures des hommes suffisaient, mais elles ne voulurent pas obéir. Une vieille femme, pauvrement vêtue, s'avança et demanda qu'on lui permît de signer la première. Elle ne savait pas écrire. Quelqu'un signa pour elle. Puis les signatures d'hommes et de femmes se suivirent sans ordre précis. Dans la cour, la foule, divisée en groupes, continuait à parler et à discuter avec chaleur et animation. De nombreux paysans demandaient à droite et à gauche qu'on leur donnât des brochures, des journaux révolutionnaires. Longtemps après seulement, la foule commença à se disperser et à se répandre dans les rues silencieuses.

Tout à coup, il se produisit un petit incident. Le maire du village de Matchatia, qui avait refusé de signer l'adresse de protestation, fut battu et hué. Le substitut du commissaire de police se précipita, le sabre levé, sur quelques jeunes gens, mais ceux-ci lui arrachèrent son arme, le rouèrent de coups et déchirèrent ses vêtements. La victime s'enfuit. Les autres agents n'osaient s'éloigner du corps de garde ; effrayés, ils regardaient de loin la foule s'écouler. Lorsque le commissaire de police sut ce qui venait de se passer, il fit aussitôt demander des renforts. A cheval, accompagné de soldats et d'agents, le pistolet au poing, il se mit à parcourir les rues en ordonnant à la foule de se disperser. Mais celle-ci continua tranquillement sa marche, sans s'occuper des menaces que lui adressait ce zélé fonctionnaire. Les paysans criaient : « N'ayez pas peur, ne vous pressez pas, doucement, doucement ! » Le même soir, le sous-préfet, qui était absent, revint, fit aussitôt appeler à nouveau la force armée et parcourut la ville. Cela n'empêcha pas les habitants de se promener dans les rues jusqu'à dix heures du soir, plus nombreux que de coutume. Des groupes de vingt à trente jeunes gens parcouraient les rues centrales en chantant des refrains révolutionnaires. Ils vinrent chanter jusque devant la maison du chef de police.

Ces chants étaient des signes précurseurs de la liberté !

A KARS. — « Qu'avions-nous rêvé et que voyons-nous ! » Telles furent les paroles prononcées par la génération de 78 qui avait secoué avec tant d'allégresse le joug mahométan pour se charger des chaînes du despote chrétien. Des deux côtés de la frontière, la trompette guerrière résonnait, nouvelle invite au « duel » politique, accueillie bravement par le peuple.

C'était le 2 septembre, le malheureux jour de la confiscation des biens des églises. Dès le matin, un silence de mort régnait dans la ville. A dix heures, la commission gouvernementale, entourée de nombreux soldats, se présenta au vicaire arménien et exigea les listes et documents concernant les biens ecclésiastiques. Le vicaire, respectant la volonté du peuple, refusa de les remettre. Peu après, les soldats commencèrent à tirer. Les Arméniens accoururent se grouper autour de leurs ecclésiastiques. Puis, tous se rendirent aux églises en poussant des cris de protestation. La foule compta bientôt près de 5.000 manifestants. Cette affluence inattendue troubla le gouvernement local. Il fit immédiatement appeler deux bataillons de soldats et un grand nombre de policiers.

Lorsque la commission s'approcha d'une église arménienne, la foule la reçut par une grêle de pierres. Les soldats et les cosaques, sur l'ordre du préfet, tirèrent deux salves. Le peuple répondit par des pierres et des coups de revolver. Quatre Arméniens furent tués et un grand nombre blessés. Le calme ne se rétablit que très tard et avec la plus grande difficulté.

Les perquisitions et les emprisonnements ne se firent pas attendre, naturellement. La police continua à poursuivre des gens sans armes et les prisons reçurent quatre-vingt-cinq personnes. Les arrestations et les sévérités n'effrayèrent cependant pas le peuple, qui était prêt à s'avancer de nouveau si des appels au calme n'étaient venus l'arrêter. Il se calma; mais l'esprit de la rébellion s'était profondément implanté en lui, nourri qu'il était par le sang des martyrs.

Honneur à vous, victimes malheureuses, et honneur au peuple qui les a produites !

A GANDZAK (Elisavétopol). — Le mouvement populaire eut lieu dans cette ville à la fin d'août et fut dirigé par cette phrase : « Nous voulons faire connaître notre volonté à l'autorité ecclésiastique ». Ce désir n'était pas sans fondement. Selon certains bruits, les représentants de cette autorité étaient indécis, ébranlés par les menaces et disposés à céder — chose que la foule ne voulait absolument pas, car elle allait répétant partout : « Il faut protester ! »

C'est pour exprimer sa protestation que le 29 août, à dix heures du matin, une foule composée de 6 à 7.000 hommes, femmes, jeunes gens et jeunes filles, se réunit près de l'église de la haute ville et se dirigea de là vers celle de la basse ville, à côté de laquelle se trouve également l'évêché, afin de signifier au vicaire, l'archimandrite Bénik, que sa volonté bien arrêtée était de résister. Avant que la foule eût fait la moitié du trajet, le chef de police, entouré d'un groupe d'agents, barra le chemin et lui ordonna de se disperser. Sans prendre garde à cet ordre, les manifestants continuèrent leur route vers l'évêché. Arrivé là, le peuple fit demander au vicaire de bien vouloir l'écouter, mais celui-ci, effrayé, refusa. Irrité, le peuple renouvela sa demande en menaçant le prélat d'entrer de force si on lui refusait audience. Des pierres furent même jetées contre les vitres qui furent brisées en partie. Enfin le représentant de l'autorité ecclésiastique finit par céder ; il sortit et essaya de calmer la colère du peuple en lui annonçant qu'on ne remettrait rien volontairement, car tel était l'ordre reçu du catholicos.

Calmée par cette déclaration, la foule se préparait à se disperser lorsque la police arriva. Elle commença d'abord par accuser le vicaire, prétendant que la manifestation était son œuvre. Au même moment on vint annoncer que les soldats arrivaient. Cette nouvelle provoqua un grand désordre. Le chef de police, voyant l'agitation de la foule, eut le bon sens de renvoyer les soldats. On croyait que tout était terminé.

C'est à ce moment qu'arriva le substitut du préfet, Andréief, un fonctionnaire détesté et bien connu pour sa haine des Arméniens. Il regarda autour de lui, échangea quelques paroles avec le chef de police et ordonna qu'on fît revenir les soldats. Cet ordre irrita à nouveau le peuple, qui comprit qu'on avait l'intention de lui faire peur. Il voulut montrer que cela n'était pas si aisé qu'on se le figurait. Le substitut du préfet, avec des menaces et des injures, ordonna à la foule de se disperser. Personne ne bougea. Le fonctionnaire, furieux, répéta son ordre d'un ton de plus en plus provocant. La foule répondit aux menaces par une grêle de pierres, en criant : « Nous protestons, nous ne vous donnerons rien ! » Tout à coup un jeune homme sortit des rangs, et, s'adressant aux fonctionnaires, leur cria : « Nous ne voulons pas vous livrer nos biens nationaux, ni, comme vous, changer de religion ! » (Andréief avait passé de la religion juive à l'orthodoxie.) Cette phrase fit une grande impression. Andréief, hors de lui, ordonna aux soldats de faire feu. Lui-même saisit un pistolet et tira sur le jeune homme qui l'avait interpellé. Et, debout sur son cadavre, il ordonna une deuxième fois aux soldats de tirer sur la foule. Les balles sifflèrent et la scène devint tragique. Le sang coula, on entendit des pleurs, des appels, des cris de blessés ! Ici une jeune fille de treize à quatorze ans gisait, le crâne fracassé ; là, un petit enfant, abattu d'un coup de fusil, se roulait dans les convulsions de l'agonie. Un peu plus loin encore, des cadavres, puis tout un tas de blessés. Il y eut dix morts et plus de soixante-dix blessés, parmi lesquels un soldat et quelques agents de police. . . .

Les jours suivants furent de tristes jours. La ville se remplit de patrouilles. On exerça partout une surveillance sévère et des arrestations furent opérées. On défendit de délivrer aux Arméniens des billets de chemin de fer pour Tiflis. Andréief, soutenu par Galitzine, essaya d'exciter les Turcs contre les Arméniens afin de créer une « deuxième révolte arménienne ». La police, comme la monarchie, ne connut plus de frein. Le dernier des agents de police osait menacer de la prison. C'était ouvrir naturellement la porte à toutes sortes de transactions. Ceux qui refusaient de donner une certaine somme — plusieurs centaines et quelquefois plusieurs milliers de roubles — étaient lâchement dénoncés comme suspects, emprisonnés ou exilés. La ville fut alors en proie à l'injustice et à la panique. On suspecta jusqu'aux cadavres et les cimetières furent surveillés. On persécuta les prières et le deuil — seule consolation des malheureux.

A TIFLIS. — Immédiatement après les événements de Gandzak, on distribua à Tiflis une proclamation révolutionnaire, impérieux appel à la vengeance adressé à la population arménienne de Tiflis. Voici un extrait de cette proclamation :

Peuple arménien !

Le 29 août, le peuple arménien de Gandzak a fourni ses premiers martyrs, sacrifiés aux tendances sauvages de la tyrannie. Les malheureux orphelins, les parents affligés auxquels les balles ont ravi leurs enfants, sont dans les larmes et la désolation. Ils demandent à grands cris vengeance de ces affreux massacres, qui ont fondu sur le peuple arménien grâce au misérable Galitzine et à son complice, le substitut du préfet, Andréief.

Que comptes-tu faire maintenant, peuple arménien ? Ce honteux massacre ne t'indique-t-il rien ? Quels sont tes préparatifs pour venir en aide à ces innocentes victimes ?

Toute la ville de Gandzak est dans l'épouvante et dans le deuil. Le sang versé ne suffit pas, on continue à emprisonner et à persécuter ceux qui se réclament du droit élémentaire de défendre leurs frères. Continueras-tu à te taire, à rester spectateur indifférent ?...

C'est à toi que la ville de Gandzak s'adresse tout d'abord, à toi peuple arménien de Tiflis qui peux et qui dois venger ces victimes, venger leurs enfants et leurs parents. Après de longues années d'humble silence, Gandzak vient de montrer en se défendant qu'elle a conscience d'elle-même. Le sang de ses premières victimes crie vengeance...

Cet appel trouva de l'écho.

La population, qui était restée si longtemps figée dans son indifférence, fut remuée par le sang des victimes, pencha du côté de la manifestation ouverte et commença ses préparatifs. On voulait quelque chose de grand et d'imposant, digne du nom de Tiflis.

Alors qu'on n'avait encore choisi ni le lieu ni la forme de cette manifestation, on décida de procéder d'abord à un *requiem* en mémoire des victimes de Gandzak ; la cérémonie fut fixée au 31 août, à la cathédrale. Ce devait être une cérémonie de deuil seulement, l'expression pacifique du respect pour les martyrs auquel on donnait une forme religieuse, et qu'on voulait sans conflits et sans effusion de sang.

Mais la police monarchique, cette fois encore, changea le cours des événements. Le sang coula une fois de plus ; une fois de plus la cour d'un lieu de prières fut témoin d'atrocités.

Voici un court récit de ce qui se passa :

« La journée était superbe. Le peuple s'était rassemblé dans la cour et à l'intérieur de la cathédrale. La scène était impressionnante, tous étaient tristes et émus ; on ne parlait que des atrocités de Gandzak. L'église était cernée par des agents, des gendarmes et des cosaques, ce qui ne pouvait que surexciter davantage les esprits.

« La messe terminée, la foule sortit de la cathédrale ayant à sa tête les prêtres en costumes sacerdotaux. Ils s'approchèrent du catafalque sur lequel étaient déposées la croix et la bible. Les chantres entonnèrent les litanies à la mémoire des victimes de Gandzak, des premières victimes sacrifiées pour la défense des droits populaires.

« La foule, agenouillée, disait son respect profond pour ses frères et sœurs morts en martyrs : la scène était émouvante, bien des sanglots se mêlaient aux prières.

« La cérémonie prenait fin et les assistants, debout, crièrent d'une seule voix : « Vive la nation arménienne ! Vive la liberté ! » Puis tous se dirigèrent vers la porte dans l'intention de se disperser tranquillement. Mais les agents, conformément à leurs ordres, se mirent à frapper tous ceux qui s'approchaient en criant : « Taisez-vous ! dispersez-vous ! »

« Se taire, se disperser ! Comment ? puisque les portes étaient gardées par des agents et des cosaques qui se mêlèrent bientôt à la foule, leurs sabres hors du fourreau et frappant sans pitié à gauche et à droite. Le peuple, sans armes, essaya de se défendre et se précipita en avant. Des pierres volèrent du côté de la police. A ce moment, les agents et les gendarmes se mirent à tirer sur la foule avec des revolvers et des fusils.

« Un désordre terrible s'ensuivit ; on entendait des gémissements, des cris. Beaucoup de femmes s'évanouirent ; les pierres continuèrent à voler. La foule se retira du côté de l'église et se serra le long des murs. C'était une lutte bien inégale : d'un côté la force armée, de l'autre le peuple sans armes. Pour effrayer davantage encore ces malheureux, on fit venir d'autres bandes de cosaques. On continua à tirer ; un agent de police jeta à terre d'un coup de feu un jeune garçon, élève à l'école Nersessian et nommé Haroutiounian. Un ouvrier fut également tué. Il y eut plusieurs blessés, dont quelques agents et cosaques.

« Le chef de police arriva bientôt avec le commandant des cosaques, mais pour ordonner de redoubler de sévérité. L'attaque continua jusque dans les rues ».

Cet événement fut le prétexte recherché. Le prince Galitzine ordonna de mettre sur pied toute la police et d'appeler l'armée. Des groupes de cosaques à cheval apparurent dans les rues, qu'ils parcouraient jour et nuit. Des patrouilles de nuit furent postées sur les collines entourant la ville. Des soldats furent répartis dans le quartier arménien et surtout autour de la cathédrale, avec l'ordre de recourir aux armes au moindre signe d'une manifestation.

L'état de siège fut déclaré.

Ces mesures exceptionnellement sévères empêchèrent la grande manifestation d'avoir lieu et le peuple de Tiflis ne put exprimer sa protestation aussi fortement qu'il l'aurait voulu. Mais cela ne le découragea pas et ne le fit pas plier, au contraire. Pendant les mois qui suivirent, la ville fut le théâtre de faits qui sont un encouragement sérieux pour l'avenir. Ces faits sont inoubliables.

A ETCHMIADZIN. — Ils arrivent en foule, femmes, jeunes gens, enfants, vieillards. Ce sont des habitants des villages environnants qui accourent ainsi vers le couvent à l'aspect mélancolique, cette fois-ci pour apporter leurs protestations et non leurs prières. La décision prise par le catholicos, de tenir secret le jour de la bénédiction des saintes huiles, afin d'éviter les manifestations populaires, n'atteignit pas son but. Le secret fut divulgué, quoiqu'un peu tard, et le couvent se remplit de quelques milliers de pèlerins venus des environs.

C'était le 24 octobre. Pendant que, suivant la coutume séculaire, le clergé, agenouillé devant le vase posé sur le maître-autel, élevait au ciel muet ses prières, dans la cour, quelques centaines de femmes préparaient un programme de protestation indépendant de celui préparé par les hommes. C'était un événement bien caractéristique, que l'éveil de ce sexe muet pendant des siècles !

La cérémonie avait à peine pris fin que ces Arméniennes, de costumes et d'âges divers, se précipitèrent dans la cour intérieure et l'air retentit des cris de : « Vive le peuple arménien ! à bas la tyrannie ! » A ces cris belliqueux succédèrent des chants révolutionnaires, puis l'on décida, selon l'avis général, de choisir quelques délégués qu'on enverrait auprès du catholicos. Les représentantes du sexe féminin exprimèrent au chef suprême de l'Eglise arménienne, dans une langue fruste mais avec une profonde conviction, la décision des femmes arméniennes de joindre leurs voix à la protestation générale — seule réponse à la honteuse loi du pillage.

Cette protestation n'était pas bien véhémente, mais cependant elle était encourageante et pleine de promesses, car celui qui osait réclamer était l'esclave séculaire, l'être faible, dédaigné et par l'Eglise et par la société.

A BAKOU. — La ville immense venait de s'éveiller. Et juste à l'heure où le calme de la nuit fait place au labeur et au bruit quotidien, on vit apparaître dans les rues une foule de gens qui se pressaient et couraient. Que se passait-il ? Etait-ce un incendie, une cérémonie funèbre ? Non, c'était autre chose. La nuit précédente, très tard, une nouvelle, venue on ne sait d'où, s'était répandue, jetant l'émotion partout.

— Ils viennent ! répétait-on.

Et la foule s'empressait de se rendre au-devant de ces hôtes annoncés qui venaient pour la première fois dans la ville. Cette arrivée inopinée était étrange, étrange aussi la réception. Des hommes venus des quatre coins de Bakou, de Balakhany, de la Ville-Noire, inconnus les uns des autres, se rassemblaient. Beaucoup d'entre eux avaient des armes, les autres étaient prêts à y recourir en cas de de nécessité.

Tous couraient vers l'église principale, un modeste édifice situé en face de la place du Parapet. La cloche a appelé bien des fois l'humble troupeau à la prière, mais aujourd'hui ses tintements ont une autre signification. Ce n'est pas le sonneur habituel qui la fait vibrer maintenant, c'est le peuple lui-même. Et, sous les arceaux du blanc édifice, ce ne sont plus les mélodies murmurées par la voix des prêtres qu'on entend, mais bien des cris de révolte qui s'échappent des lèvres de la foule et se répandent jusqu'aux extrémités de la vaste place voisine. Cette place elle-même est changée. Ce n'est plus aujourd'hui un lieu de promenade et le rendez-vous des citadins oisifs, mais bien un camp guerrier, plein de soldats l'arme au poing, d'agents de police la main à la poignée de leurs sabres, d'espions qui voient tout ce qui se passe et surtout ce qui n'existe pas.

— Les voici, les voici ! répète-t-on de temps à autre. C'est la commission spéciale chargée de la main-mise sur les biens ecclésiastiques qu'on attend, mais qui ne vient pas. Des heures s'écoulèrent, heures d'angoisse et de désordre, mais personne ne parut. Au lieu de la commission attendue, ce furent les soldats qui vinrent ; les sabres se tirèrent et les canons mêmes tonnèrent contre le temple chrétien.

La révolte arménienne ! Cette phrase courut bientôt d'un bout à l'autre de la ville. Les gens craintifs s'enfermèrent prudemment chez eux. D'autres, plus courageux ou aimant les spectacles, coururent vers la place du Parapet. Là, abrités soit derrière des fenêtres, soit à des balcons, ils contemplaient ce qui se passait, tremblant un peu pour leur vie.

Des fonctionnaires de la police s'avancèrent. Ils s'adressèrent aux manifestants, et, avec de grossières menaces, leur ordonnèrent de se disperser. Quelques centaines d'entre eux refusèrent d'obéir, et, lorsque les agents portèrent la main à leurs sabres en répétant leur ordre, les cris de : « A bas la monarchie ! Vive le peuple arménien ! » sortirent de toutes les lèvres.

Ces cris furent le signal du combat. Les deux ennemis se précipitèrent l'un vers l'autre et se mesurèrent avec des regards menaçants. Tout à coup une bande de braves sortit de l'église et se lança avec furie en avant. La police, surprise à l'improviste, recula sous une grêle de pierres et de coups de revolver. Puis, le bataillon de soldats qui était placé derrière les agents s'avança, donna l'assaut et s'empara de l'église. Les coups de fusil, les gémissements des blessés, les cris, les commandements, tout se mêla alors. La lutte devint furieuse et sanglante. Les assiégés montrèrent une bravoure digne d'éloges. Le sang et les cadavres, au lieu de les calmer ne fit que les exciter davantage. Ce duel dura plusieurs heures sans que rien de définitif se produisît. Vers le soir, le bruit se répandit que l'officier commandant avait reçu l'ordre de bombarder l'église, car l'on supposait qu'elle contenait une grande provision de dynamite, cachée dans les souterrains et dans le clocher.

L'obscurité arriva. Les cloches de l'église assiégée continuaient leur mélancolique sonnerie — leur appel au secours. Ce secours était indispensable, car les cartouches commençaient à manquer et les vaillants lutteurs allaient être dans l'impossibilité de continuer à se défendre. Les soldats, eux, tiraient avec rage et resserraient leur ligne.

Le manque de munitions donna une nouvelle tournure aux événements. Les assiégés, incapables de continuer la résistance, se retirèrent dans l'église où ils s'enfermèrent.

Beaucoup d'entre eux profitèrent de l'obscurité pour s'échapper par les fenêtres, tandis qu'un groupe de cent braves décida de lutter jusqu'au bout.

La situation était critique. Assiéger l'église et attendre des jours, peut-être une semaine entière, c'était occasionner de nouveaux conflits et de nouvelles manifestations et inciter les mécontents à se préparer à la résistance. Le préfet convoqua une assemblée. Les représentants de la force cherchaient des moyens de mettre fin à la situation. Le parti de la « prudence », à la tête duquel se trouvait le préfet Odintsef, remporta la victoire et l'on résolut, au lieu de recourir au canon, de s'adresser à des Arméniens « influents » et de leur demander d'intervenir auprès des manifestants pour leur persuader de quitter l'église. Le choix tomba sur un capitaliste connu, H. Mélikian, qui était en même temps trésorier de l'église. Et voici que tard dans la nuit, le messager choisi, ayant avec lui quelques fonctionnaires importants, arriva à l'église, entama des pourparlers et assura aux combattants qu'ils seraient absolument libres. C'est sur cette promesse que les portes s'ouvrirent.

Mais les assiégés avaient été trop confiants et l'on manqua lâchement à la parole donnée. On les arrêta, ils furent attachés les uns aux autres et conduits sous bonne escorte à la prison où ils passèrent de tristes heures. Le messager du gouvernement, Mélikian, fut, comme récompense de ses services, exilé pendant cinq ans dans les provinces intérieures, à Kiew, où il eut le loisir « de méditer sur les choses de ce monde ! »

Le 3 septembre arriva.

On vit d'étranges scènes : autour de l'église, l'armée et les agents de police remplacèrent les fidèles. Les tentes des soldats s'élevèrent sur la place et leurs feux s'allumèrent sous les murs de l'église, le long desquels se dressaient les fusils en faisceaux. Là, on buvait, on mangeait, on chantait des refrains grossiers, on saluait de plaisanteries ineptes les femmes qui passaient. Le lieu de prière était devenu caserne. . . . .

Et, tandis que les « défenseurs du trône » s'enivraient et festoyaient dans cette même cour arrosée la veille du sang des victimes, toute la ville était dans le deuil et les larmes. Onze morts, plus de soixante-cinq blessés, tel était le bilan de cette triste journée ; des mères, des sœurs, des époux se désolaient. Leurs lamentations, leurs gémissements s'étendaient aux maisons, aux rues voisines, envahissaient tous les quartiers comme un déchirant appel à la vengeance, à la lutte ! . . . .

Cet appel fut entendu. La rage envahissait les cœurs et la foule se sentait pleine de désirs de combat, de résistance. « Nous couvrirons la place du Parapet de cadavres ! » entendait-on dire partout. Et l'intervention de membres influents de la communauté et leurs supplications purent seules calmer les esprits et éviter une nouvelle effusion de sang. .

Des mois s'écoulèrent. Les larmes séchèrent et la mousse crût sur les tombeaux des victimes, mais la douleur était toujours vivace, le souvenir de la lutte inoubliable. . . .

Le feu couve... Quand éclatera-t-il ? . . . . . .

A CHOUCHI. — Les vagues de la révolte atteignirent aussi cette ville-forteresse qui subit autrefois si vaillamment les assauts des armées perses, soutenue alors par les promesses du czar chrétien. Mais tout était changé maintenant. Le coup ne venait plus du monde musulman enflammé de fanatisme, mais bien de l'entourage du monarque défenseur de la Bible et porteur du glaive. . . .

Au commencement de l'été on préparait à Chouchi des programmes de résistance, puis les nouvelles des manifestations d'Alexandropol et d'Erivan arrivèrent l'une après l'autre. On apprit aussi le criminel attentat de Gandzak, les sanglants conflits de Bakou, toutes ces atrocités qui se succédèrent dans les villes du Caucase. On mit de côté toute hésitation et on se prépara sérieusement à la lutte.

La police aussi se préparait: elle pressentait le danger et ne voulait pas permettre à la protestation populaire de s'exprimer. On fit venir d'Alexandropol la moitié du bataillon d'Aslandouzski et près de cinq cents cosaques qu'on cantonna dans les divers quartiers de la ville.

Sur le conseil des comités révolutionnaires, les habitants de la ville s'étaient abstenus de se rendre au-devant de l'armée, ainsi que cela se faisait d'habitude. Quelques soldats arméniens, qui avaient le malheur de se trouver parmi les troupes envoyées contre leurs compatriotes, racontèrent que tout le long de la montagne sur laquelle est bâtie Chouchi, les soldats et les cosaques tremblaient de se voir attaqués. Cette frayeur avait sa source dans l'opinion répandue dans les cercles gouvernementaux, que « Chouchi était un repaire de révolutionnaires ». De plus, l'on avait souvent pris sur la route de cette ville des caisses de fusils et de munitions.

Les troupes ne ramenèrent pas le calme. Le gouvernement, voyant que l'agitation allait croissant, s'adressa au préfet de Gandzak, Loutzau, qui arriva bientôt à Chouchi, ville de son département. Personne ne se rendit au-devant du gouverneur de la province, sauf la police locale et quelques fonctionnaires turcs. Aussitôt arrivé, le préfet fit convoquer le maire de la ville, tous les conseillers arméniens, les délégués des corporations et quelques autres personnages influents, auxquels il adressa un discours « paternel » dont voici un résumé :

— Chers habitants de Chouchi, vous êtes connus depuis longtemps pour votre fidélité et votre obéissance. Le gouvernement a apprécié et appréciera votre conduite calme et raisonnable. On a mal expliqué au peuple la récente loi de la confiscation des biens du clergé ; des agitateurs cherchent à semer le désordre dans des buts coupables. Ne prêtez pas l'oreille à leurs discours. Allez paisiblement à votre travail, ne fermez pas vos magasins, vaquez à vos occupations journalières, et nous, nous accomplirons une simple formalité, nous nous contenterons d'enregistrer les biens des églises, puis nous partirons. Je vous préviendrai du reste que mes ordres sont très sévères et que je ferai massacrer tous ceux qui résisteront.

— Excellence, fit remarquer un des personnages convoqués, nous n'avons jamais donné au gouvernement la moindre occasion de nous suspecter et c'est pourquoi nous nous permettons de vous exprimer notre étonnement de voir notre ville remplie de soldats que le peuple doit entretenir à ses frais. Nous ne savons pas nous l'expliquer...

— Je vous ai mis sur vos gardes, interrompit le préfet, maintenant vous pouvez vous retirer...

Et ils se retirèrent...

A peine une heure plus tard, le mécontentement éclata. On ferma tous les magasins et l'on décida de ne les rouvrir qu'une semaine après. Le bazar se vida, les églises ellesmêmes se fermèrent. Les bibliothèques, les clubs furent délaissés ; on n'alla même plus aux doumas (assemblées municipales). Toute la vie extérieure s'arrêta ; les habitants s'enfermèrent chez eux.

Le préfet, qui ne s'attendait pas à cette protestation, furieux, résolut de porter un coup au peuple et ordonna d'enregistrer les biens des églises. A quatre heures, la commission se rendit à l'église d'Akouliatz. Immédiatement, le bruit se répandit partout qu'on avait commencé l'enregistrement, et les rues se remplirent d'une foule pressée.

L'église était fermée, les murs très élevés et les portails verrouillés. Que faire? La commission décida de mesurer la longueur et la largeur de sept à huit magasins fermés appartenant à l'église. La foule de son côté se mit à siffler et à accabler de moqueries les représentants du gouvernement. La commission fut forcée de s'éloigner et de se diriger vers le bazar central. Le peuple la suivit sans toutefois se livrer à de bruyantes manifestations ; beaucoup se contentèrent de se poster devant leurs magasins et de regarder ce qui se passait.

Les manifestants, arrivés au centre de la ville, se dirigèrent vers l'hôtel où était descendu le préfet. Aux cris de protestation, succéda une grêle de pierres. Le préfet, enfermé dans une chambre, pâle, effrayé, réclamait les cosaques. Ils arrivèrent bientôt.

Les premiers coups de fusil éclatèrent. La foule, abritée sous les portes cochères et derrière les murs, répondit par des coups de pistolet. Les cosaques redoublèrent leur feu, le combat dura plusieurs heures.

La nuit arriva et couvrit de son obscurité protectrice les sanglots et les protestations du peuple. Le lendemain matin, on apprit qu'un jeune élève de l'école réale avait été blessé et un jeune artisan tué. Trois cosaques étaient également blessés. C'est du moins ce que disaient les rapports officiels, tandis que des bruits populaires prétendaient qu'outre les trois cosaques blessés, deux avaient été tués et enterrés secrètement, pendant la nuit, au cimetière russe.

Au matin, ce furent de nouvelles sévérités. Ce jour-là on devait s'occuper de l'évêché... Cet édifice fut entouré de bonne heure par deux cents cosaques qui ne laissaient personne approcher. On garda même les rues avoisinantes, car le préfet avait reçu une lettre anonyme lui annonçant que pendant la perquisition à l'évêché on ferait sauter le bâtiment.

Les fonctionnaires chargés de la visite arrivèrent, pâles, tremblants d'effroi. Ils ne trouvèrent naturellement personne pour leur ouvrir les portes. Des marteaux et des tenailles firent l'office de la clef qu'on n'avait pu trouver. Puis on procéda à *l'enregistrement*. Lorsqu'on voulut faire signer le papier, personne n'y consentit.

Deux jours s'écoulèrent. Les expressions d'indignation se calmèrent parmi le peuple, et le gouvernement profita de ce calme apparent pour montrer une fois de plus les dents. Quelques centaines de cosaques, divisés en patrouilles, parcouraient les diverses rues du quartier arménien. Ils frappaient, jetaient à terre les Arméniens qu'ils rencontraient. Cela rappelait les jours des janissaires. La population s'enferma et la ville fut déserte pendant plusieurs jours.

Les perquisitions et les emprisonnements se succédèrent, on enferma cent-vingt personnes dont la plupart étaient innocentes et n'avaient pris aucune part à la « révolte ». On mit en prison des élèves de l'école réale et du séminaire ainsi que des professeurs. Il y eut de nombreux exilés dont le premier fut le maire de la ville ; celle-ci se remplit d'espions ; de nombreuses habitations furent surveillées, on ouvrait les correspondances, on ferma le séminaire et l'état de siège fut déclaré.

..... Et chaque jour, vers midi, un vieillard à cheveux blancs arrivait lentement sur la place principale. Son dos était voûté par quatre-vingt-quinze années d'existence ;

c'était un contemporain et un collaborateur des généraux Matatow et Lazareff qui luttèrent pour l'Empereur. Le vieillard, les yeux tournés vers le clocher surmonté de la croix, sa main tremblante brandissant un bâton, murmurait :

— Jusqu'à présent j'ai toujours demandé à Dieu de te protéger ; maintenant je demanderai au diable de t'emporter.

C'était l'âme douloureuse de la foule qui s'exhalait dans ces paroles, malédiction arrachée par le désespoir...

Dans les Villages. — Honneur à vous, petits villages, honneur à l'héroïsme et aux souffrances qui furent votre lot dans ces jours douloureux ! Malheureusement, bien des traits d'héroïsme accomplis dans de petits villages perdus restèrent ignorés de tous. Bien rares furent ceux qui en entendirent parler, bien rares ceux qui les virent. Qui racontera l'histoire de ce villageois qui, sous les pieds du cheval d'un gendarme, le bras cassé et le visage en sang, répétait : « Je ne signerai pas, je ne signerai pas ! » Qui dira la lamentable aventure de ces malheureux qu'on chassait à coups de knout d'un village à l'autre, sans qu'ils fussent coupables du moindre forfait ? Et combien sont-ils, ceux qui entendirent l'histoire de ces villageois que les soldats menaçaient d'enfermer et de laisser mourir de faim dans leur église s'ils ne voulaient indiquer à la commission de confiscation l'endroit où l'on en cachait les richesses, l'or et l'argent ?

De toutes ces résistances, de tous ces faits glorieux, combien sont parvenus jusqu'à nous ? Un sur cent, peut-être ! En voici quelques-uns :

DJALAL-OGHLY. — La manifestation qui eut lieu dans ce village, le 5 septembre, avait réuni trois à quatre mille personnes. Tous les magasins étaient fermés, l'agitation et l'émotion étaient indescriptibles! A l'église, un jeune homme voulut prononcer un discours, mais le commissaire de police l'en empêcha et essaya de l'arrêter. La foule s'y opposa, et, avec des cris de protestation et des menaces, réussit à arracher le jeune homme des mains de la police. La situation du commissaire devint si critique au milieu de cette foule irritée, qu'il finit par supplier qu'on le laissât tranquille. La manifestation se prolongea jusqu'à deux heures, et le peuple, avant de se disperser et jusqu'aux alentours de la maison de police, entonna des chants révolutionnaires.

MARTZ montra une ardeur inattendue dans la lutte. Les habitants, armés, occupèrent tous les chemins qui mènent au village. « Que celui qui est brave se montre! » répétaient les organisateurs de la résistance, et personne n'osait rester en arrière. On envoya la troupe, tous les alentours furent gardés par des soldats, mais rien de tout cela n'effraya les courageux villageois qui ne se calmèrent qu'avec le temps.

IGDIR, ce témoin de tant de tristes événements, ne resta pas indifférent au mouvement. Les douloureuses nouvelles qui arrivaient du monastère voisin bouleversèrent tout le district. La foule des mécontents, au nombre de plusieurs centaines, se dirigea vers Etchmiadzin, vers le lieu où le despotisme avait concentré toutes ses fureurs. Le sous-préfet, le triste personnage qui avait nom Bogouslavski, demanda des troupes et fit occuper les chemins. D'un côté, c'était la foule, armée de bâtons et de pierres ; de l'autre, les soldats avec leurs sabres et leurs fusils. Le sang coula une fois de plus ; c'était le 23 août, date inoubliable pour les habitants de cette contrée.

ACHTARAK et les villages environnants : Sartarapat, Ochakan, Ghzltamir, Yeghvart, et d'autres encore, souscrivirent avec enthousiasme aux propositions de résistance faites dans les assemblées communales. Les délégués des villages portèrent cette décision à Etchmiadzin. L'enthousiasme partait cette fois-ci du troupeau de fidèles pour aller vers ses pasteurs !

Curieuse métamorphose !

GHAZAKH. — Sur la grande place du village, les différentes communes sont rassemblées. Impatientes et agitées, elles attendent le sous-préfet. Le voici qui arrive, entouré de soldats, dans tout l'éclat de sa puissance. Il commençe son discours, le termine et attend la réponse du peuple. « Nous mourrons s'il le faut, mais nous ne donnerons pas volontairement les biens de nos églises ! » telle fut cette réponse. Et le fier refus résonna longtemps encore à l'oreille du fonctionnaire, comme une menace impérative, puissant, invincible.

TACHTINE. — Vers le soir, alors que les cloches de l'église annonçaient aux villageois qu'il était l'heure de quitter les champs, une émotion étrange se répandit dans le village. A la porte d'une des modestes chaumières, une femme au visage mélancolique apparut et prononça les paroles suivantes : « Il ne passera pas cette porte ! » Et toutes les bouches répétèrent ces paroles mystérieuses. Un homme s'approchait de la maison : c'était le mari de cette femme qui, comme trésorier de l'église, était allé se présenter au sous-préfet. Lorsqu'il était parti pour sa mission, il avait entendu bien des conseils, bien des exhortations. Et maintenant il revenait la tête basse, comme un traître, tremblant déjà devant les menaces et les reproches. « Il ne passera pas cette porte ! » répéta la femme d'un ton ferme. Un jeune homme, armé d'un revolver, parut sur la place ; c'était le propre frère du trésorier. Et le traître, à sa vue, tourna sur ses talons, et, tête baissée, s'enfuit vers la forêt...

Nous pourrions continuer longtemps encore cette énumération. Il faut, pour être véridique, avouer que des taches déparèrent parfois ces tableaux. Il y eut des transfuges, des complots, des trahisons. Aux exclamations enthousiastes, succédèrent parfois des paroles de découragement ; en face des héros, des lâches se dressèrent aussi, mais tout celà ne parvint pas à entraver le mouvement général, si beau parce qu'il était nouveau et si grand parce qu'il émanait du peuple.

Et, malheureusement ceci n'est que le début d'événements plus graves, le signe précurseur d'un grand bouleversement politique. Au lieu de faire des concessions, le gouvernement prépare de nouveaux coups, plus terribles les uns que les autres. A ces coups, le peuple riposte, lui aussi, par la violence — il a recours à la résistance, à la révolution.

LA QUESTION GÉORGIENNE

(LETTRE VINGT-DEUXIÈME)

Manifeste impérial. — Union de la Géorgie à la Russie. — Le traité de 1783. — Le manifeste d'Alexandre Ier. — Les signes de mécontentement en Géorgie. — Le rôle de la noblesse. — Temps nouveaux. — Réveil du peuple. — Dispositions de la jeunesse. — L'assassinat du recteur. — Protestations au séminaire. — La question de la langue. — Faits importants. — La Géorgie indépendante.

Dans la rue principale de l'ancienne capitale de la Géorgie, en face d'un établissement d'instruction, se dresse un édifice qui attire l'attention et qui porte le nom ronflant de « Temple de la Gloire ».

Cet édifice est l'œuvre de l'armée russe, son enfant de prédilection, dédié au dieu du sang ; c'est un triste témoin de l'histoire des luttes au Caucase, c'est le souvenir de notre déshonneur qu'on a voulu immortaliser pour les générations futures.

Les habitants du pays, parlant des langues diverses, passent devant cet édifice étrange et contemplent les inscriptions guerrières gravées sur des plaques de marbre qui remplacent les ouvertures destinées à donner de la lumière.

Le Russe lit ces inscriptions et se sent plein de fierté ; l'Arménien les lit et rentre en lui-même ; le Géorgien les lit aussi et sent son cœur agité de sentiments contraires.

Il lit :

..... Ce n'est pas poussé par l'intérêt, ou par le désir de reculer nos frontières, que nous avons pris sur nous la tâche de gouverner le royaume de Géorgie. Ce sont des sentiments d'humanité et de noblesse qui nous ont fait nous charger du devoir sacré de faire cesser les plaintes d'un peuple souffrant et de fonder en Géorgie le gouvernement de la justice.....

Ces paroles, pleines de promesses et vibrantes d'une « magnanimité toute impériale », sont tirées du manifeste adressé par Alexandre Ier aux Géorgiens le 12 septembre 1801. Chaque fois qu'un malentendu politique quelconque trouble les relations des deux peuples, le Russe, se basant sur les paroles de son monarque, dit avec fierté au Géorgien : « C'est vous qui nous avez suppliés de venir en Géorgie ; nous n'y pensions même pas ». Et le Géorgien se tait et baisse la tête, honteux, ne sachant que répondre.

Mais est-il vrai que des « supplications » aient retenti dans ces montagnes de Géorgie dont les enfants étaient accoutumés à verser leur sang pour la défense de leur patrie, ou bien les paroles du manifeste impérial citées plus haut ne sont-elles qu'une de ces perfidies habituelles aux monarques ?

Laissons parler l'histoire.

Peu nombreuse, — comprenant environ un million et demi d'habitants, — établie dans les vallées de la Koura, du Rion et du Térek, chrétienne déjà à partir du Vme siècle, sans prétentions politiques, la nation géorgienne n'a pas joué de rôle important en Asie. Appuyée à ses belles montagnes, éloignée du chemin que suivaient les despotes orientaux dans leurs invasions, cette petite nation fut pendant longtemps très heureuse, plus heureuse que sa voisine du sud, l'Arménie, qui fut éternellement le passage de tous les conquérants.

A partir du XVIIIme siècle, les circonstances changèrent du tout au tout. Les musulmans devinrent audacieux et la petite nation chrétienne fut l'objet des attaques de ces inquiétants voisins. Voici pourquoi, lorsque, sur les frontières du pays musulman, on entendit les menaces du puissant voisin du Nord, la petite Ibérie, enflammée par le désir de la victoire du christianisme, fit écho aux appels venus de Moscou, tendit la main au gouvernement des czars et promit de donner son appui à l'armée chrétienne s'avançant dans la vallée de la Koura. C'est le 24 juillet 1783 que fut signé, entre l'impératrice Catherine et le roi de Géorgie, Héracle, un traité d'alliance par lequel la Géorgie acceptait le protectorat de la Russie, tandis que celle-ci s'engageait à « considérer les ennemis de la Géorgie comme ses propres ennemis », et à protéger sa vassale contre les attaques de ses voisins turcs et persans qui ne lui accordaient aucun répit.

Ce traité d'alliance et, en général, le rapprochement survenu entre la Géorgie et la Russie, excitèrent la colère des monarques musulmans. L'attaque des frontières géorgiennes par Agha-Mahmed-Khan, en 1795, fut la conséquence de ce changement politique. Lorsque la minute tragique de la crise survint, la Russie faillit lâchement à ses engagements et ne se porta pas au secours de son alliée. Les appels adressés par le roi Héracle à Pétersbourg restèrent sans réponse. « Nous ne jugeons pas le moment favorable pour envoyer une armée en Géorgie », lui fut-il répondu. Et on laissa fort bien la pauvre alliée se débattre seule entre les griffes de ses ennemis. La capitale de la Géorgie devint le théâtre de massacres, de pillages et d'horribles scènes de carnage ; on souilla les églises, on saccagea plusieurs quartiers, on emmena dans les harems les femmes et les jeunes filles. Enfin, on poussa la barbarie jusqu'à jeter du pont de Havlabar dans la Koura le métropolite Dossiféyi, le vénérable chef de l'Eglise géorgienne. C'est à grand'peine que le roi Héracle lui-même, vêtu d'un costume de berger, put échapper au massacre. Ce furent de tristes jours, dignes de l'histoire hamidienne.

L'année 1800 arriva, année de deuil dans l'histoire du peuple ibérien. Le pays était épuisé, déchiré; l'ennemi musulman, sans pitié; les dissensions intestines, pleines de danger; le roi Georges, impuissant et aveugle; les intrigues russes, toutes puissantes. C'est alors que le czar Paul Ier résolut de porter le dernier coup à la Géorgie autonome, et de la plier définitivement sous la domination russe. C'est dans ce but que le général Knorring fut envoyé à Tiflis, muni d'instructions secrètes et porteur du manifeste impérial. A ce moment, Paul mourut. Son successeur, Alexandre Ier, montra d'abord l'intention de ne pas violer les traités. On entendit même dans la capitale de la Russie des protestations contre les projets tendant à l'annexion de la Géorgie. Le comte Vorontzov déclara que cette annexion était « une trahison ouverte ». Les représentants de la Géorgie à Pétersbourg mirent tout en œuvre pour sauver l'indépendance de leur patrie; ils rappelèrent les anciens traités et les promesses des czars, protestèrent au nom des droits du peuple géorgien, mais sans pouvoir aboutir à rien de définitif.

Alexandre Ier publia son manifeste traitant de l'annexion. Ce manifeste fourmillait de contre-sens historiques; il était plein de belles promesses qui restèrent lettre morte et qu'on ne se gêna pas de fouler aux pieds.

Voici ce qu'il promettait :

1° Un gouvernement autonome basé sur le principe de l'élection.

2° Le libre emploi de la langue géorgienne dans les opérations judiciaires, que réglerait le code promulgué par le roi Vakhtang. L'élection des juges par le peuple.

3° Des milices nationales.

4° Une monnaie géorgienne portant les armes du pays.

Le manifeste impérial, publié à Tiflis le 12 avril 1802 seulement, fut accueilli, malgré la forme conciliante qu'il affectait, par des signes de mécontentement. Le général Knorring dut recourir à des mesures de précaution et faire appel à la force armée pour recevoir le serment des nobles géorgiens. Plusieurs des princes ne voulurent pas donner un serment qu'on prétendait leur arracher par la force, et ils quittèrent l'église où avait lieu la cérémonie. On procéda à des arrestations et le mécontentement devint de plus en plus général parmi ce peuple, qui, au début, attendait de grands bienfaits de la domination russe. Le parti russophile se vit trompé. Comme expression des dispositions de l'époque, les historiens géorgiens citent un témoignage important, un document adressé au gouverneur général de la Géorgie, et dans lequel les nobles de Kakhet donnaient un libre cours à leurs plaintes. Voici ce document :

Les faveurs que nous promettait le manifeste impérial ne nous ont jamais été accordées. On nous a promis protection, mais par quoi s'est-elle manifestée jusqu'ici ? Les Lesghis pillent nos villages et nos campagnes sans que vous vous en inquiétiez le moins du monde. Il était recommandé de fortifier le prestige des églises et des évêques, et vous les avez dépouillés de celui qu'ils possédaient. Les privilèges de la noblesse sont foulés aux pieds. Le Czar avait fait aux paysans la promesse de les libérer pendant douze ans de tous impôts ; cette promesse est restée aussi lettre morte.

Le général Lazareff s'exprimait comme suit dans une correspondance datée de 1803 : « La population tout entière est maintenant aussi mécontente de la domination russe, qu'elle a été autrefois désireuse de s'y soumettre ».

Les faits qui se produisirent dans la suite prirent malheureusement un caractère de plus en plus triste. Des querelles mesquines s'élevèrent parmi les membres de la maison royale de Géorgie ; la désunion gagna aussi les familles princières, qui se divisèrent en plusieurs camps et prirent parti pour l'une ou l'autre des branches de la maison royale. Ce fut un excellent prétexte pour la Russie, qui ne visait qu'à enlever à la Géorgie tout ce qui lui donnait un caractère spécial, tout ce qui ressemblait, même de loin, à une autonomie intérieure ou à une indépendance politique.

C'est dans ce but que l'article du traité, accepté à grand' peine par la Russie, et qui promettait *un gouvernement indigène autonome*, fut supprimé, et que toute l'œuvre gouvernementale fut confiée aux fonctionnaires de l'Empire. La maison royale perdit entièrement ses privilèges historiques et sa position. Héracle fut encore pour un temps bien court *l'allié* de la Russie ; son successeur Georges n'en fut plus que le *vassal*, tandis que Vakhtang, l'héritier du trône, n'était plus qu'un *simple général dans l'armée russe*. Les membres de la famille royale, David, Bagrade et Vakhtang, furent exilés dans l'intérieur de la Russie. La reine Daria, connue pour sa volonté et son intelligence, fut expulsée par la force de Tiflis, en 1803, et conduite en Russie. On l'accusait d'être la « source de l'agitation de la Géorgie ». La reine Maria fut exilée à Voronége sans qu'on lui montrât les égards dus à son rang. Afin d'enlever à l'Eglise son caractère autonome, on supprima, en 1830, le catholicossat géorgien, et on le remplaça peu après par l'exarquat. Il restait encore la monnaie géorgienne pour consoler les naïfs représentants du « patriotisme historique » ; celle-ci aussi fut supprimée, quoique assez tard, vers 1850. Toute la direction gouvernementale passa aux mains des chefs de l'Empire, à Pétersbourg.

La Géorgie *unie* se sentit *esclave.*

Tous ces faits furent la cause du mécontentement des Géorgiens. Les années qui suivirent n'augmentèrent pas ce mécontentement ; au contraire, les anciennes blessures se fermèrent, et une époque d'engourdissement succéda à l'époque de crise.

C'est dans la vie géorgienne qu'il faut chercher l'explication de cette nouvelle tournure que prirent les évènements. Le peuple ibérien, esclave des nobles, était plus accoutumé à se taire qu'à protester ; peu au courant de l'état politique de sa patrie, il se tenait à part et se montrait indifférent à ce qui se passait autour de lui. Le pouvoir était aux mains des nobles, classe nombreuse et influente qui aimait la vie dépourvue de soucis, les titres et les honneurs. A Pétersbourg, on comprit quel parti on pouvait tirer de ces tendances et, même au temps des plus chaudes compétitions politiques, on flatta les personnages influents et on les combla de privilèges et d'honneurs afin qu'ils fissent taire les mécontents. Les guerres continuelles qui ravageaient le Caucase aidèrent à l'accomplissement de ce programme. La classe noble, belliqueuse par nature, s'estimait heureuse de pouvoir combattre et recueillir sur les champs de bataille la gloire et les honneurs. Les représentants de plusieurs grandes familles reçurent des postes importants pendant la guerre. Nombre d'entre eux se distinguèrent comme chefs courageux et pleins de talent; tels furent Tsitsianof, Bagration, Orbéliani, Andronikof, Mélikof, Tchavtchavatsé, dont les hauts faits furent chantés par les bardes populaires. Les grandes familles russes s'allièrent à la noblesse géorgienne. Tout cela flattait l'amour-propre national. La plus grande partie de la nation restait étrangère à ces évènements, mais la noblesse, mise à l'abri de tout souci matériel par le travail du peuple, satisfaite de la manière d'agir du gouvernement à son égard, devint la meilleure auxiliaire de la domination russe et aplanit pour elle toutes les difficultés. Ce n'était certainement pas son rôle, mais cette classe, autrefois puissante, devint incapable d'accomplir une tâche plus élevée.

Les temps changèrent et de nouveaux mouvements se produisirent bientôt. Le pays se calma et la noblesse, armée de l'épée, fut remplacée par le peuple armé de la bêche qui se libéra de son esclavage en 1867. A peine éveillé, il regarda autour de lui et s'aperçut qu'il ne possédait plus aucun des privilèges à lui promis par le Czar. Cette désillusion du peuple fut en même temps l'éveil de sa conscience politique. Encouragée par ce réveil du peuple et animée du désir de le rendre heureux, la jeunesse géorgienne cultivée commença à travailler parmi la foule et dans les milieux villageois. On manifesta le désir de fonder des écoles ; de lire, d'écrire et de prier dans la langue maternelle ; d'élever l'âme du peuple.

Ces tendances n'eurent pas l'heur de plaire au gouvernement monarchique, qui croyait avoir définitivement déraciné tout vestige d'indépendance dans sa « bien-aimée nation géorgienne ». C'est de là que surgirent des deux côtés de nouveaux conflits, alors que jusqu'ici les relations avaient été très amicales.

Quelques-uns des évènements survenus vers 1880 jettent un jour nouveau sur ces relations.

Ce qui se produisit en 1887 au séminaire orthodoxe de Tiflis, mérite d'être relaté. Cet établissement est le plus important parmi les institutions similaires ; il travaille à préparer des ecclésiastiques instruits pour la Géorgie. La grande majorité des élèves sont des Géorgiens, venus de tous les points de leur pays, afin d'être instruits de la façon désirée par le gouvernement pour répandre ensuite, conformément à l'enseignement reçu, la bonne semence parmi le peuple. D'après les règlements du séminaire, la langue et la littérature nationales sont obligatoires et doivent être enseignées d'une façon intégrale. Mais les directeurs du séminaire, des ecclésiastiques russes à l'esprit étroit, nommés par le gouvernement, se croient toujours obligés de lutter de tout leur pouvoir contre la langue et les tendances nationales. C'est à cette classe qu'appartenait le recteur Tchoudetski ; il ne négligeait aucun moyen de faire triompher l'influence russe dans le séminaire. Il interdisait aux élèves d'étudier la langue géorgienne, persécutait de toutes façons ceux qui se permettaient de le faire et les faisait échouer dans leurs examens. Un des élèves, nommé Laghiachvili, qui était au nombre des persécutés, demanda au recteur de vouloir bien être juste et s'attira par cette simple prière la qualification de « chien ». Le jeune homme, le cœur plein d'amertume, résolut de se venger de toutes ces basses persécutions ; il décida, avec un de ses camarades, de tuer le recteur. Le lendemain, dans le corridor, il se précipita sur lui, le poignard à la main, et l'étendit à ses pieds.

Cet assassinat, au lieu d'exciter l'indignation, fut accueilli avec sympathie, soit à l'école, soit au dehors. Laghiachvili et son compagnon, à cause de leur jeunesse, ne furent pas livrés au gibet, mais seulement condamnés aux travaux forcés et exilés en Sibérie. Peu de temps après, tous deux réussirent à s'échapper de leur lieu d'exil et à passer en Amérique.....

L'assassinat du recteur souleva d'autres complications. A l'occasion de l'enterrement, l'exarque de Géorgie, Pavel, homme violent et détestant les Géorgiens, accabla d'insultes leur pays dans l'oraison funèbre qu'il prononça, et donna « sa malédiction à l'Eglise de Géorgie ». Ces insultes, sortant des lèvres d'un personnage officiel, excitèrent l'indignation dans toutes les classes de la population. Ce fut un des plus sympathiques enfants de la Géorgie, Dimitri Kipiani, qui se fit l'écho de cette indignation ; il était à ce moment le chef des nobles de la province de Koutaïs. Il adressa à l'exarque une lettre bien sentie. « L'honneur de votre robe exige que vous quittiez immédiatement le pays que vous méprisez », lui écrivait-il. Au lieu d'obtenir le départ de l'insulteur, cette lettre valut à Kipiani son exil du Caucase, d'où il fut envoyé à Stavropol ; là, le sympathique lutteur trouva une mort tragique ; il fut assassiné. (Voir page 138).

Le gouvernement, comme de coutume, ne fit que multiplier ses coups. Peu de temps après, l'exarque fut remplacé par un personnage nommé Vladimir, appuyé tout spécialement par Pobédonostsèv, et qui continua à blesser les sentiments d'un peuple déjà irrité. Il prit sous sa protection le nouveau recteur du séminaire, P. Séraphime, bien connu pour sa haine des Géorgiens. Un jour — en 1894 — l'imprudent prélat se permit, en présence des élèves du séminaire, d'appeler les chants liturgiques géorgiens des « aboiements de chiens ». Cette nouvelle insulte fut la goutte qui fit déborder le vase. Les jeunes gens protestèrent et organisèrent toute une série de manifestations dirigées contre ceux qui se permettaient, avec une impardonnable légèreté, de blesser et d'offenser le pays qui les accueillait. Pendant la cérémonie des promotions, ils exigèrent qu'on se servît de la langue géorgienne. Ils publièrent des manifestes de protestation. L'on vit apparaître des indices de sérieuses complications.

Comment cela finit-il ? Sur l'ordre de Pobédonostsèv, le séminaire fut fermé pendant toute une année et une bonne partie des élèves furent expulsés, avec défense de fréquenter à l'avenir aucune autre école. Le recteur Sérafime reçut l'ordre de Ste-Anne, et l'exarque Vladimir la croix de diamant. Les élèves qui avaient été punis si sévèrement ne rentrèrent plus à l'école ; ils demeurèrent parmi le peuple pour y prêcher le mécontentement.

La propagande anti-gouvernementale ne fit que s'accroître avec le temps. Afin de remuer le peuple, on choisit des questions qui le touchassent et qu'il comprît, — l'Eglise et la langue. Depuis de longues années déjà, le gouvernement, qui ne reconnaît qu'*une* Eglise, l'Eglise orthodoxe, tâche de n'avoir au Caucase qu'*une* langue, la langue russe. « Notre peuple ne sait pas le russe, bien souvent il n'en connaît pas un mot, objectent les Géorgiens, il faut donc conserver la langue géorgienne pour l'Eglise, puisque, dans ce cas seulement, les fidèles pourront comprendre les chants et les prières et s'y associer ». Mais la monarchie est inexorable. Elle continue, par des mesures de police, à forcer les ecclésiastiques à se servir de la langue russe, et, dans ce but, elle nomme des prêtres russes pour des villages habités exclusivement par des Géorgiens.

Il s'est produit des cas si tristes qu'on a peine à y croire. Dans une église, on fut obligé d'appeler un traducteur pour faire comprendre au peuple les paroles du prêtre. Dans un village de la montagne, les naïfs habitants étaient scandalisés d'entendre sortir de la bouche du prêtre des paroles qu'ils avaient l'habitude d'entendre prononcer par les gens ivres seulement. Ils demandaient au prêtre de ne pas les répéter. Le prêtre, étonné, continuait à prier. Les villageois, furieux, incapables de supporter plus longtemps un semblable sacrilège, se précipitèrent sur le prêtre, le frappèrent et le jetèrent hors de l'église. De là, toute une affaire et une longue enquête. On finit par découvrir que tout cela n'était qu'un triste malentendu. Les mots russes prononcés par le prêtre ressemblaient à des paroles injurieuses du dialecte des montagnards et de là était né tout l'incident. Mais ni cet exemple, ni d'autres semblables ne servirent de leçon au gouvernement, qui continue à ordonner au peuple de prier dans une langue qu'il ne comprend pas.

La presse géorgienne essaya, d'une manière détournée, de porter à la connaissance du public des cas de cette espèce. Naturellement les articles ne furent pas autorisés et on eut recours à la répression contre leurs auteurs. En 1885, le journal géorgien *Droéba* fut supprimé complètement parce qu'il s'était permis de décrire d'une manière allégorique et tout à fait innocente, l'ancien gouverneur Dondoukov-Korsakov. En 1896, on suspendit pour huit mois le journal *Ibéria*, qui avait publié une étude historique sur l'ancienne indépendance géorgienne, étude qui se terminait par des considérations sur l'avenir de la Géorgie. Parler de « l'avenir » est interdit, soit à l'école, soit au théâtre, soit même dans des assemblées financières ; le gouvernement russe, dans son « amour » pour la Géorgie, s'arme des plus extrêmes sévérités sans lesquelles la monarchie ne saurait exister.

Et pourtant les sévérités réservées aux Géorgiens n'atteignent jamais, quoiqu'on en dise, la force et la puissance de celles qu'on destine aux Arméniens. La différence est énorme. « L'Arménien c'est l'ennemi, tandis que le Géorgien c'est un ami qui parfois tombe dans l'erreur ». Mais chaque petite erreur est punie avec une sévérité telle qu'elle laisse au cœur de « l'ami » des traces ineffaçables, des blessures inguérissables.

Ces blessures sont nombreuses et profondes.

Dans toutes les parties de la Géorgie et dans toutes les classes de la population, on entend parfois des cris de protestation tels, qu'il ne faudrait pas beaucoup pour en faire les signaux d'un soulèvement politique. En septembre 1901, alors que tout le Tiflis officiel célébrait, suivant un programme élaboré dans les chancelleries et par des réjouissances peu coûteuses, le centenaire de la réunion de la Géorgie à la Russie, ce mécontentement se fit jour d'une manière toute spéciale. Le peuple ne prit aucune part aux fêtes. Les discours officiels, prononcés par la noblesse, n'étaient pas l'expression des sentiments du pays, mais bien le résultat de la souplesse diplomatique. Et, tandis que la partie conservatrice de la population instruite, dont toute la science politique consiste à flatter le gouvernement et à fomenter d'artificieux complots envers ses voisins arméniens, s'efforçait de paraître souriante, la partie indépendante et libérale, de même que la jeunesse géorgienne, se sentait honteuse et gênée, et se considérait comme responsable devant l'histoire des fautes passées et des méprises présentes.

La faute en est à la politique tsariste.

La Géorgie, n'ayant pas su voir assez loin, s'était jetée, pleine d'espérance et peut-être d'enthousiasme, dans les bras de la monarchie. Mais Pétersbourg faillit dès le début à ses promesses et trahit son alliée. Et cela continua pendant tout un siècle, ainsi que l'avoue le manifeste publié à l'occasion du centenaire de l'annexion de la Géorgie, en 1901.

En voici un passage :

Dans toutes les guerres où nos troupes rencontrèrent face à face les ennemis de la Russie, les descendants des princes, de la famille royale et de la noblesse géorgienne ont versé leur sang pour la Russie, et ont contribué par leur vaillance au succès des armes russes.

Malgré ce sang versé et la fidélité constante dont le peuple ibérien a donné des preuves continuelles, sous l'influence des vexations gouvernementales, au pied du Kasbek, dans ce pays où le peuple n'a jamais aimé les programmes politiques, une *question géorgienne* prend naissance à côté de la *question arménienne* : c'est l'œuvre de la jeune génération géorgienne. Le mouvement des paysans de Gouri en 1905, où l'on entendit de simples villageois crier : « A bas la monarchie ! », la rebellion des populations rurales contre les grands propriétaires-capitalistes, enfin le mécontentement général répandu dans presque toutes les couches de la population en sont la preuve encourageante. Si cette question est encore peu apparente aujourd'hui, elle prendra corps demain et deviendra une force avec laquelle il faudra compter.

Ce ne sont pas les « politiciens » qui l'ont créée, c'est la vie elle-même. Elle n'est pas le résultat d'illusions impossibles à réaliser, mais bien du régime tyrannique qui veut tuer tout ce qui constitue le caractère des peuples. Elle est la voix de la justice qui réclame l'autonomie pour un pays beau entre tous, mais malheureux, et où sont encore bien vivaces les souvenirs de l'indépendance perdue.

Salut à la Géorgie libre !

PAR LE FEU ET PAR LE SANG

(LETTRE VINGT-TROISIÈME)

Moyens extrêmes. — L'ordre de Pétersbourg. — L'alliance des tyrans. — Tsarisme et Panislamisme. — Le projet secret du gouvernement russe. — Quel est le but des Panislamistes. — Les rencontres à Bakou, Nakhitchévan, Erivan et Chouchi. — Le crime et les atrocités. — L'esprit de la résistance.

Le clairon de la révolution sonnait.

Le Caucase, l'esclave d'autrefois, qui s'était borné jusqu'alors à porter ses humbles supplications au pied du trône, fut atteint à son tour de la fièvre de la révolte. La coupe était pleine, la patience populaire épuisée. On voulait respirer librement, être maître de son travail, de sa personne, de son pays. L'esclave d'hier devint un révolté ; le suppliant d'autrefois se dressa, la menace aux lèvres.

« Réprimer à tout prix », tel fut le mot d'ordre envoyé de Pétersbourg. La répression commença. L'arme se leva d'abord sur les Arméniens, considérés comme les premiers révoltés et les plus dangereux représentants des éléments antigouvernementaux.

« Réprimer à tout prix ». Qu'entendait-on par ces paroles ? La fermeture des écoles, les persécutions dirigées contre la littérature et la presse, l'exil, la prison, les menaces politiques, tout cela n'avait pas été suffisant pour abattre ce peuple qui avait pressenti la liberté, ni pour effrayer la jeune génération, qui s'était jetée impétueusement dans une lutte inégale avec l'espoir d'effacer du front de son peuple la tache de la servitude séculaire. La monarchie voulait un moyen nouveau, décisif et sans appel.

Et le plus grand des crimes fut décidé!

C'était à la fin de 1904. Quelques hauts fonctionnaires du Caucase, appelés à Pétersbourg, attendaient des ordres. Au ministère de l'Intérieur, dans les bureaux bien clos des grands policiers, des conciliabules strictement secrets se tenaient. On voyait aller et venir des conspirateurs aux visages sombres, aux airs mystérieux. — Que fut-il décidé? Par qui la décision fut-elle prise? Ceci resta un secret inviolé.

Deux mois à peine s'écoulèrent. — A Bakou, un des plus plus importants centres du Caucase, des bruits étranges circulaient. Dans l'entourage du gouverneur, prince Nakachidzé, dans les maisons bien fermées des Tartares riches et influents, dans les cabinets des chefs de police, on échangeait de sinistres paroles, toutes inspirées par la haine et la terreur.

« On va massacrer les Arméniens! » Ces paroles prononcées pour la première fois au Caucase, sous la protection d'un gouvernement chrétien, parurent incroyables à tous. Quelques Turcs, amis des Arméniens et partisans de la paix, avertirent même leurs connaissances, leurs voisins, de l'infernal projet qui se tramait, mais personne n'y voulut croire. Ce peuple confiant, qui, durant un siècle, avait adressé au ciel d'ardentes prières pour la conservation du trône des czars, « protecteurs des chrétiens d'Orient », ce peuple ne pouvait même pas s'imaginer qu'un tel crime était possible, qu'il était sur le point de s'accomplir et qu'il fallait se préparer à la défense.

Et pourtant ce crime eut lieu.

Qui allait se charger de mettre à exécution le projet infâme? C'était là encore une des questions qu'on se posait. La monarchie elle-même, bien qu'éhontée et sans scrupules, a parfois sa tactique de prudence, même envers ses

« sujets ». Massacrer tout un peuple pacifique, piller des villages entiers, incendier des maisons, déshonorer des femmes par le moyen de la police et de l'armée, c'était imprudent et cela aurait excité l'indignation des tchinovniks mêmes. Il fallait sauver les apparences. Le choix du gouvernement criminel se porta alors sur l'élément mahométan, ignorant, dépourvu de toute clairvoyance politique, toujours prêt à être un instrument docile dans la main des tyrans et de leurs agents. L'esprit panislamiste présentait un terrain favorable à l'exécution du programme indigne.

Tsarisme et panislamisme — l'un, souffle mortel pour la liberté, l'autre ennemi séculaire du christianisme, se donnèrent la main et s'allièrent pour l'accomplissement de l'œuvre. Certes, cette alliance est provisoire. La monarchie russe, qui a fait de l'Eglise et du Clergé les principaux soutiens de son pouvoir néfaste, s'est déclarée, depuis plusieurs siècles, l'ennemie des mahométans. Mais la politique des tyrans ne connaît pas les principes immuables. Elle plie devant la force et sait changer de tactique lorsque son intérêt est en jeu. Et c'est l'intérêt politique, mal compris des deux parties, qui les unit et les jeta contre les Arméniens, l'ennemi du moment, chacune avec son programme particulier et secret.

Quel était le programme gouvernemental?

Affaiblir, par le fer et le feu, les Arméniens de la Transcaucasie et principalement de la plaine de l'Ararat; diminuer leur nombre et leur force économique par les moyens sanguinaires employés déjà en Turquie ; les obliger ainsi à reculer, et abattre cet esprit de résistance qui a sa source dans toutes les couches de la population. En châtiant ainsi les Arméniens, trop peu dociles au gré du gouvernement, on donnerait en même temps une bonne leçon aux autres nations du Caucase. Ensuite, pensent les agents du tsarisme, il serait facile de réprimer la population mahométane rendue audacieuse, et de déraciner le mouvement panislamiste dans les limites du Caucase; il suffirait d'avoir recours contre ces exécuteurs désormais inutiles au moyen employé autrefois déjà par le gouvernement contre les Musulmans, moyens dont les souvenirs sont encore très vivaces parmi les adeptes de l'Islam. D'abord affaiblir les Arméniens par le moyen des Turcs, ensuite, si c'était nécessaire, réprimer ces derniers par le moyen de la force armée sous prétexte de rétablir l'ordre, tel est le résumé du programme gouvernemental.

Les agents du panislamisme, venus de Constantinople ou fixés au Caucase tout en étant en relation avec l'entourage du Sultan, ont aussi leur programme propre. Ce programme n'est pas nouveau; il y a plus de dix ans qu'il fait l'objet d'une active propagande dans différentes parties du Caucase. Ce mouvement a son organisation, à laquelle appartiennent de nombreux richards et khans tartares, ainsi que quelques intellectuels musulmans. L'organisation a à sa disposition des fonds, des armes et de nombreux émissaires. La plus grande partie des fonds, ainsi que les ordres principaux, viennent de Constantinople, qui est le centre effectif du mouvement. Les armes, introduites au Caucase pendant ces dernières années, les quantités de fusils trouvés à Elisabetpol, Bakou, Chouchi, de même que l'organisation des derniers massacres, tout cela est l'œuvre du comité secret des panislamistes, qui a choisi comme siège central au Caucase la ville de Bakou.

Quel est le sens de leur projet?

D'après les panislamistes, la Transcaucasie, qui a été autrefois sous la domination des sultans et des shahs, et où habitent actuellement plus de deux millions de musulmans, appartient de droit à ceux-ci et doit tôt ou tard retomber sous leur domination. Chaque panislamiste considère qu'il est de son devoir de faire tout ce qui est en son pouvoir pour amener ce projet à bonne fin et n'attend que le moment favorable. La situation critique créée en Russie par les victoires japonaises et les récentes secousses révolutionnaires, parut tout à fait propice pour faire quelques pas vers la réalisation de ce programme.

« Pour arriver à notre but, disent les panislamistes, il faut tout d'abord affaiblir l'élément chrétien de la Transcaucasie. Nous commençons, avec le consentement du gouvernement, par attaquer les Arméniens qui forment l'élément prépondérant, puis, quand le moment favorable se présentera, nous nous révolterons contre les Russes, nos maîtres détestés et nos ennemis séculaires. »

Les panislamistes vont plus loin encore. En effet, les documents secrets saisis lors des derniers événements, montrent clairement qu'on nourrit à Constantinople le projet de pénétrer en Transcaucasie en profitant des difficultés intérieures qui peuvent se produire en Russie. Le projet prévoit l'entrée en Transcaucasie du côté de Bayazet en laissant de côté la forteresse de Kars. On se dirigerait alors sur Erivan, on prendrait Nakhitchévan, puis on passerait le Karabagh et on s'emparait de Bakou pour s'installer au Daghestan, en trouvant partout la population mahométane, devenue forte après le massacre des chrétiens, prête à s'unir à l'armée turque et à lutter avec elle contre la domination russe.

L'état-major russe n'était pas sans connaître ce programme audacieux des panislamistes, mais, au nom de la « politique du jour », un pacte de massacres fut cependant conclu entre les deux ennemis d'hier, dans le but de lutter contre l'ennemi d'aujourd'hui. Cette honteuse alliance fut même l'objet d'encouragements ouverts et parfois officiels. C'est ainsi par exemple qu'après les événements sanglants de Bakou, la délégation turque trouva un chaleureux accueil à Pétersbourg. Le nouveau vice-roi du Caucase, Vorontzov-Dachkov, ce faux prophète qui préparait la guerre tout en prêchant la paix, déclara officiellement à Tiflis et à Pétersbourg, aux délégués turcs et aux chefs panislamistes, « qu'il connaissait bien la valeur morale des mahométans et qu'il était absolument convaincu de leur innocence dans les tristes évéments de Bakou ». Encouragés par cet éloge officiel, les apologistes des panislamistes déclarèrent publiquement dans leur organe que « la sympathie mutuelle qu'éprouvaient les uns pour les autres Russes et Mahométans, loin d'être accidentelle et artificielle, était le résultat d'une commune origine des deux races, unies toutes deux par un idéal commun qui les lie indissolublement ».

Et pendant que, dans le palais du vice-roi et dans les colonnes des organes vendus, se prononçaient et s'imprimaient ces paroles étranges et mensongères, la politique criminelle du tsarisme et du panislamisme réunis continuait à répandre dans tout le pays le deuil et le sang, l'horreur et le désespoir.

Bakou fut la première victime de cette politique traîtresse. — Là, le massacre commença le 6/19 février et dura quatre jours entiers. Le prétexte en fut une simple bagarre entre Arméniens et Mahométans, bagarre provoquée par un célèbre brigand mahométan nommé Hadji-Riza-Babaïeff. Celui-ci avait, par vengeance personnelle, tiré sur un Arménien et des amis de celui-ci s'étaient emparés de lui et l'avaient remis aux agents de police. Immédiatement relâché par ceux-ci, Babaïeff tira sur les Arméniens plusieurs coups de l'arme que les agents lui avaient laissée. Exaspérés, les Arméniens ripostèrent et Babaïeff fut tué.

Le fait en lui-même n'avait aucune importance car, à Bakou, de tels « incidents » se produisent presque chaque jour sous les yeux de la police bénévole. Cette fois-ci, cependant, le cadavre du brigand, chargé sur une voiture et escorté d'agents, fut conduit à travers la ville pour exciter les Tartares. Ce fut le commencement de la tragédie. Des bandes de Mahométans armés, parcouraient les rues et tuaient les Arméniens sans défense qu'ils rencontraient. C'était le 6 février. Le lendemain matin, 7, la ville fut calme jusque vers dix heures. A ce moment, une clameur s'éleva dans le bazar et dans les rues avoisinant la place du Parapet; des Tartares armés et poussant des cris sauvages parcouraient la ville en voiture, tirant partout sur les Arméniens.

C'était partout un carnage horrible. Tous ceux qui ne purent se réfugier dans les maisons furent massacrés. Des enfants, des fillettes qui revenaient de l'école, furent tués sans merci. Les Tartares envahirent un établissement hospitalier, sorte de maternité, destiné aux femmes en couches. Ils arrachèrent les malades de leurs lits, les jetèrent à la rue, leur firent subir d'horribles profanations, tout cela à quelques pas d'un poste d'infanterie. Vers le soir, les rues étant désertes, les brutes s'attaquèrent aux maisons arméniennes. Ils mirent le feu à plusieurs et de nombreuses personnes, des familles entières, périrent dans les flammes.

Il faut citer ici le sort terrible de deux familles : Adamian et Lalayantz. Adamian, un grand chasseur et un excellent tireur, avait vu de sa fenêtre des Tartares tuer deux fillettes qui s'étaient cachées dans la cave de la maison située en face de la sienne. Exaspéré par ce meurtre odieux, il prend son fusil, sort sur le balcon et commence à tirer sur les assassins. Ce fut une lutte héroïque entre cet homme seul et les brutes armées qui bientôt assiégèrent de tous côtés la maison. Adamian, posté sur le balcon du premier étage, tirait sans relâche, tuant son homme à chaque coup. Pendant ce temps, sa femme, folle d'épouvante, téléphonait au gouverneur pour lui demander du secours. Le gouverneur fait répondre qu'il ne dispose pas de forces suffisantes, et pourtant, à deux cents mètres de ces malheureux, une cinquantaine de soldats étaient postés, et le gouverneur lui-même escorté de centaines de cosaques, parcourait de temps à autre les rues en voiture. Pendant seize heures Adamian tint bon et pendant tout ce temps sa femme et des amis demandaient qu'on vint à son aide. Ce fut peine perdue, aucun secours ne vint et les

Tartares finirent par mettre le feu à la maison d'où pas un être humain ne put s'échapper. On retrouva sous les décombres vingt-deux cadavres carbonisés.

La maison Lalayantz, immense immeuble situé dans le quartier Chemokinskaïa, fut assiégée également. Comme le gouverneur passait en voiture devant la maison, Lalayantz et toute sa famille sortirent sur le balcon pour implorer du secours. Le gouverneur répondit : « Vous méritez votre sort parce que j'ai appris que vous aviez tiré sur ces braves gens. » Et il partit, laissant les malheureux à la merci de la foule sanguinaire qui prit la maison d'assaut. Neuf personnes furent prises et massacrées sur la place publique, ainsi que le propriétaire avec toute sa famille, après quoi la maison fut pillée et incendiée.

Ce qui fit cesser les massacres, avant la procession formée des notables et des ecclésiastiques des deux peuples, ce fut l'énergique résistance de quelques-uns, puis l'offensive résolue et hardie des révolutionnaires arméniens drochakistes. Le lundi matin, les Arméniens, pris à l'improviste, ne purent organiser une défense ; ils croyaient, du reste, se trouver en face d'une émeute accidentelle qui allait être réprimée par la police. Mais le lendemain, des jeunes gens arméniens armés de pistolets et de quelques fusils qu'ils s'étaient procurés à la hâte, descendirent dans la rue. La police, qui était restée jusqu'alors spectatrice bénévole, chercha à désarmer les Arméniens. Ceux-ci — quarante à cinquante seulement — devaient faire face à un double danger : il leur fallait éviter de tomber entre les mains de la force publique et tenir en même temps tête aux massacreurs. Malgré des conditions aussi défavorables, leur apparition changea immédiatement l'aspect des choses.

Alors, le mercredi 9/22 février, à midi, les notables tartares coururent chez le gouverneur, le suppliant de mettre fin à ces horreurs. C'étaient les mêmes notables, qui, quatre jours auparavant, répondaient aux supplications des Arméniens « qu'ils ne pouvaient rien faire ».

Le gouverneur, qui avait laissé accomplir tant d'horreurs, invita alors les Arméniens à se réunir chez lui pour faire une procession de paix [1].

---

[1] Le bilan des quatre jours de tuerie, peut s'établir à peu près ainsi : 179 tués et 100 blessés du côté des Arméniens ; 128 tués et autant de blessés du côté des Tartares. Il y eut en outre 500 maisons arméniennes pillées et plusieurs furent incendiées.

La paix fut donc conclue, mais elle ne devait pas durer longtemps. Quelques mois plus tard, le conflit recommença, cette fois-ci avec une férocité inouïe et sans précédent. Des cadavres par milliers, des quartiers entiers dévorés par l'incendie, toute la ville à feu et à sang, voila le tableau présenté alors par cette malheureuse ville.

Le malheur ne s'arrêta pas là. La vague sanglante se répandit plus loin, vers la plaine de l'Ararat, qui, aux yeux du gouvernement, est le centre des « aspirations politiques arméniennes ». Là, on commença par Nakhitchévan et ses environs, où l'élément turc se trouve être quatre fois plus fort que l'élément arménien, et où les khans de l'endroit, unis aux panislamistes, nourrissent l'espoir de rejeter un jour la domination russe et de s'unir aux pays musulmans voisins.

C'est le 12 mai que l'attaque des Tartares, organisée depuis longtemps déjà, se produisit. Sur les portes des organisateurs, on pouvait voir des placards à l'encre rouge où l'on invoquait le secours d'Allah et de Mahomet.

La horde armée se jeta d'abord sur le bazar arménien. Tous les magasins furent pillés puis incendiés. Quarante-neuf Arméniens, propriétaires de ces magasins et les commerçants les plus connus de la ville, restèrent sous les décombres où l'on retrouva leurs cadavres carbonisés.

Les malheureux furent les victimes de la duplicité de la police et du khan (maire de la ville) qui tous deux les trompèrent, les engageant à ne pas prêter foi aux bruits alarmants qui couraient et à ouvrir leurs boutiques. Le pillage avait lieu ouvertement, sous les yeux des agents. Pour briser les coffre-forts, les Turcs demandèrent l'aide de serruriers qui travaillaient tout près de là, au chemin de fer de Djoulfa. En même temps que la ville, tous les villages des environs étaient attaqués. Pendant la nuit, une ceinture de villages en feu entourait la ville. Les habitants des petits villages sans défense, pris à l'improviste et stupéfaits de l'inaction de la police, s'enfuyaient vers les villages un peu mieux protégés. Des scènes inénarrables eurent lieu : on violait les femmes devant leurs maris expirants ; des filles aux yeux et en même temps que leurs mères. Poussée par un fanatisme exalté, la foule mahométane envahit même les églises et les monastères. On souilla les autels, on déchira les livres saints et on emporta les objets précieux. Dans le village de Tomboul, quarante personnes, en majorité des femmes et des enfants, furent brûlées vives. A Badamlou, huit cents personnes, cernées pendant une semaine entière par les bandes de brigands, furent converties de force et après avoir subi d'effroyables tortures, au mahométisme.

Le district de Charour ne fut pas épargné. Les faits qui s'y passèrent n'ont pas de précédent dans l'histoire du Caucase. Là, 5.000 cavaliers kurdes, des hamidiés probablement, ayant passé la frontière turque, se jetèrent sur les villages arméniens. Des émigrés fixés à Khaneklar furent cernés dans ce village par 3.000 Kurdes et Turcs. Le siège dura trois jours, et, malgré de nombreux télégrammes, le gouverneur n'envoya aucun secours sérieux.

Encouragés par ces circonstances, les Kurdes essayèrent de s'avancer vers Davalou, Kamarlou et même Erivan. Le pillage et le meurtre se répandirent partout. La populace musulmane se portait vers les villages arméniens, munie de sacs et de bêtes de somme pour emporter le butin. Personne ne craignait la police ni l'armée, car on était persuadé que la résistance, s'il y en avait, ne se produirait que pour la forme et ne serait pas sérieuse. Les cosaques donnaient d'horribles preuves de cruauté. Ils arrachaient les armes aux malheureux qui voulaient se défendre, sans se laisser émouvoir par leurs supplications. Dans un des villages du district de Vagharchapat où les Arméniens repoussèrent victorieusement les Turcs, des cosaques crevèrent les yeux à un villageois arménien qu'ils vendirent ensuite 13 roubles aux Mahométans afin que ceux-ci pussent exercer sur lui leur vengeance[1].

---

[1] Voici quelques renseignements statistiques tirés des documents officiels au sujet de ces massacres : 47 villages et la ville de Nakhitchévan furent attaqués ; 19 de ces villages sont en ruines et sans un seul habitant et 18 ont subi de grandes pertes matérielles. 231 personnes ont été tuées et 52 blessées ; 9 ont disparu. La valeur du butin enlevé aux Arméniens jusqu'au 14 juin atteint 2.609.054 roubles. 5 villages arméniens seulement sont restés indemnes. Un seul parmi les villages turcs, trois fois plus nombreux, subit des pertes : c'est Ithgran.

Les preuves de la complicité criminelle de l'administration sont innombrables. A Bakou et à Nakhitchévan, de nombreux massacreurs étaient armés des pistolets de la police. L'organisateur des massacres à Nakhitchévan était le maire lui-même, le khan le plus riche et le plus influent de la ville. Les préfets de police mahométans, très nombreux en Transcaucasie, distribuaient à la foule musulmane des armes et des ordres. Quand on demandait à la police pourquoi elle n'arrêtait pas les brigands, elle se bornait à répondre qu'elle n'avait pas d'ordres. C'est avec la complicité de cette même police que d'énormes quantités d'armes et de munitions furent introduites par les Turcs au Caucase. Le général Alikhanow, un mahométan qui avait été envoyé de Tiflis à Nakitchévan par le gouverneur pour rétablir l'ordre, se mit si ouvertement du côté des organisateurs des massacres que le prince Louis-Napoléon lui-même, envoyé à Erivan pour pacifier le pays, auquel il avait été recommandé de ménager les Musulmans, dut lui retirer sa mission. Des papiers trouvés sur les cadavres d'émissaires turcs, prouvent d'une manière irréfutable que les organisateurs des massacres étaient certains de n'être pas molestés par la police.

Et, plus encore que les atrocités commises, cette complicité sera une tache ineffaçable au front du gouvernement russe!

Le peuple arménien, fidèle à l'idée de solidarité, même pendant ces jours de souffrance et de deuil, fit plusieurs fois appel à la réconciliation. Dans les villes, on organisa des cortèges, on prononça et on entendit dans les églises et les mosquées des discours enthousiastes sur la fraternité séculaire des deux peuples, mais tout cela en vain. Et voilà pourquoi le peuple arménien et les éléments révolutionnaires, perdant tout espoir de réconciliation, poussés par l'instinct de la défense, se dressèrent enfin contre leurs bourreaux. Le massacre se transforma en bataille; l'égorgé devint le lutteur. Les bandes révolutionnaires apparurent pour défendre le peuple, des bombes éclatèrent dans les villes; le bruit de la fusillade se fit entendre partout et l'Arménien se mit à massacrer à son tour. Œil pour œil, dent pour dent! cria le peuple opprimé, et il se jeta dans la mêlée avec un acharnement et un courage qu'on n'attendait pas de lui, jusque-là si pacifique.

C'est à Erivan que les Mahométans reçurent la première leçon sérieuse. Le 23 mai, la population tartare, enthousiasmée par les événements de Nakhitchévan et de Bakou, attaqua la ville, tua vingt Arméniens et voulait mettre le feu au bazar. Dans la pensée de ces exaltés, la ville allait bientôt leur appartenir tout entière. Mais, cette fois-ci, les espérances des Musulmans et de la police ne se réalisèrent pas. Des bandes d'Arméniens armés prirent position dans différentes parties de la ville, et avec un courage admirable, repoussèrent les hordes tartares, les chassèrent des quartiers arméniens et leur infligèrent des pertes énormes.

La nouvelle de la résistance et de la victoire arméniennes força les Turcs à demander la réconciliation et jeta la terreur dans tous les environs. L'œuvre de vengeance ne s'arrêta pas là. Dans les environs d'Erivan, autour de Vagharchapat et d'Etchmiadzin, les bandes arméniennes terrorisèrent les massacreurs et infligèrent une punition sévère à douze villages turcs. A partir de ce moment, la devise des Arméniens fut : s'armer et se défendre sans compter sur le gouvernement. C'est ainsi que, lorsque deux mois plus tard, le 29 août, la ville de Chouchi fut assiégée et attaquée par les Turcs, les bandes arméniennes les repoussèrent, en tuant 80 et faisant 115 prisonniers. Et, tandis que dans les villages arméniens voisins de Choucha les bandes turques se livraient à leurs atrocités habituelles, dans la ville, les Arméniens emmenaient à l'hôpital les blessés turcs et traitaient les prisonniers avec la plus grande humanité. Cette leçon portera-t-elle des fruits? — C'est bien peu probable.

L'indignation populaire, qui croissait avec les événements, ne pouvait oublier l'auteur de son malheur ; la terreur, un des moyens de la lutte révolutionnaire, fut l'expression de cette indignation.

La jeunesse, autrefois enflammée par la science et les idées de paix, se fit l'apologiste des bombes. A l'appel vers la paix succéda l'appel à la révolte, à la vengeance, au châtiment. Et les actes des terroristes, actes exercés contre les représentants du gouvernement, responsables des événements, forment une série nouvelle et déjà imposante dans l'histoire du Caucase. Le prince Galitzine, un des instigateurs du mouvement arménophobe, fut désigné par les révolutionnaires comme première victime expiatoire et n'échappa que par miracle et grâce à sa femme, au poignard qui tenta de le frapper. Le général Andréief, l'organisateur des massacres de Gandzak, fut abattu à coups de fusil et en pleine rue par un révolutionnaire. Le préfet Bogouslawski, dictateur de Sourmalou, fut frappé lui aussi. Le colonel Bekof, l'auteur du crime d'Olthi, fut exécuté. Le prince Nakachidzé, le triste organisateur des massacres de Bakou, fut déchiqueté par une bombe vengeresse dans une des rues d'où il contemplait la tuerie des Arméniens. Et combien d'autres, préfets, gendarmes, agents de police, militaires et civils, tous représentants de la politique d'intrigue et de férocité, subirent le même sort. Et tous ceux qui, bien que vivants aujourd'hui, comme le substitut du vice-roi Chirinkine, considéré comme un des principaux inspirateurs de la politique actuelle, de même que tous ces khans musulmans intrigants et les policiers de toutes nations, sont désignés officiellement par les comités révolutionnaires pour expier leurs crimes sans précédent! Et avec quel enthousiasme tous les partis révolutionnaires, russes, arméniens, géorgiens, qui évitaient autrefois de verser le sang, se disputent aujourd'hui l'honneur de porter ces coups qui sont le châtiment infligé par le peuple indigné et à bout de patience et l'expression de son dévouement à la cause de la liberté !

Phénomène triste et consolant à la fois ! — Le sang et les cadavres ont arraché des larmes au peuple, mais n'ont pas abattu son courage et son espoir en l'avenir.

Au moment même où les rangs d'un peuple pacifique s'éclaircissaient, alors que les villes et les villages étaient décimés et ruinés par une vague dévastatrice, à ce moment, l'esprit de résistance et de lutte augmentait et les rangs des lutteurs se serraient et s'épaisissaient. La souffrance produisit la vaillance et le malheur public créa la rébellion !

Effrayé par le vent de liberté qu'il sentait souffler, le tsarisme voulut l'étouffer et détruire par le fer et le sang le mouvement des peuples vers l'émancipation. La tuerie, le carnage, le pillage furent déchaînés à nouveau dans toute la Transcaucasie, en septembre 1905. Une fois encore le crime triompha : les rues furent jonchées de cadavres, le sang coula par torrents.

Qui sera étouffé par ce sang ? — Le tsarisme ou la liberté ?.....

JOURS NOUVEAUX

(LETTRE VINGT-QUATRIÈME)

Diviser pour régner. — L'esprit révolutionnaire. — Le drapeau rouge au Caucase. — L'idée de solidarité. — Confédération caucasienne.

La monarchie nageait dans l'allégresse.

Pendant ces tristes jours où, dans les vallées de la Koura et de l'Araxe, l'indigène, plein de haine envers son voisin, grinçait des dents et aiguisait ses armes, le tyran se frottait les mains, le cœur débordant de joie. Il recueillait le fruit de son travail. Il avait suivi le conseil que donne la maxime : « Diviser pour régner ». Ce fut la devise du tsarisme.

Comme elle était propice pour recevoir ce poison politique, la terre de ces vallons où les langues sont aussi nombreuses que la nature du pays est diverse ! Que de nations et de tribus on y rencontre dans ce Caucase ! Des Géorgiens, des Arméniens, des Russes, des Turcs, des Grecs, des Kurdes, des Tartares, des Assyriens, des Lesghis, des Oss, des Laks, des Tchétchénes, des Tcherkesses, des Abazes, des Nogaïs, des Kalmouks, des Avars, des Koumoukhs, des Botlikhs, des Metzs, des Karatchaïs, des Allemands, des Moldaves. Quoique toutes nées du même sol, ces diverses nations et peuplades sont toujours prêtes à se combattre, à édifier leur puissance sur les ruines de leurs voisines.

Le début de cette inimitié compte de tristes jours. L'histoire n'a pu unir ces diverses nations ; elle les a séparées.

La religion, au lieu de l'amour, leur prêchait la haine. Le Turc ne voulait pas oublier l'époque où il était le maître et le tyran de ses voisins chrétiens. Pour le Géorgien, l'Arménien était l'envahisseur, tandis que celui-ci considérait le Géorgien comme un faiseur de complots anti-arméniens. Le dominateur qui vint régner sur tous et qui aurait dû jouer le rôle de pacificateur et de conciliateur des nations indigènes, ne fit au contraire que verser de l'huile sur le feu, qu'irriter les uns contre les autres, que les séparer encore davantage afin de rendre sa domination inébranlable et définitive.

Les preuves de ce triste rôle sont innombrables. Vers 1880 ce fut le gouvernement qui sema la discorde entre les Arméniens et les Turcs d'Erivan et les poussa à la lutte. Ce fut encore lui le coupable dans le conflit sérieux qui se produisit entre Arméniens et Géorgiens, d'abord au conseil municipal de Tiflis, puis dans le gouvernement municipal de Batoum, conflit qui eut comme conséquence d'autres divergences entre les deux nationalités à Thélav, Sghnakh, Poti, et dans d'autres localités de second ordre. L'organe officiel du gouvernement, le journal *Kavkaz*, contrairement aux instructions très précises du règlement de la censure, fut l'instigateur de cette lutte. Des personnages politiques y écrivaient des articles, non signés naturellement. La politique perfide de cette « lutte intérieure » ne s'arrêta pas même devant les conflits sanglants. Grâce à elle, la haine de races pénétrait toujours plus profondément dans la famille, dans l'école, au théâtre, à l'église et jusque dans la classe ouvrière qui se tient pourtant à l'écart des inimitiés politiques.

Et le gouvernement contemplait son œuvre.

Mais voici qu'éclata un orage, un ouragan politique dont le bruit terrible ne venait pas cette fois des extrémités de l'Empire, mais bien du centre, de ces villes immenses où, jusqu'alors, la faible protestation des races « séparatistes » ne s'était jamais fait entendre, de ces cercles engourdis qui avaient été pendant tant de siècles les remparts, les bastions de la monarchie.

Les vagues de la grande révolution, agitées par les efforts du peuple qui s'éveillait, vinrent frapper comme un tourbillon irrésistible les remparts du trône, inébranlable jusqu'alors. Une audace invincible et inattendue fit éclater le feu qui couvait. L'ouvrier se révolta contre la tyrannie du capital. Le villageois sans terres, écrasé sous les impôts, redressa sa taille courbée par un servage séculaire. La foule éclata d'un rire amer devant le mensonge divin — les prières du clergé. L'esclave se dressa devant son maître et entonna le chant de guerre.

Ceci était le signal précurseur de l'alliance des éléments mécontents. Les manifestations révolutionnaires ne furent pas rares dans l'Empire des czars, mais elles avaient toujours été isolées et limitées à un cercle étroit. Le soulèvement de 1825 était tout militaire. Les manifestations de 1866 et 67 furent faites par la jeunesse instruite. Les mouvements de 1870-72 furent circonscrits par ce mot d'ordre : « vers le peuple ». La tentative de 1881 fut une entreprise des terroristes, tandis que les audacieux essais des dernières années du siècle étaient l'œuvre de la jeunesse universitaire. Dans tous ces essais, le Russe était seul en scène, et tout se passait dans les centres russes.

Mais voici que des jours de concorde se levèrent. Le mouvement qui, depuis 1901, enflamme toute la Russie, n'est plus aujourd'hui la protestation d'une classe ou d'une coterie, mais bien le résultat de l'indignation générale. Actuellement, aux lutteurs russes se joignent des lutteurs d'autres nations, poussés par le même idéal. Autrefois le Polonais, l'Arménien, le Géorgien, le Finlandais, le Juif, le Mahométan ne prenaient aucune part aux mouvements universitaires, soit qu'ils préférassent garder leur neutralité, soit qu'ils se tinssent à l'écart à cause des anciennes tendances séparatistes. Maintenant, unie par des tendances communes et par la profondeur de sa souffrance, la jeunesse combat sans distinction de races, la main dans la main, côte à côte. Et le gouvernement qui sème la haine parmi les diverses races, voit d'un œil épouvanté, à côté du Russe, le Juif et le Polonais tendre le dos au knout et offrir leur poitrine aux balles des cosaques ; il voit, dans les lieux d'exil, le Finlandais, le Polonais et le Caucasien fraterniser et s'efforcer d'adoucir mutuellement leurs souffrances, poussés l'un vers l'autre par un grand désir de concorde et d'union pour le bien commun.

Tel est le courant moderne !

Ce courant régénérateur n'a pas seulement fertilisé le Nord ; il a continué son cours, a franchi des montagnes géantes et a pénétré dans le pays où les nations, qu'on avait dépouillées au nom de la légalité, attendaient, les lèvres serrées, un changement, un soulagement à leur sort.

Et, dans ces villes où le drapeau de l'esclavage flottait fièrement au-dessus des têtes courbées des malheureux vassaux, tout près de ces chancelleries et de ces bureaux où l'officier et le policier tout-puissants étaient occupés à consolider les chaînes des pauvres esclaves, au-dessous des cheminées des usines où les ouvriers peinent et suent pour un misérable salaire, là, tout d'un coup, sonna le clairon de la révolution et on entendit des noms et des paroles qu'on n'y avait jamais entendus.

Ces souffles nouveaux ne s'éteignirent pas en arrivant aux frontières du Caucase, mais, au contraire, y doublèrent de puissance et allèrent de là troubler la quiétude des despotes. Ceci n'était pas un hasard, mais bien la conséquence logique du caractère spécial du pays. Les nations du Caucase n'étaient pas des débutantes dans la lutte politique. Le gouvernement lui-même les avait forcées à s'y exercer. En même temps, la tragédie qui se jouait de l'autre côté de la frontière, au milieu des ruines entassées par la tyrannie hamidienne, était devenue un enseignement pour toute la population arménienne du Caucase dont les enfants, sur l'échafaud et dans les cachots, répétaient les paroles émancipatrices : « La liberté ou la mort ! » Ces martyrs ont laissé un exemple très vivant et très suggestif.

Il y a une autre cause encore : Le régime despotique, ivre du désir de détruire à jamais le « séparatisme », anéantit, supprima tout ce qui distinguait les nations composant la Russie, et, par conséquent, le caractère spécial, local, des nations du Caucase, leur enthousiasme, leur travail. Et celles-ci, incapables de lutter pour leurs maux particuliers, n'ayant aucun moyen de se créer un idéal à elles, une œuvre qui leur appartint, privées des droits les plus élémentaires, ne pouvant ni protester, ni enseigner, ni écrire, ni parler dans leur langue maternelle, se trouvèrent, par la force logique et inévitable des choses, oubliant leurs anciennes inimitiés, debout dans les mêmes rangs, côte à côte, tournées toutes vers l'ennemi commun.

Et les villes du Caucase, de petites bourgades mêmes, virent dans leurs murs des scènes encourageantes. Le drapeau rouge, ce signe de ralliement des travailleurs, flotta dans des lieux où l'on n'avait jusque-là entendu que des chants célébrant la haine des races. « Vive la liberté ! »

criaient des ouvriers. « A bas le tsarisme ! » répondaient d'autres. Des proclamations en russe, en arménien, en géorgien se distribuèrent par milliers. A Batoum les ouvriers tendirent leurs poitrines aux balles des tyrans. A Tiflis, les grévistes se mesurèrent très souvent avec la police. « Prolétaires de tous pays, unissez-vous ! » tel est le cri qui résonne aux oreilles des agents. Des villageois refusèrent de travailler les terres du seigneur. Bakou, la capitale du prolétariat, par ses grèves « politiques » occupa d'emblée dans l'histoire des mouvements ouvriers de toute la Russie et peut-être de l'Europe, une place vraiment exceptionnelle. La terreur révolutionnaire reçut une impulsion puissante, menace sérieuse pour la monarchie.

Honneur à toi, pays qui prends enfin conscience de toi-même !

Mais ceci n'est encore que le début. Il y aura aussi des jours de détresse, des jours de souffrance et d'amertume, à côté des jours de victoire. La riposte du despotisme sera implacable, sans pitié ; qu'elle ne soit pas la cause d'un recul ou d'un découragement ! — Les grandes œuvres exigent de grands sacrifices.

Nations du Caucase ! Que la lutte qui commence décuple votre courage ! Ne vous fiez pas aux promesses trompeuses du tyran ! Détournez les yeux du sombre passé qui est votre honte et la source de votre désunion, et regardez d'un front serein l'avenir où est cachée l'aurore de la liberté ; marchez vers cet avenir la main dans la main et aplanissez la route qui y conduit !

Le passé vous a désuni. — Que l'avenir vous unisse !

Ceci est une nécessité, non seulement parce que c'est dans votre union que se trouve le gage de la chute de votre ennemi, mais surtout parce que, à l'heure où la Rébellion ra parvenue à renverser les tyrans couronnés, vous ›urrez, sans distiction de races ni rivalités, former la Confédération Caucasienne» et vivre fraternelle-ent comme des alliés et des égaux.

Aux anciens lutteurs en succèderont de nouveaux. L'Idée, vée dans le sang et les larmes, vaincra. Les vassaux viendront des alliés égaux en droits, et entreront en aîtres dans le somptueux palais du vice-roi, à Tiflis, le tur Parlement du Caucase, d'où les tristes représentants la monarchie lancent aujourd'hui leurs ordres qui ré-ndent le deuil et la souffrance dans tout le pays.

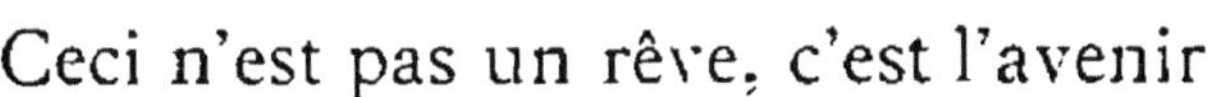

Ceci n'est pas un rêve, c'est l'avenir !

—— :o: ——

TABLE DES MATIÈRES

www.ingramcontent.com/pod-product-compliance
Ingram Content Group UK Ltd.
Pitfield, Milton Keynes, MK11 3LW, UK
UKHW020424200726
13857UKWH00002B/278